高等院校体育类基础课"十三五"规划教材

顾问◎胡声宇

运动解剖学

Sport Anatomy

主　编：王　松
副主编：杨月琴　凌　波

华中科技大学出版社
http://www.hustp.com
中国·武汉

图书在版编目（CIP）数据

运动解剖学/王松主编．—武汉：华中科技大学出版社，2014.8（2023.8 重印）
ISBN 978-7-5609-9845-9

Ⅰ．①运…　Ⅱ．①王…　Ⅲ．①运动解剖　Ⅳ．①G804.4

中国版本图书馆 CIP 数据核字（2014）第 184573 号

运动解剖学

王　松　主编

策划编辑：曾　光
责任编辑：史永霞
封面设计：龙文装帧
责任校对：祝　菲
责任监印：朱　玢

出版发行：华中科技大学出版社（中国·武汉）　　电话：（027）81321913
　　　　　武汉市东湖新技术开发区华工科技园　　邮编：430223
录　　排：武汉创易图文工作室
印　　刷：湖北恒泰印务有限公司
开　　本：787 mm×1092 mm　1/16
印　　张：18
字　　数：443 千字
版　　次：2023年8月第1版第19次印刷
定　　价：69.00 元

本书若有印装质量问题，请向出版社营销中心调换
全国免费服务热线：400-6679-118　　竭诚为您服务
版权所有　侵权必究

《运动解剖学》编委会

（以姓氏笔画为序）

王　松　武汉体育学院
毛宗珍　武汉体育学院
尹　航　武汉商学院体育与马术学院
杨月琴　武汉体育学院
肖　琳　肇庆学院体育与健康学院
吴　越　黄冈师范学院体育学院
吴廉卿　武汉体育学院
何宜忠　郧阳师范高等专科学校
汪学红　武汉体育学院
张友旺　武汉体育学院
秦　智　武汉体育学院
凌　波　黄冈师范学院体育学院
陶　缨　湖北大学体育学院
寇现娟　武汉体育学院
童　涛　湖北科技学院体育学院
谭　欢　武汉体育学院体育科技学院
翟昕元　三峡大学体育学院

序言
XUYAN

这次由武汉体育学院健康科学学院主编、华中科技大学出版社出版的"高等院校体育类基础课'十三五'规划教材"系列丛书很快要与广大读者见面了。它的面世,既继承了以往教材的固有特色和优点,又在此基础上将有关学科的最新知识补充到新教材中,希望得到读者的认可。

这里要特别提到的是,本系列丛书中为什么将运动心理学放到生物学科范畴中。美国运动医学院校长大卫·蓝姆(David Lamb)博士曾将运动心理学归于运动医学分支中,他的观点是,凡是与运动身体健康以及与运动成绩提高有关的学科都应当放到运动医学(本系列丛书中称为体育保健学)中。而运动心理学在这方面就太重要了,它既关系到运动员身体健康的好坏,更涉及运动员运动成绩的发挥。许多优秀运动员不是他的身体素质和健康状况不好,而往往是由于在比赛的关键时刻,他的心理状况欠佳或受心理因素的影响而使他们的比赛成绩很不理想,这种事例在比赛中比比皆是。因此,要使一个运动员在运动比赛时发挥好的成绩,达到极限,必须在平时和赛时重视他的心理状况,进行长期细致的心理训练,使他能适应各种突发因素的出现。当然,从生物学角度看,一切心理活动的基础是神经系统,是人脑,所以运动心理学也应属于生物学范畴。

由于教材编写时间仓促,缺点、错误难免,请各位读者发现问题,提出改进意见,以备日后修改。

国务院政府特殊津贴享受者
原中国运动医学会常委
中国运动医学杂志编委
湖北省运动医学会主席
运动解剖学教授

前言

QIANYAN

《运动解剖学》是根据《国家中长期教育改革和发展规划纲要(2010—2020)》的精神,结合高校实际教学经验,本着"以学生为本,以自学为主"的宗旨,在胡声宇教授主编的第二版和徐国栋教授主编的第五版体育院校通用教材《运动解剖学》的基础上进行精心改编修订而成的。

《运动解剖学》一书本着强调"三基"(基本知识、基本理论、基本技能)、体现"五性"(思想性、科学性、启发性、先进性、适用性)、针对"三特"(特定的对象、特定的要求、特定的限制)的宗旨进行编写;倡导并推广高校实行以问题为导向的 PBL(problem-based learning)教学方法;并切实贯彻了教育部关于教材建设精品化,教材要适应多样化的教学需要的精神,在以往教材的基础上精心改编浓缩,提炼重点,加强基础知识,注重实践能力;迎合体育类专业技术培养目标与方向的要求。本书在全面阐述人体各器官系统形态结构等基本理论知识的基础上,重点突出了体育专业的学生必须掌握的运动系统部分的基础知识,用详细的图解(见本书附录)展示了肌肉锻炼的主要动作及方法。全书的插图全部为彩色图片,颜色鲜明,各器官的形状、位置和标志形象而生动,能较好地吸引学生的注意和增加学生学习的兴趣。本书中的专业名词以全国科学技术名词审定委员会1991年公布的《人体解剖学名词》为标准。

依照教育部教材建设精品化,教材要适应多样化的教学需要的精神,本书在编写过程中,结合近年来体育学院体育专业学生的实际教学经验和要求,在加强基础知识、注重实践能力的前提下,博观约取,汲取以往各版教材之长处,由活跃在教学和科研一线的教师精心修订改编而成。

本教材由武汉体育学院主持编写,编委来自9所高校体育学院,参加编写的人员有:王松(武汉体育学院),尹航(武汉商学院体育与马术学院),毛宗珍(武汉体育学院),吴越(黄冈师范学院体育学院),吴廉卿(武汉体育学院),汪学红(武汉体育学院),张友旺(武汉体育学院),何宜忠(郧阳师范高等专科学校),杨月琴(武汉体育学院),肖琳(肇庆学院体育与健康学院)秦智(武汉体育学院),凌波(黄冈师范学院体育学院),陶缨(湖北大学体育学院),寇现娟(武汉体育学院),童涛(湖北科技学院体育学院),谭欢(武汉体育学院科技学院),翟昕元(三峡大学体育学院)。在本教材编写过程中,杨月琴协助主编对全书进行了组织协调、审阅稿件等工作,主编最后统稿。

本教材是在体育院校通用教材第二版和第五版的基础上修订的,凝结了前2版作者的心血和劳动结晶;本书编委在编写过程中呕心沥血,做了大量工作。在此,对他们一并表示衷心的感谢。同时感谢武汉体育学院研究生院翟延东、姚军威,湖北中医药大学郑丹,在本书图片处理、排版过程中所提供的帮助。

编者衷心希望这本教材能够符合湖北省高校体育专业学生总体培养目标要求和教育教学改革的需要。因编者水平所限,教材中尚存不当与错误之处,恳请解剖学界同仁及各使用本教材的教师、同学发现问题,提出修改意见,以使教材日臻完善。

王　松
2014年7月于武汉

目录
MULU

绪　论　/1

第一章　人体的基本构成　/7
第一节　细胞与细胞间质　/8
第二节　组织　/11

第二章　运动系统　/25
第一节　骨与骨连结　/26
第二节　肌肉　/63

第三章　脉管系统　/95
第一节　心血管系统　/96
第二节　淋巴系统　/111

第四章　消化系统　/115
第一节　消化系统概述　/116
第二节　消化管　/118
第三节　消化腺　/131
第四节　体育运动对消化系统的影响　/131

第五章　呼吸系统　/133

第六章　泌尿系统　/141
第一节　肾　/142

第二节　输尿管道　/145

第七章　生殖系统　/147

第一节　男性生殖系统　/148

第二节　女性生殖系统　/150

第三节　阴阳人（参考内容）　/154

第八章　内分泌系统　/157

第一节　垂体　/158

第二节　甲状腺和甲状旁腺　/160

第三节　肾上腺　/161

第四节　胰脏　/162

第五节　睾丸和卵巢　/163

第六节　松果体　/164

第七节　胸腺　/164

第九章　神经系统　/165

第一节　总论　/166

第二节　周围神经系统　/168

第三节　中枢神经系统　/176

第四节　神经系统的传导通路　/189

第五节　脑和脊髓的被膜、脑室及脑脊液循环　/194

第六节　体育运动对中枢神经系统的影响　/197

第十章　感觉器官　/199

第一节　视器——眼　/200

第二节　位听器——耳　/205

第三节　皮肤　/209

第四节　本体感受器　/211

附录　全身主要肌群力量训练动作图谱　/213

绪论

Sport Anatomy

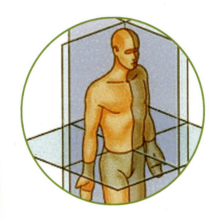

一、运动解剖学的定义

运动解剖学是人体系统解剖学的一个分支，它是在正常人体解剖学的基础上阐述体育运动对人体形态结构产生的影响及其生长发育规律的科学。它是体育教育学中重要的支柱学科之一，是体育学生的必修课。学习运动解剖学的目的是让体育学生熟悉和掌握人体各系统器官的正常形态结构的毗邻关系、生长发育规律及其功能意义，为学习运动人体科学、运动医学等理论课程奠定坚实的形态学基础。只有在掌握人体正常形态结构的基础上，才能正确理解体育运动对人体形态及功能产生影响的结果。

二、体育学生学习运动解剖学的重要意义

人体是进行任何体育运动的主体，从事任何体育运动都必须遵循人体生命活动的基本规律。只有对人体各个环节、器官的基本形态结构、位置毗邻有透彻掌握之后，才能够掌握人体各系统的功能，才能够正确理解体育运动对人体形态结构和功能产生影响的结果。也只有具备了这样的理论基础之后，才能谈得上科学的运动、健康的运动。体育学生学习运动解剖学的重要意义如下。

（1）为体育运动实践提供解剖学理论知识，有助于体育学生专业能力和专业素养的培养。

学习运动解剖学能够让体育学生对人体的形态结构有很清晰的认识，理解人体在运动过程中，各系统的协同关系，准确描述在完成某一个动作过程中需要动用的环节。学习运动解剖学知识，可以为体育学生的专业能力和素养的形成奠定基础。体育学生只有具备了一定的专业素养，才能够用专业术语和专业理论解释今后日常工作中遇到的相关问题，才能够使今后我们的工作对象相信并肯定我们的专业能力。

（2）为运动人体科学其他后继课程的学习奠定理论基础。

运动解剖学是运动人体科学的基础课程，其后继课程还有运动生理学、运动医学、体育保健学、运动生物力学、体育测量与评价等。只有掌握人体最基本的形态结构以及运动对人体形态结构的影响，才能够掌握生命活动的基本规律，并进一步掌握体育运动对人体机能能力的具体影响。

三、体育学生学习运动解剖学的方法

学习和研究运动解剖学的方法很多，包括尸体解剖法、组织切片法、组织化学法、活体研究法、动作分析法、各种仪器研究法等。对于体育学生而言，主要由以下几种方法。

（1）课上结合图片、标本、模型，以理解记忆为主。

运动解剖学不能凭空捏造，是一门还原事实的学科。就是说，我们看到了什么就描述什么，因此图片、标本、模型是我们学习这门学科的重要工具。在课堂上认真听老师讲述的同时，要认真识图，要重视实验课观察标本的学习机会，把标本模型和图片逐一对照，结合起来识别。而且，图片、标本和模型可以加强直观的感性认识，有助于我们更快地记住专业名称和文字性的描述，并且能够增强记忆效果。

（2）课下重点加强记忆，以练习习题为辅。

除了积极参与课堂教学之外，运动解剖学还是一门需要在课下继续花费时间学习、记忆的课程。要学好运动解剖学，课下必须继续学习巩固。课下除了要复习课堂上的内容，复习老师在课堂上总结的规律、口诀之外，学生必须选择适当的习题进行巩固。同时，学生要边巩固边思考，要善于自己总结分析各个知识点之间的关系。先用简短的文字将整章内容串联起来，把书读薄；再把简短的文字扩充开去，把书读厚。

（3）在日常生活中加强理论联系实际。

经过课堂学习、课后巩固之后，实践中的实际使用也不能忽视。将知识运用于体育实践和生活实际，运用解剖学知识理解运动损伤和运动环节。

四、运动解剖学发展简史

运动解剖学是人体解剖学的一个分支。

早在公元前3—2世纪，古希腊的格洛菲尔（前344—前280年）、埃拉西斯特拉特（生卒不详）、盖伦（131—201年）就已经开始解剖学的研究。尤其是格洛菲尔，他对人体进行了解剖，开创了人体解剖学研究的先河，被后人公认为是解剖学的奠基人。

到了公元15世纪欧洲文艺复兴时期，意大利著名画家达·芬奇（1452—1519年）在进行了大量尸体解剖之后提出了人体结构及活动服从力学定律的概念。这使得他不仅发展了人体解剖学，还创立了另外一个学科——人体运动学。

比利时的医生、解剖学家A.维萨里（1514—1564年）是现代解剖学的奠基者。他于1543年出版了《人体的构造》这一划时代的解剖学巨著。他在书中纠正了希波克拉底（前460—前377年）和盖伦的许多曲解解剖学的见解，并系统地描述了人体的结构。

运动解剖学的创建始于17世纪。意大利学者鲍列里（1608—1679年）在1679年出版了《论动物的运动》一书，书中研究了人体总重心的位置，分析了人体运动的某些动作（如蹬地、蹬水、引体等）。他把数学、力学知识运用于解剖学，可以说是运动解剖学的萌芽。他还被誉为"现代动力学的真正创始人"，也为运动生物力学的产生作出了卓越贡献。

20世纪40年代以来，研究者采用了先进的技术手段及仪器设备，对人体运动的力学参数、身体姿势和环节运动的解剖学特征等进行了深入的研究，并取得了重大进展。苏联解剖学家伊万尼茨基（1895—1969年）是这个时期的杰出代表。他所撰写的《人体解剖学》（1956年）可谓是运动解剖学的经典著作。他将运动形态学分为运动解剖学、运动人体测量学、运动局部解剖学和动作分析四个部分。20世纪70年代，苏联学者将运动解剖学与人类学结合起来，发展了运动形态学，并将其应用于运动员选材方面。另外，美国学者斯坦德勒同样贡献卓越，由他撰写的《正常和病理状态下的人体运动》被认为是医学领域中的经典的人体运动参考书。

新中国运动解剖学的发展仅仅经过了短短几十年的时间。1960年，解剖学专家张鋆教授提出了"运动解剖学"这个名词，他明确指出：运动解剖学是解剖学"用于体育运动方面，用以分析研究各种运动所需要的肌肉和关节"。

我国第一本具有体育特点的《人体解剖学》教材，是1961年在张汇兰教授和缪进昌教授的主持下组织编写的；第一本正式命名的《运动解剖学》教材，是1978年编写的。1985年缪进昌和顾德明教授编著了中国第一部《运动解剖学图谱》。2000年在全国体育院校教材委员会领导下，由武汉体育学院胡声宇教授主持编写了《运动解剖学(第2版)》。2012年，人民体育出版社发行了由武汉体育学院徐国栋教授主编的《运动解剖学(第5版)》。

1980年我国成立了全国性的学术机构，以后组织开展一些科学研究工作，在1984年召开了第一届全国运动解剖学学术会议。目前，运动解剖学在我国的发展已日渐成熟，且随着科学研究的不断深入，高质量的科研成果不断涌现。

五、解剖学基本定位术语

人体是一个活动的整体，人体各环节、各器官等结构之间的位置关系会随着人体的运动而发生改变。因此，为了能够正确界定人体各器官的形态位置、结构特征，准确描述人体的姿势，就需要有一组统一的专业定位术语对人体所处的姿态和方位进行统一的规定。

人体解剖学的基本定位术语包括人体解剖学姿势、人体常用的方位术语、人体的基本面、人体的基本轴。

（一）人体解剖学姿势

人体解剖学姿势，是指人体处于身体直立，双眼平视前方，手臂自然下垂，掌心向前，双足并拢，足尖向前的姿势。

我们对人体任何器官或结构的描述都是指人体处于人体解剖学姿势时人体各环节、各器官所在的位置。即便是被观察的人体(标本或模型)处于俯卧的、仰卧的甚至是倒置的，仍应将其复位到此姿势以后再进行描述。

（二）人体常用的方位术语

我们以人体解剖学姿势为基准，规定了一组人体解剖学方位术语，用来描述人体结构的相对位置关系或运动过程中人体各部分的空间位置关系。方位术语主要包括7对共14个方位，分别介绍如下。

(1)上和下，是用于描述器官或结构离颅顶或足底的相对远近关系的术语，靠近颅者为上，靠近足者为下。

(2)前和后，是用于描述离身体前面、后面的相对远近的术语。近腹者为前，近背者为后。

(3)浅和深，是用于描述器官或结构与体表或器官表面相对距离远近关系的术语。靠近体表或器官表面之部为浅，远离体表或器官表面之部为深。

(4)内侧和外侧，是用于描述人体某结构距离身体正中矢状面相对远近的术语。靠近身体正中矢状面为内侧，远离身体正中矢状面为外侧。

(5)近端和远端，是用于描述四肢距离躯干远近的术语。四肢的近躯干端为近端，反之为远端。

(6)尺侧和桡侧，是特指前臂局部位置关系的术语。前臂的内侧，即近尺骨者为尺侧；前臂的外侧，即近桡骨者为桡侧。

(7)胫侧和腓侧，是特指小腿局部位置关系的术语。小腿内侧，近胫骨者为胫侧；小腿外侧，近腓骨者为腓侧。

(三)人体的基本面

人体解剖学规定了人体有3个相互垂直的基本面,即矢状面、冠状面和水平面(见绪图1)。

(1)矢状面,沿前后方向,将人体纵切为左、右两部分的切面。若沿正中线把人体分为左右对称的两部分的切面称正中矢状面,简称正中面。

(2)冠状面,又称额状面,沿左右方向,将人体纵切为前、后两部分的切面。

(3)水平面,与地平面平行,将人体横切为上、下两部分的切面。由于水平面是沿人体长轴横切的切面,故也称人体横切面。

除此之外,在描述器官切面时,又有纵切面和横切面之分。与其器官长轴平行的切面,称为纵切面;与其器官长轴垂直的切面,称为横切面。

(四)人体的基本轴

人体解剖学也规定了人体有3个相互垂直的基本轴,即垂直轴、矢状轴和冠状轴(见绪图1)。人体各关节和环节的运动大都是围绕这些轴而进行的。

(1)垂直轴,呈上下方向,并与地平面相垂直的轴。垂直轴是垂直通过水平面的轴。

(2)矢状轴,呈前后方向,并与垂直轴相垂直的轴。矢状轴是垂直通过额状面的轴。

(3)冠状轴,又称额状轴,呈左右方向,并与前两轴相互垂直的轴。冠状轴是垂直通过矢状面的轴。

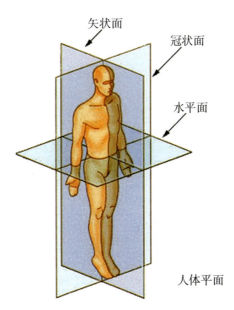

绪图1　人体的轴和面

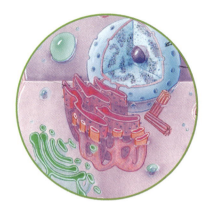

Sport Anatomy

第一章
人体的基本构成

[学习目标]
(1) 掌握人体细胞的结构组成。
(2) 掌握细胞及其各种细胞器的功能。
(3) 掌握上皮组织、结缔组织的分类,肌组织及神经组织的结构特点与功能。

人体形态结构和功能的基本单位是细胞;许多形态结构和机能相似的细胞及细胞间质结合在一起,构成组织;不同的细胞和组织构成用来完成某些特定功能的结构称为器官;在结构和功能上密切相关的许多器官相互结合起来,共同执行某种特定的功能,称为系统。完整的人体包括九大系统,即运动系统、消化系统、呼吸系统、泌尿系统、生殖系统、循环系统、内分泌系统、神经系统和感觉器系统。

第一节 细胞与细胞间质

一、细胞

细胞是人体的基本形态结构和功能单位,由细胞膜、细胞质、细胞核三部分构成,具有新陈代谢、生长、发育、繁殖、分化、衰老和死亡等生命机能特征。人体内的细胞一般都需要借助于显微镜才能看到。最小的细胞直径只有 4 微米,如小脑内的颗粒细胞;最大的细胞直径可达 200 微米,如卵细胞。细胞的形态多种多样,有圆形、多边形、柱形、菱形、立方形和多突形等。尽管细胞因所在位置和功能的不同,大小不等,形态各异,但彼此都有共同的基本构造。图 1-1 所示为细胞结构图。

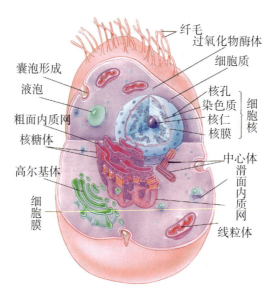

图 1-1 细胞结构图

(一)细胞膜

细胞膜是细胞表面的一层特化的薄膜,又称质膜,由磷脂质双层分子构成,其上镶嵌着各种膜蛋白以及与膜蛋白结合的糖和糖脂。图 1-2 所示为细胞膜结构图。

细胞膜的功能包括:

(1)能够保持细胞的完整性;

(2)具有控制和协助物质进出细胞的选择通透性;

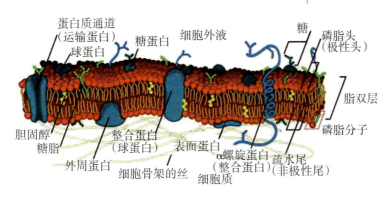

图 1-2 细胞膜结构图

（3）能够控制和调节细胞的代谢和生理功能活动；
（4）具有粘着、支持和保护作用；
（5）能参与细胞的吞噬和吞饮作用。

（二）细胞质

细胞膜和细胞核之间的原生质，称为细胞质。细胞质包括三个部分，即基质、细胞器和包含物。

1. 基质

细胞质内的基质是指在光镜下的透明流体，它没有固定的形态，细胞器和包含物悬浮其中，含有维持生命现象所需的基本物质，也是整个细胞运作的主要场所。

2. 细胞器

1）线粒体

线粒体由双层膜构成，外膜平滑，内膜向内折叠成嵴，嵴的表面分布着大量的颗粒，嵴与嵴之间的腔内充满了基质，内含 DNA 与 RNA，能进行自体复制。线粒体的主要功能是协助细胞呼吸，产生细胞直接使用的能量物质腺苷三磷酸，所以说线粒体是细胞的"动力工厂"。

2）内质网

内质网是由部分细胞核核膜向细胞质延伸，形成相互连通的小管和囊袋所构成的迷宫状的囊泡。根据其表面是否附着有核蛋白体，内质网可分为粗面内质网和滑面内质网两种（见图 1-3）。

粗面内质网：其表面有核蛋白体附着，故表面显得粗糙，是合成蛋白质的场所。

滑面内质网：其表面没有核蛋白体附着，故表面显得光滑，主要与脂类、糖代谢以及生成类固醇激素等有关。

3）高尔基复合体

高尔基复合体（简称高尔基体）是由许多扁平囊、小泡和大泡三部分组成的网状囊泡，是细胞内的运输和加工系统，能够将粗面内质网合成的蛋白质类物质进行加工、浓缩、储存和运输，最后形成大泡脱离扁平囊，移向细胞膜，排出细胞体外。

4）溶酶体

溶酶体是一种单层膜的囊状结构小体，内含多种水解酶，主要功能是进行细胞消化、分解和吞噬进入细胞的各种物质和异物等。此外，它还有分解细胞自身已经衰老和损伤的细胞

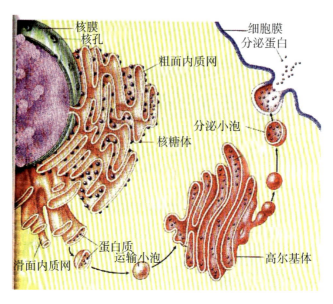

图 1-3 蛋白质合成

器,使细胞的结构不断更新,以维持细胞的正常生命活动,所以溶酶体被称为细胞内的"消化器官"。

5)中心体

中心体位于细胞核附近,由两个中心粒组成。中心粒由两组相互垂直的微管组成。中心体与有丝分裂密切相关。

6)微丝、微管和中间(微)丝

微丝、微管和中间(微)丝不仅是细胞骨架,对细胞形状起到支持作用,还参与细胞运动、信息传递等功能活动。

3. 包含物

细胞内还含有如糖原、脂类、色素及蛋白质等物质,统称为包含物。

(三)细胞核

细胞核是细胞的重要部分,人体细胞除成熟的红细胞外均有细胞核。细胞核携带遗传物质,主要功能是储存遗传信息,蛋白质合成,控制细胞代谢、分化和繁殖等。细胞核分为核膜、核仁和染色体(染色质)三部分。

核膜:核膜由两层单位膜组成,核膜的表面有孔即为核孔,是细胞核与细胞质之间进行物质交换的通道。

核仁:核仁常出现在间期的细胞核中,在细胞分裂期内消失,细胞间期又恢复核仁状态。在显微镜下,核仁通常是单一的或者多个均匀的球形小体,核仁的主要功能是进行 RNA 的合成。

染色体(染色质):染色体与染色质是同一种物质结构在不同细胞时期(间期和分裂期)的两种存在形式。染色质是间期细胞核中由 DNA、组蛋白、非组蛋白和少量的 RNA 所组成的一种串珠状的复合体。当细胞处于分裂期时,染色质中 DNA、组蛋白及非组蛋白的双连结构,经高度螺旋、折叠成短粗的且便于分离的结构,此结构有长臂和短臂,并易于染色,即染色体。

二、细胞间质

细胞间质是存在于细胞与细胞之间的不具有细胞形态和结构的物质，是细胞分化过程中的产物。细胞间质可分为无定形的基质和纤维两类形态物质。基质一般为均匀的透明胶状液体，如血液和组织液的基质。纤维可分为胶原纤维、弹性纤维和网状纤维。细胞间质是细胞生命活动的外部环境，它具有支持、连结、保护、营养、转运等作用。

第二节 组 织

组织是构成人体各种器官的基本成分，它是由许多结构和功能相似的细胞和细胞间质按一定的方式结合在一起所形成的细胞群体。通常将组织分成四种基本类型：上皮组织、结缔组织、肌组织和神经组织。

一、上皮组织

上皮组织由密集的细胞组成，细胞形状较规则，细胞间质少。上皮的功能是作为两种不同生物间隔之间的介质，具有选择性扩散、吸收或分泌、物理性保护及阻隔身体等功能。根据上皮组织的分布、形态结构和功能的不同，上皮组织分为被覆上皮、腺上皮和感觉上皮三种。

(一)被覆上皮

大部分上皮组织覆盖于身体表面和有腔器官的表面，称被覆上皮。一般所说的上皮是指被覆上皮。被覆上皮主要具有保护、吸收、分泌和排泄等功能。

根据被覆上皮的层数和形状，可将被覆上皮分为以下 7 种类型。

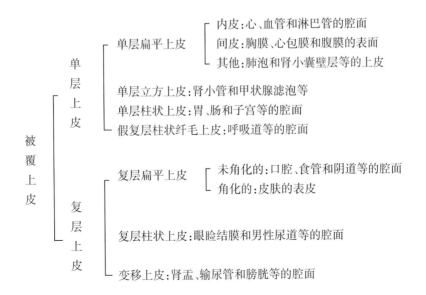

1. 单层扁平上皮

单层扁平上皮很薄，只由一层扁平细胞组成，如图 1-4 所示。

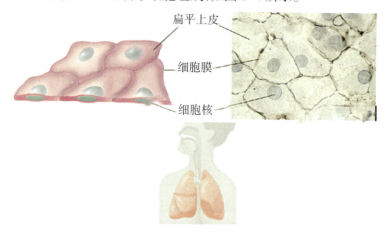

图 1-4　单层扁平上皮

细胞呈不规则形或多边形，分布在心、血管和淋巴管腔面的单层扁平上皮称为内皮。内皮细胞很薄，大多呈菱形，游离面光滑，有利于血液和淋巴液流动及物质透过。分布在胸膜、心包膜和腹膜表面的单层扁平上皮称为间皮，细胞游离面湿润光滑，便于内脏运动。

2. 单层立方上皮

单层立方上皮由一层立方细胞组成，如图 1-5 所示。

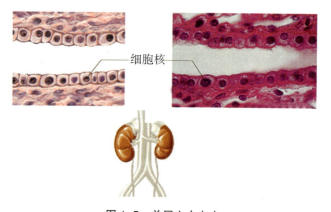

图 1-5　单层立方上皮

从上皮表面看，每个细胞呈六角形或多角形；从上皮的垂直切面看，细胞呈立方形。这种上皮分布在肾小管和甲状腺滤泡等处，具有分泌和吸收功能。

3. 单层柱状上皮

单层柱状上皮由一层柱状细胞组成，如图 1-6 所示。

从上皮表面看，每个细胞呈六角形或多角形；从上皮的垂直切面看，细胞呈柱状。单层柱状上皮具有分泌、吸收等功能。

4. 假复层柱状纤毛上皮

假复层柱状纤毛上皮由柱状细胞、梭形细胞和锥形细胞等几种形态、大小不同的细胞组

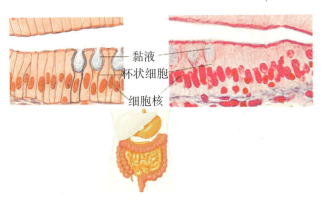

图 1-6 单层柱状上皮

成。柱状细胞游离面具有纤毛,如图 1-7 所示。

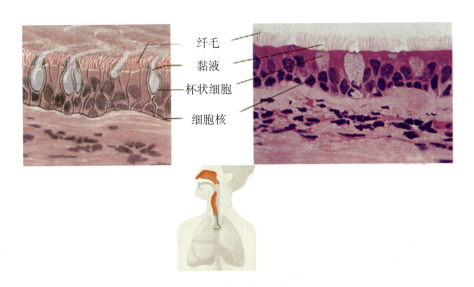

图 1-7 假复层纤毛柱状上皮

由于几种细胞高矮不等,只有柱状细胞和杯状细胞的顶端伸到上皮游离面,故从上皮垂直面看很像复层上皮,但这些高矮不等的细胞基底端都附着在基膜上,实际为单层上皮。这种上皮主要分布在呼吸道的腔面,具有分泌黏液、清除灰尘和细菌的作用。

5. 复层扁平上皮

复层扁平上皮由多层扁平细胞组成。

紧靠基膜的一层基底细胞为矮柱状,具有增殖分化能力,基底层以上是数层多边形细胞,再上为几层梭形或扁平细胞。复层扁平上皮具有很强的保护作用及修复能力,具有耐摩擦和阻止异物侵入等作用。

6. 复层柱状上皮

复层柱状上皮的深层为一层或几层多边形细胞,浅层为一层排列较整齐的柱状细胞。此种上皮只见于眼睑结膜、男性尿道和一些腺的大导管等处。

7. 变移上皮

变移上皮是一种复层上皮。

变移上皮分布在排尿管道的腔面。细胞形状和层数可随所在器官的收缩和扩张而发生变化。如：当膀胱缩小时，上皮变厚，细胞层数较多；当膀胱充尿扩张时，上皮变薄，细胞层数减少，细胞也变扁了。

（二）腺上皮

由腺细胞构成的上皮，称腺上皮，腺上皮的功能主要是分泌。腺体是由腺细胞及其周围的结缔组织、血管和神经所组成的器官，具有分泌机能，如图1-8所示。腺可分为外分泌腺和内分泌腺两大类。形成的腺有导管通到器官腔面或身体表面，分泌物经导管排出，称外分泌腺，如汗腺、胃腺、胰腺和肝等。如果形成的腺没有导管，分泌物经血液和淋巴输送到全身，称内分泌腺，如甲状腺、肾上腺等。

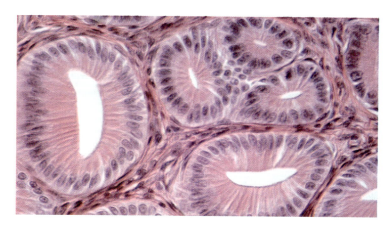

图1-8 腺上皮

（三）感觉上皮

感觉上皮是由某些上皮细胞特殊分化而形成的，能感受某种物理性和化学性的刺激，主要分布于特殊的感觉器官内，如视上皮、听上皮、味上皮和嗅上皮等。

二、结缔组织

结缔组织由细胞和大量细胞间质构成。结缔组织的细胞间质包括基质、细丝状的纤维和不断更新的组织液，具有连结、支持、营养、保护等多种功能。结缔组织按其结构和功能的不同分为疏松结缔组织、致密结缔组织、脂肪组织、网状组织、软骨组织、骨组织、血液与淋巴，如图1-9所示。

（一）疏松结缔组织

疏松结缔组织又称蜂窝组织，其特点是细胞种类较多，基质较多，纤维较少，排列松散。疏松结缔组织的组成如图1-10所示。疏松结缔组织广泛分布于器官、组织以及细胞，具有连结、支持、营养、防御、保护和修复等功能。

致密结缔组织	脂肪组织	疏松结缔组织	骨	血液

图 1-9　结缔组织

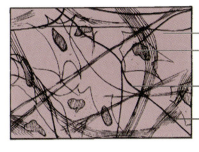  

基质
成纤维细胞
弹性纤维
胶原纤维

图 1-10　疏松结缔组织

1. 细胞

疏松结缔组织的细胞种类较多,其中包括成纤维细胞、巨噬细胞、浆细胞、肥大细胞、脂肪细胞、未分化间充质细胞(如成纤维细胞)和白细胞(如淋巴细胞)等。

(1)成纤维细胞。成纤维细胞是疏松结缔组织的主要细胞成分。成纤维细胞可形成和分泌胶原蛋白、弹性蛋白,生成胶原纤维、网状纤维和弹性纤维,也合成和分泌糖蛋白等基质成分;成纤维细胞还具有分裂增生的能力。

(2)巨噬细胞。巨噬细胞是体内广泛存在的具有强大吞噬功能的细胞。巨噬细胞有重要的防御功能,它具有趋化性定向运动、吞噬和清除异物及衰老伤亡的细胞、分泌多种生物活性物质以及参与调节机体免疫应答等功能。

(3)浆细胞。浆细胞具有合成、储存与分泌抗体即免疫球蛋白的功能,参与体液免疫应答。

(4)肥大细胞。肥大细胞与变态反应有密切关系,能合成和分泌多种活性介质。

(5)脂肪细胞。脂肪细胞具有合成和储存脂肪、参与脂质代谢的功能。

(6)未分化间充质细胞。未分化间充质细胞是保留在成体结缔组织内的一些较原始的细胞,它们保持着细胞的分化潜能,在炎症与创伤时可增殖分化成成纤维细胞、脂肪细胞或肥大细胞。未分化间充质细胞常分布于小血管和毛细血管周围,并能分化发育为新生血管壁的平滑肌和内皮细胞。

(7)白细胞。疏松结缔组织内的白细胞参与免疫应答和炎症反应。

2. 细胞间质

细胞间质包括纤维和基质。

纤维主要由成纤维细胞产生,呈细丝状,排列疏松,交织成网,分别为胶原纤维、网状纤维和弹性纤维三种,形成一些器官的支架,起支持作用。

基质是一种由生物大分子构成的无定形胶状物质,主要由蛋白多糖和蛋白质构成,可限制细菌和毒素的侵入与扩散。

(二)致密结缔组织

致密结缔组织是一种以纤维为主要成分的结缔组织,如图1-11所示,纤维粗大,排列致密,细胞和基质成分很少,具有支持和连结的功能。按照纤维的性质和排列方式不同,致密结缔组织可分为规则的致密结缔组织、不规则的致密结缔组织和弹性组织三种类型。

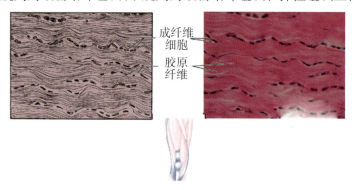

图1-11 致密结缔组织

规则的致密结缔组织:主要由胶原纤维束平行紧密排列构成肌腱和腱膜,纤维束间有沿着长轴成行排列的细胞,即腱细胞。

不规则的致密结缔组织:由较粗的胶原纤维束相互交织成致密的网,纤维束间有少量基质和成纤维细胞、小血管及神经束等,能承受一定的机械张力。

弹性组织:是以弹性纤维为主的致密结缔组织。粗大的弹性纤维平行排列成束,其间有胶原纤维和成纤维细胞。

(三)脂肪组织

脂肪组织(见图1-12)主要由大量群集的脂肪细胞构成,由疏松结缔组织分隔成小叶。脂肪组织主要分布于皮下组织、网膜、肠系膜和一些器官的周围。脂肪组织是体内最大的"能源库",具有储存脂肪、保持体温、缓冲震动、参与能量代谢等功能。

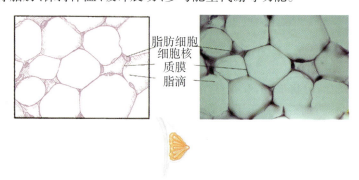

图1-12 脂肪组织

(四)网状组织

网状组织由网状细胞、网状纤维和基质构成,其主要特点是细胞少,间质多,网状纤维交织成网。网状组织一般不单独存在,主要分布于骨髓、淋巴结、肝、脾等造血器官和淋巴器官,并构成这些器官的支架,是造血器官和淋巴器官的基本组成成分。网状组织具有吞噬体内的衰老死亡细胞和侵入体内的细菌等异物的功能,所以它是人体内防御系统的一个重要组成部分。

(五)软骨组织

软骨组织由软骨细胞、基质及纤维构成,如图1-13所示。软骨组织及其周围的软骨膜又构成软骨。软骨组织是固态的结缔组织,略有弹性,能承受压力和摩擦,有一定的支持和保护作用。根据软骨组织所含纤维的不同,可将软骨分为透明软骨、纤维软骨和弹性软骨三种。

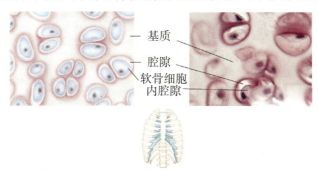

图1-13 软骨组织

透明软骨:分布较广,成人的关节面软骨、肋软骨及呼吸道的一些软骨均属此类软骨。新鲜时呈半透明状,较脆,易折断。透明软骨间质中的纤维为胶原纤维,含量较少,基质较多。

纤维软骨:分布于椎间盘纤维环、关节盘及耻骨联合等处。其结构特点是有大量呈平行或交错排列的胶原纤维束,软骨细胞较少,常成行分布于纤维束之间。

弹性软骨:分布于耳廓及会厌等处。其结构特点是间质中有大量交织成网的弹性纤维,软骨中部的纤维更为密集。弹性软骨有较强的弹性。

除关节面软骨外,软骨的表面均覆盖有较致密的结缔组织,即软骨膜。软骨膜分为内、外两层。外层纤维多,细胞少,主要起保护作用;内层细胞称为成软骨细胞,可增殖分化为软骨细胞。软骨的营养来自周围的血管,并可通过软骨膜渗透至软骨内部,供应软骨细胞。

软骨的生长方式有两种。

一种是内加(间质)生长,或称软骨内生长,是通过软骨内的成软骨细胞的长大和分裂,进而不断地产生基质和纤维,使软骨从内部生长增大。

另一种是外加生长,或称软骨膜下生长,是通过软骨膜内层的成软骨细胞向软骨表面不断添加新的软骨细胞,产生基质和纤维,使软骨从表面向外扩大。

(六)骨组织

骨组织由大量钙化的细胞间质和细胞组成,如图1-14所示。钙化的细胞间质称为骨基质。细胞有骨细胞、骨原细胞、成骨细胞和破骨细胞四种。

1. 骨基质

骨基质即骨的细胞间质,由有机成分和无机成分构成,含水较少。有机成分由成骨细胞

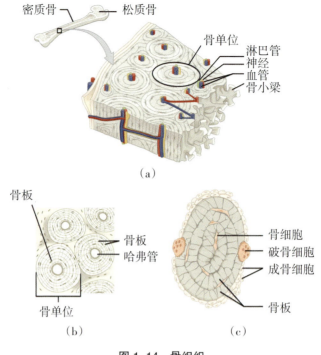

图 1-14 骨组织

分泌形成,包括大量胶原纤维及少量无定形基质。基质中还有两种钙结合蛋白,即骨钙蛋白和骨磷蛋白。骨基质结构呈板层状,称为骨板多层木质胶合板。同一骨板内的纤维相互平行,相邻骨板的纤维相互垂直,这种结构形式有效地增强了骨的支持力。

2. 骨细胞

骨细胞是骨组织的主要细胞,单个分散于骨板内或骨板间。骨细胞所在骨基质中的小腔为骨陷窝,相邻骨细胞在骨陷窝间的骨小管内形成缝隙连结,并从骨小管内的组织液中获得养分。

3. 骨原细胞

骨原细胞是骨组织中的干细胞,位于骨外膜及骨内膜贴近骨处。细胞较小,呈梭形,核呈椭圆形,细胞质少。在骨组织生长、改建或者修复过程中,骨原细胞能分裂分化为成骨细胞。

4. 成骨细胞

成骨细胞分布于骨组织表面。成骨细胞胞体呈矮柱状或椭圆形,具有细小突起,其突起常伸入骨质表层的骨小管内,与表层细胞的突起形成连结。当骨生长和再生时,成骨细胞于骨组织表面排列成规则的一层,并向周围分泌基质和纤维,将自身包埋于其中,形成类骨质,有骨盐沉积后类骨质变为骨组织,成骨细胞则成熟为骨细胞。

5. 破骨细胞

破骨细胞主要分布于骨组织表面,数量较少。破骨细胞是一种多核的大细胞,含有 2~50 个核。它是由数个单核细胞融合而成的,无分裂能力。破骨细胞贴近骨基质的一侧有纹状缘,即皱褶缘。破骨细胞能够向皱褶缘释放多种蛋白酶、碳酸酐酶和乳酸等,具有溶解和吸收骨基质的作用。

（七）血液与淋巴

这部分内容可参考生理学著作。

三、肌组织

　　肌组织是由有收缩能力的肌细胞组成的，肌细胞之间有少量的结缔组织以及血管和神经。肌细胞呈细长纤维形，又称为肌纤维。肌纤维的细胞膜称肌膜，细胞质称肌浆，肌浆中有许多与细胞长轴平行排列的肌丝，它们是肌纤维收缩的主要物质基础。肌组织广泛分布于骨骼、内脏和心血管等处，主要功能是收缩与舒张。

　　根据结构与功能的特点，将肌组织分为三类：骨骼肌、心肌和平滑肌，如图1-15所示。骨骼肌和心肌属于横纹肌。骨骼肌受躯体神经支配，为随意肌，心肌和平滑肌受植物性神经（自主神经）支配，为生存所必需，为不随意肌。

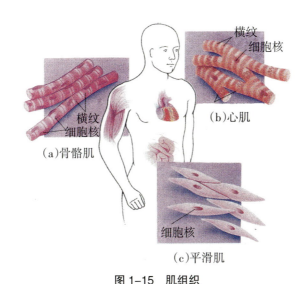

图1-15　肌组织

（一）骨骼肌

1. 骨骼肌的结构

　　骨骼肌多数借肌腱附着在骨骼上（见图1-16），其伸缩可以带动骨骼的移动，以促成人体的运动。每块肌肉均由许多平行排列的骨骼肌纤维组成。包在整块肌肉外面的结缔组织为肌外膜，它是一层致密结缔组织膜，含有血管和神经。肌外膜的结缔组织以及血管和神经的分支伸入肌内，分隔和包围大小不等的肌束，形成肌束膜。分布在每条肌纤维周围的少量结缔组织为肌内膜，肌内膜含有丰富的毛细血管。各层结缔组织膜除有支持、连结、营养和保护肌组织的作用外，对单条肌纤维的活动，乃至对肌束和整块肌肉的肌纤维群体活动也起着调整作用。

　　骨骼肌纤维为长柱形的多核细胞，一条肌纤维内含有几十个甚至几百个细胞核，位于肌浆的周边即肌膜下方。每一个肌纤维中包含许多肌原纤维，肌原纤维呈细丝状，沿肌纤维纵

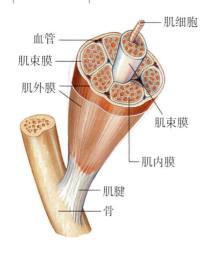

图 1-16 肌纤维

轴平行排列，每一条肌原纤维上有明暗相间的条纹，分别称为明带（或称 I 带）和暗带（或称 A 带）。同一条肌纤维内，所有肌原纤维中的明带和暗带均彼此对应，很规则地排列在一起，而呈现明暗相间的横纹，故又称横纹肌。在肌原纤维的暗带中有一条色淡的 H 带，H 带的中间有一条色深的中线，称为 M 线；在明带的中间也有一条色深的线，称为 Z 线。相邻的两条 Z 线之间的部分称为肌节，是肌肉收缩的形态结构和功能单位。每一个肌节包括两个半段的明带和一个完整的暗带（即两个 1/2 明带和中间的一个暗带）。肌节沿肌原纤维的纵轴呈等距离依次重复排列成肌原纤维。在骨骼肌纤维与肌膜之间有一种扁平有突起的细胞，称肌卫星细胞，它排列在肌纤维的表面，当肌纤维受伤后，此种细胞可分化形成肌纤维。

每条肌原纤维内，又由上千条的肌微丝构成。按其形态和化学成分，肌微丝可分为粗肌微丝和细肌微丝两种。粗肌微丝互相平行，位于暗带中，由肌球蛋白构成；细肌微丝也互相平行排列，一端连于 Z 线上，位于明带内，另一端游离于暗带内，由肌动蛋白构成。

2. 肌膜和横小管

骨骼肌纤维的肌膜（肌内膜），在每一肌节的明带和暗带交界处形成与肌原纤维相垂直的横行细管，此即横小管（T 管），是兴奋——收缩偶联反应发生的主要场所，能够将来自运动终板的兴奋性冲动传入深部，引起一条肌纤维各肌节的同步收缩。

3. 肌质网

肌质网是骨骼肌纤维内特化的滑面内质网。它沿肌原纤维长轴纵行排列并分支吻合，构成包绕于肌原纤维外面的连续管状系统，故肌质网又称纵小管（或 L 小管）。纵小管在横小管平面处形成横向膨大，称为终池。横小管与两侧的终池构成三联体。它是横小管与肌质网的接触点，但并不直接相通连。肌质网的作用与肌纤维的兴奋传导有关。

4. 骨骼肌纤维的收缩机理

目前公认的骨骼肌纤维的收缩机理学说是微丝滑动学说。当肌纤维收缩时，由 Z 线发出的细肌微丝向暗带内移动，结果相邻的 Z 线距离靠近，使明带变短，H 带变短甚至消失，而暗带长度不变，于是整个肌原纤维的长度也就缩短；当肌纤维弛张时，则与上述过程相反，细肌微丝向暗带外移动，结果明带和 H 带都变长，但暗带长度仍然不变。不管肌原纤维是收缩还是弛张，粗、细肌微丝本身的长度并无变化，而只是细肌微丝在粗肌微丝之间滑行移动的结果。

（二）心肌

心肌分布于心脏和邻近心脏的大血管近段。心肌纤维呈短柱状，多数有分支，相互连结成网状。肌纤维的连结处称闰盘。

心肌纤维的结构有以下特点：

（1）肌原纤维不如骨骼肌那样规则、明显；

(2)横纹也不如骨骼肌明显,横小管较粗,肌浆网比较稀疏,纵小管不发达,终池较小,也较少。

心肌收缩具有自动节律性,缓慢而持久,不易疲劳,也不受意识支配。心房肌纤维除有收缩功能外,还有内分泌功能,可分泌心房利钠尿多肽(或称心钠素),具有排钠、利尿和扩张血管、降低血压的作用。另外,少数经过特殊分化而形成具有传导冲动功能的特殊心肌纤维,它参与构成心脏的传导系统,是维持心脏自动而有节律性搏动的心肌纤维。

(三)平滑肌

平滑肌广泛分布于血管壁和众多内脏器官,又称内脏肌。平滑肌纤维呈长梭形,无横纹。细胞核一个,呈椭圆形或杆状,位于中央。平滑肌表面为肌膜,肌膜向下凹陷形成许多的小凹。核两端的肌浆内含有线粒体、高尔基体和少量的粗面内质网以及较多的游离核糖体。

平滑肌的细胞骨架系统比较发达,主要由密斑、密体和中间丝组成。密斑和密体都是电子致密的小体,但分布的部位不同。密斑位于肌膜的内面,主要是平滑肌胍丝的附着点。密体位于细胞质内,为菱形小体,排列成长链,它是细肌丝和中间丝的共同附着点。相邻的密体之间由中间丝相连,构成平滑肌的菱形网架,在细胞内起着支架作用。

在细胞周边的肌浆中,主要含有粗、细两种肌丝。细肌丝呈花瓣状环绕在粗肌丝周围。粗肌丝呈圆柱形,表面有纵行排列的横桥,但相邻的两行横桥的摆动方向恰恰相反。若干条粗肌丝和细肌丝聚集形成肌丝单位,又称收缩单位。相邻的平滑肌纤维之间有缝隙连结,便于化学信息和神经冲动的沟通,有利于众多平滑肌纤维同时收缩而形成功能整体。平滑肌纤维可单独存在,绝大部分是成束或成层分布的。平滑肌的收缩较为缓慢和持久。内脏平滑肌的特点是具有自动性,即肌纤维在脱离神经支配或离体培养的情况下,也能够自动地产生兴奋和收缩。

四、神经组织

神经组织是由神经细胞和神经胶质细胞组成的。神经细胞是神经系统的主要构成成分,是其结构和功能的基本单位,又称神经元,具有接受刺激和传导兴奋的功能。神经元的突起以特化的连结结构——突触彼此连结,形成复杂的神经通路和网络,将化学信号或电信号从一个神经元传给另一个神经元,或传给其他组织的细胞,使神经系统产生感觉和调节其他各系统的活动,以适应内、外环境的瞬息变化。有些神经元还有内分泌功能。神经胶质细胞的数量比神经元更多,主要功能是对神经元起支持、保护、分隔、营养等作用。

(一)神经元

神经元的形态多种多样,有胞体和突起两部分,突起又分为轴突和树突两种。

1. 神经元的结构

神经元的结构如图1-17所示。

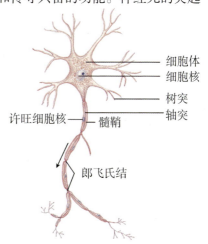

图1-17 神经元

(1)胞体。神经元胞体是细胞的营养中心。神经元的细胞膜是可兴奋膜,它在接受刺激、传播神经冲动和信息处理中起重要作用。

(2)树突。树突内的结构与核周质基本相似。树突的功能主要是接受刺激,树突上的树突棘使神经元的接受面积扩大。

(3)轴突。轴突通常自胞体发出,但也有从主树突的基部发出的。轴突的长短不一,短者仅数微米,长者可达一米以上。轴突的主要功能是传导神经冲动。

2. 神经元的分类

1)根据突起的多少

根据突起的多少,可将神经元分为假单极神经元、双极神经元和多极神经元三类。

假单极神经元:是周围神经系统中的一个感觉神经元,从胞体发出一个突起,距胞体不远又呈"T"形分为两支。一支分布到外周的其他组织和器官,称周围突,能够感受刺激,并将冲动传向胞体;另一支进入中枢神经系统,称中枢突,将冲动传给另一个神经元。假单极神经元的这两个分支,按神经冲动的传导方向,中枢突是轴突,周围突是树突,但周围突细而长,与轴突的形态类似,故往往通称轴突。

双极神经元:有两个突起,一个是树突,另一个是轴突。

多极神经元:有一个轴突和多个树突,是人体中数量最多的一种神经元。

2)根据神经元的功能

根据神经元的功能,可将神经元分为感觉神经元、运动神经元和中间神经元。

感觉神经元:或称传入神经元,多为假单极神经元,胞体主要位于脑、脊神经节内,周围突的末梢分布在皮肤和肌肉等处,接受刺激,将刺激传向中枢。

运动神经元:或称传出神经元,多为多极神经元,胞体主要位于脑、脊髓和植物性神经节内,它把神经冲动传给肌肉或腺体,产生效应。

中间神经元:介于前两种神经元之间,多为多极神经元,在神经传导路径中连结上行神经元及下行神经元,神经元细胞胞体位于中枢神经系统。

(二)突触

突触是神经元传递信息的重要结构,它是神经元与神经元之间,或神经元与非神经细胞之间的一种特化的细胞连结,通过它的传递作用实现细胞与细胞之间的通信,是神经元之间的联系和进行生理活动的关键性结构。在神经元之间的连结中,最常见的是一个神经元的轴突终末与另一个神经元的树突、树突棘或胞体连结,分别构成轴–树、轴–棘和轴–体突触。此外,还有轴–轴和树–树突触等。突触可分为化学突触和电突触两大类。人体神经系统以化学突触占大多数,通常所说的突触是指化学突触。

(三)神经胶质细胞

神经胶质细胞广泛分布于中枢和周围神经系统,其数量比神经元数量大得多,神经胶质细胞与神经元数目之比为 10∶1~50∶1,神经胶质细胞与神经元一样具有突起,但其胞突不分树突和轴突,没有传导神经冲动的功能,但对维持神经细胞微环境的稳定和调节代谢过程起到重要作用。

(四)神经纤维与神经

1. 神经纤维

神经纤维是由神经元的突起外包神经胶质细胞所组成的。根据包裹轴突的神经胶质细胞是否形成髓鞘,神经纤维可分为有髓神经纤维和无髓神经纤维两种。神经纤维主要构成中枢神经系统的白质和周围神经系统的脑神经、脊神经和植物性神经。

1)有髓神经纤维

有髓神经纤维较粗,脑和脊髓内的神经纤维多属于这一种,由神经元的突起及其包绕在它外面的一层呈节段性的髓鞘和髓鞘外面的一层神经膜共同构成。节段髓鞘间裸露的轴膜称为郎飞结,神经冲动是从一个郎飞结跳跃到相邻郎飞结的跳跃式传导。髓鞘主要含髓磷脂和蛋白质,具有绝缘作用,防止神经冲动扩散,故传导神经冲动的速度快。神经膜是包在髓鞘之外的膜,主要具有营养、保护和再生等作用。

2)无髓神经纤维

无髓神经纤维轴突较细,在神经元的突起与神经膜之间无明显的髓鞘层,故称无髓神经纤维。由于此种纤维无髓鞘,电流通过轴膜是沿着轴突连续传导的,故其传导速度比有髓神经纤维慢得多。

2. 神经

周围神经系统的神经纤维集合在一起,构成神经,分布到全身各器官和组织。一条神经内可以含有感觉神经纤维或运动神经纤维,但大多数神经是同时含有感觉、运动和植物性神经纤维的。在结构上,多数神经同时含有髓和无髓两种神经纤维。

(五)神经末梢

周围神经纤维的终末部分终止于全身各组织或器官内,形成各式各样的神经末梢。神经末梢按其功能可分为感觉神经末梢和运动神经末梢两大类。

1. 感觉神经末梢

感觉神经末梢是感觉神经元周围突的终末部分,该终末与其他结构共同组成感受器。感受器能接受内、外环境的各种刺激,并将刺激转化为神经冲动,传向中枢,产生感觉。感受器按其分布和功能可分为内感受器、外感受器和本体感受器三种。

(1)内感受器:主要分布于内脏和血管,感受来自这些器官的刺激。

(2)外感受器:主要分布于皮肤内,感受外来的温、痛、触、压等刺激。

(3)本体感受器:主要分布于骨骼肌、肌腱和关节等处,如肌梭、腱梭和环层小体等,感受肌肉、肌腱张力的变化和关节运动的位置变化。

2. 运动神经末梢

运动神经末梢是运动神经元的长轴突分布于肌组织和腺体内的终末结构,支配肌纤维的收缩和腺的分泌。神经末梢与邻近组织共同组成效应器。运动神经末梢又分为躯体运动神经末梢和内脏运动神经末梢两类。

1)躯体运动神经末梢

躯体运动神经末梢分布于骨骼肌内。神经元的胞体位于脊髓灰质前角或脑干,轴突很长,离开中枢神经纤维后成为躯体传出神经纤维,其中小部分细的有髓神经纤维供应肌梭内的梭内肌纤维,其余大部分粗的有髓神经纤维均分布于骨骼肌(梭外肌)。有髓神经纤维抵达骨骼肌时髓鞘消失,其轴突反复分支,每一分支的终末部分与一条骨骼肌纤维建立突触连结,此连结区域呈椭圆形板状隆起,称运动终板。一条有髓运动神经纤维支配的骨骼肌纤维数目多少不等,少者仅1～2条,多者可支配上千条,而一条骨骼肌纤维通常只有一个轴突分支支配。一个运动神经元的轴突及其分支所支配全部骨骼肌纤维合称一个运动单位,运动单位大小就是运动神经元支配纤维数量的多少。

2)内脏运动神经末梢

内脏运动神经末梢较细,由自主神经的节后纤维的终末部分构成。它主要分布于内脏及心血管的平滑肌、心肌和腺上皮细胞等处,能引起平滑肌和心肌收缩以及腺体的分泌。

【思考题】

1．简述细胞质中各种细胞器的结构与功能。

2．简述细胞核的结构与功能。

3．简述人体四种基本组织的结构特点。

第二章
运动系统

[学习目标]

(1) 掌握骨的形态和结构及重要骨性标志。
(2) 掌握各关节的结构和功能。
(3) 掌握骨的结构和运动对骨所产生的影响。
(4) 掌握主要肌肉的位置和功能。
(5) 掌握肌肉力量及伸展性的锻炼方法。

运动系统由骨、骨连结和骨骼肌构成,约占人体重的60%。骨通过骨连结构成人体支架,支持体重,保护内脏。在神经系统支配下,以骨为杠杆,以关节为枢纽,以肌肉收缩为器官动力,从而产生运动。

第一节 骨与骨连结

一、骨总论

(一)骨的数目与分类

新生儿骨超过270块,在成长发育过程中,部分骨头相互融合,大约20岁发育成熟,正常成人骨共206块。人体骨骼(见图2-1)分为中轴骨和四肢骨,其中中轴骨包括颅骨和躯干骨,共80块;四肢骨包括上肢骨和下肢骨,共126块。

不同部位的骨形态各异,但概而言之可归为长骨、短骨、扁骨和不规则骨四类。

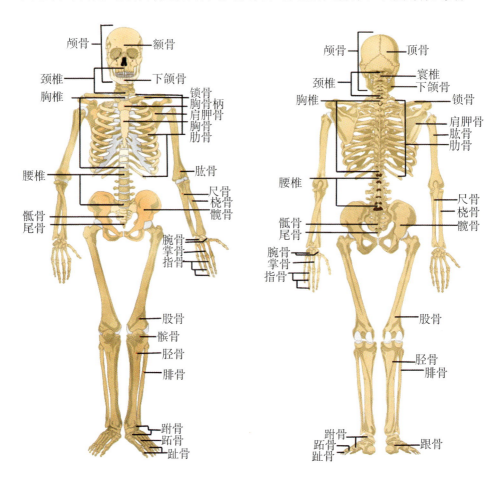

图2-1 人体骨骼

(1)长骨:多呈管状,一般位于四肢。长骨中部稍细且中空,为骨干,主要由骨密质构成。长骨的两端膨大,为骨骺。

(2)短骨:一般呈立方形,其表层为骨密质,内部为骨松质。短骨多在承受压力较大而运动形式较复杂的部位,如腕部、踝部。

(3)扁骨:宽扁呈板状,多位于人体中轴或四肢带部。它常构成容纳重要器官的腔壁,起保护作用。有的以其宽阔的面积供肌肉附着,对于肢体运动起着重要作用。

(4)不规则骨:呈极不规则形状的骨,典型的如椎骨。有些不规则骨里面有含气的空腔,称为含气骨。

除上述类型的骨外,还有籽骨。籽骨是指包于肌腱或韧带内的结节状小骨块,典型的如髌骨。除髌骨外,其他籽骨的出现与否因人而异,而且不包括在206块骨之内。

(二)骨的构造

新鲜骨由骨膜、骨质、骨髓及血管、神经等构成,如图2-2所示,具有保护、支持、负重、运动杠杆、造血及贮藏等功能。骨的主要结构如下。

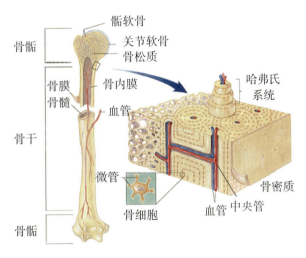

图2-2 骨的构成

1. 骨膜

骨膜包括骨外膜及骨内膜。骨表面(关节面之外)的致密结缔组织膜为骨外膜,内有丰富的血管、淋巴管及神经,它分为内、外两层,外层致密,内层疏松,内层含成骨细胞,在生长期和骨折修复期参与骨质的形成。骨髓腔内表面及骨松质表面的结缔组织膜为骨内膜,含有破骨细胞,参与骨吸收过程。这种骨的破坏与骨质的形成的对立统一,即是骨的主要生长过程。人在幼年时,这两种细胞非常活跃,成年时呈静止状态。骨折时又恢复其造骨功能。

2. 骨质

骨质分为骨密质和骨松质,它是骨的主要成分。

1)骨密质

骨密质主要分布于骨的外层及长骨骨干,致密而坚硬,抗压、抗扭曲力强。长骨骨干主要由规则排列的骨板构成,其中呈同心圆式围绕骨干表面排列的为外环骨板,位于骨髓腔周围亦呈同心圆式排列的为内环骨板。外环骨板层次较内环骨板多,且更整齐。在外环骨板与内环骨板之间有许多哈佛氏系统,即骨单位。每一哈佛氏系统由若干呈同心圆式排列的骨板围绕一条哈佛氏管组成,各条哈弗氏管内均有血管与神经借横管相互沟通,并与长骨内外表面相通。各哈佛氏系统之间有不太规则排列的间骨板。

2)骨松质

骨松质主要分布于长骨骺、短骨、扁骨和不规则骨的内部,长骨干密质深面也有薄层骨松质,它们往往形成杆状或片状的骨小梁。骨小梁的排列与该部位的功能作用有关,排列方向、粗细乃至数目都与所受拉压、扭曲力及肌肉、韧带对骨的拉力有关。

3. 骨髓

骨髓充填于髓腔和骨松质网眼内,分为红骨髓和黄骨髓。人在胎儿和幼儿时期,髓腔和骨松质网眼内均是红骨髓,具有造血功能。随着年龄的增长,骨髓腔内的红骨髓逐渐为脂肪组织所代替而变为黄骨髓,失去造血功能。但当大量失血或贫血时,黄骨髓又部分地转化为红骨髓而执行造血功能。在椎骨、髂骨、肋骨、胸骨及肱骨和股骨等长骨的骺内终生都是红骨髓,因此,临床常选髂前上棘或髂后上棘等处进行骨髓穿刺,检查骨髓象。

(三)骨的化学成分与物理性质

骨的化学成分分为有机物和无机物两类。成人骨中有机物主要为骨胶原和粘多糖蛋白,有机物约占28%;无机物主要是水(约占50%)和钙盐(主要为磷酸钙、碳酸钙等,约占20%),无机物约占72%。脱钙骨(去掉无机质)仍具有原骨形状,但柔软有弹性;煅烧骨(去掉有机质)虽然形状不变,但脆而易碎。骨的两种成分比例,随年龄的增加而发生变化。儿童少年骨内有机物与无机物各占一半,故骨的韧性、可塑性大,易变形而不易折断,又称青枝骨;成年人骨中有机物与无机物之比为3∶7,老年人骨内无机物含量更多,有机物与无机物之比甚至可能达到2∶8左右,弹性减小而脆性增大,故骨折的可能性较大。

(四)骨的发生及骨的生长

1. 骨的发生

骨发生于中胚层的间充质,其发生有膜内成骨和软骨内成骨两种。在结缔组织膜的基础上经过骨化而成的骨为膜内成骨,如颅盖骨和面颅骨等。在软骨的基础上经过骨化而成的骨则为软骨内成骨,如四肢骨。

2. 骨的生长

骨的生长是破坏和建造两个过程对立统一的结果,生长过程中建造占优势。骨发生的两种方式在生长中亦有体现。

1)长粗

儿童少年时期骨膜较厚,骨外膜内的成骨细胞不断分泌骨质,使骨增粗。同时,骨内膜内破骨细胞不断地破坏与吸收骨质,髓腔扩大。成年后,这种活动渐趋静息,但在经常性体力负荷下相应的生长过程仍可一定程度地被激活。骨的增粗取膜内成骨方式。

2)增长

在儿童少年时期,长骨的骨骺与骨干之间存在骺软骨,后者不断增生并不断骨化,骨的长度不断增加,在12~18岁期间,大部分的骺软骨生长速率快,四肢骨尤甚。18岁以后,各骨渐次停止这种生长。一般女子在22岁、男子在25岁之后,骺软骨全部骨化,骨干与骺结成一个整体,骨的长度不再增加,身高停止生长就是因为这种生长过程结束。加长虽然会停止,但骨内的构造始终处于动态变化之中。骨的增长为软骨内成骨方式。骨的生长与诸多因素有关,主要有遗传、激素分泌、维生素的摄取、运动性因素等。

3. 骨龄

骨龄即骨的生理年龄,是骨骺和小骨骨化中心出现的年龄或干骺愈合的年龄,它常用来确定生物年龄。各块腕骨的出现和掌骨、指骨的愈合呈年龄梯度,能够较好地反映骨龄,可预测儿童少年的身高,也可判断儿童少年的发育情况:早熟、正常或晚熟。近年来骨龄广泛应用于运动员选材。测定儿童少年骨龄时,可多拍摄手和腕部的X线片。

图2-3所示为骨化中心。

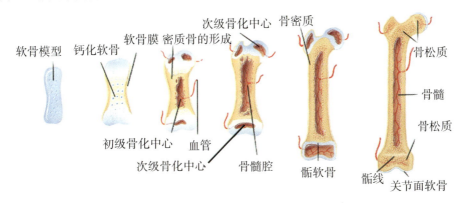

图2-3 骨化中心

(五)体育运动对骨的影响

长期有规律的运动训练能够改善骨的血液供给,增强骨代谢,对骨的形态、结构和功能都有良好的影响,表现为:骨密质增厚,骨径变粗;骨小梁根据压力和拉力方向,排列更为规律;骨表面的肌肉附着点的突起更加粗大;增强了骨的抗折、抗弯、抗压缩和抗扭转的性能,预防或减缓老年人骨量流失。不同运动项目训练对人体各部位的骨骼影响不同,如:排球运动员用力,手第3、4近节指骨的横径最大,骨髓腔径也随之增大;投掷、击剑运动员,对利侧上肢骨的影响较大;游泳、体操项目运动员,两侧上肢骨所受的影响相似;足球运动员和芭蕾舞演员的跖骨骨密度比一般人有明显的增厚;划船运动各个项目中,以划艇运动员的肱骨最粗。然而,不恰当的运动训练方法会导致运动损伤及骨骼畸形,如胫骨骨膜炎、骨折、脱臼等。

二、骨连结总论

(一)骨连结的分类

全身各骨之间借纤维结缔组织、软骨组织或骨相连,称为关节。根据骨间连结的组织及方式以及活动情况的不同,关节可分为动关节、微动关节和不动关节三类。

1. 动关节

动关节：通常简称关节，骨与骨借复杂的结缔组织相连，出现腔隙并失去连续性，腔隙内充满滑液，有较大的活动性，又称有腔隙连结或间接连结。

2. 微动关节

微动关节：骨与骨间借透明软骨或纤维相连，运动范围很小，如耻骨联合借纤维软骨相连，椎骨间借透明软骨相连。

3. 不动关节

不动关节：骨与骨间以结缔组织相连，中间没有间断和缝隙，运动范围很小或完全不能活动，这种连结又称无腔隙连结或直接连结。根据连结组织的不同，不动关节可分为下述三种。

（1）韧带连结：骨与骨间借纤维结缔组织相连，如前臂骨和小腿骨间的骨间膜，以及颅骨之间缝的连结（这种结缔组织可以骨化）。

（2）软骨连结：骨与骨间借软骨组织相连，可分为暂时性与永久性两种。暂时性仅存在于儿童少年时期，随着年龄的增长，此种软骨可骨化成骨性结合，如髋骨的髂骨、耻骨和坐骨之间的连结。

（3）骨性结合：骨与骨间借骨组织相连，一般由缝及暂时性软骨连结演变而成，如骶椎之间的愈合和颅骨缝的结缔组织骨化形成的骨性连结。

（二）关节的构造

关节的构造可分为主要结构和辅助结构两部分。前者所有关节都必须具备，后者则因关节不同而有所不同。

1. 主要结构

关节的主要结构有关节面、关节囊和关节腔，即关节的三要素。

1）关节面

参与组成关节的各相关骨的接触面，为关节面。相连的两关节面一般多为一凹一凸，凹的为关节窝，凸的为关节头，其表面被覆一层关节软骨，关节面软骨大多数是透明软骨，少数为纤维软骨（如胸锁关节和下颌关节的关节面软骨），其平均厚度为1~5毫米，最厚可达7毫米，终生不骨化。关节软骨不仅使粗糙不平的关节面变得光滑，同时在运动时可减少关节面的摩擦，缓冲震荡和冲击。

关节软骨中无神经、无血管，但它是一种黏弹性材料，其中有许多孔隙，组织间隙充满了液体，在应力作用下，这些液体可以流进或流出，这是它获得营养的重要途径（与关节腔中的滑液进行交换）。关节软骨是无血管组织，损伤后较难修复。

2）关节囊

关节囊为附着在关节面周缘及其附近骨面的结缔组织囊，可分为内、外两层。外层叫纤维层，由致密结缔组织构成，其厚薄及张弛与关节功能有关。内层叫滑膜层，由疏松结缔组织构成，能够分泌滑液，营养关节软骨、半月板、关节盘，增加关节运动效能，减少关节表面摩擦及侵蚀，为关节提供良好的液态环境，是一种良好的滑润剂。

3）关节腔

关节腔为关节囊和关节面的密闭腔隙，腔内有少许滑液。关节腔内是负压，是维持关节稳定的重要因素之一。

2. 辅助结构

关节除上述结构外,有些关节还有下面一些辅助结构。

(1) 韧带:由致密结缔组织构成,连结相邻骨,对关节有加固作用,它可分为囊韧带(为关节囊的局部增厚)、囊外韧带和囊内韧带三种。

(2) 滑膜囊:关节囊滑膜层向外突出形成的囊状结构,位于肌腱与骨之间,囊腔内有滑液,作用是当肌肉收缩时,减少肌腱与骨之间的摩擦。

(3) 滑膜襞:是关节囊滑膜层突向关节腔内的皱襞。有的滑膜襞内含有脂肪,称为脂肪皱襞。它可填充关节腔的空隙,使关节面更加适应和巩固,并可缓冲震动和减少摩擦。

(4) 关节唇:是关节内两种不同形态的纤维软骨,关节唇是附着于关节窝周缘的纤维软骨环,有加深关节窝、增大关节面的作用,如肩关节和髋关节均有此结构。

(5) 关节内软骨:由纤维软骨构成,位于关节腔内,多在运动频繁而相连骨关节面又不相适应的关节中。关节内软骨分为关节盘和半月板两种。它们除使关节面彼此适应外,尚可缓冲震动,增加关节活动幅度。

(三) 关节的运动

人体的关节运动(指绕关节运动轴转动的环节)一般都是旋转运动,即运动环节绕关节的某个轴来进行的。关节的运动可分为以下四种。

1. 屈、伸

屈、伸为运动环节绕额状轴在矢状面内所进行的运动,前折为屈,后折为伸(膝关节及其以下关节相反),如图2-4所示。

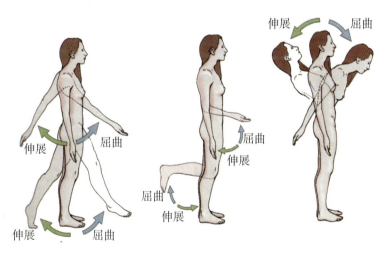

图2-4 关节的屈、伸

2. 水平屈、伸

水平屈、伸为上臂在肩关节处或大腿在髋关节处外展90°,绕垂直轴在水平面内的运动,向前运动为水平屈,向后运动为水平伸。

3. 外展、内收

外展、内收为运动环节绕矢状轴在额状面内进行的运动。环节末端远离正中面为外展,靠近正中面为内收。手指则以中指为标志,远离中指为外展,靠近中指为内收,如图2-5所示。

图2-6所示为手关节的运动。

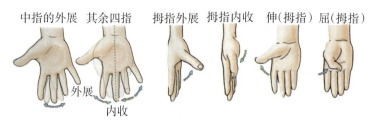

图2-5 手指的外展、内收

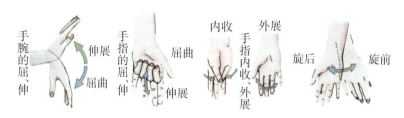

图2-6 手关节的运动

4. 回旋

回旋为运动环节绕其本身的垂直轴在水平面内进行的运动。由前向内的旋转(顺时针方向,左臂为例)为内旋,由前向外的旋转(逆时针方向,左臂为例)为外旋,如图2-7所示,在前臂则称为旋前和旋后。

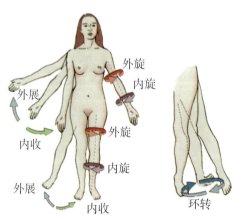

图2-7 回旋与环转

5. 环转

环转:运动骨上端在原位转动,下端做圆周运动,全骨描绘出一圆锥的轨迹。能沿两轴以上运动的关节均可做环转运动,如肩关节、髋关节和桡关节(见图2-7)。

(四)关节的分类

1. 按关节运动轴的数目

依据关节运动轴的数目,关节可分为单轴关节、双轴关节和多轴关节,如图2-8所示。

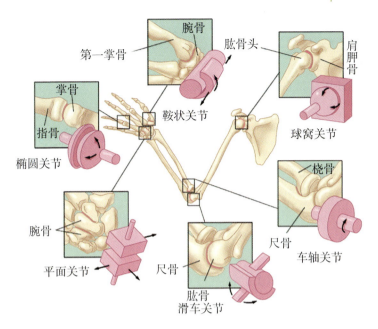

图 2-8 关节分类

1）单轴关节

单轴关节只能绕一个运动轴在一个平面内运动,包括滑车关节和车轴关节。

(1) 滑车关节:又称屈戌关节,关节头是滑车状,另一骨上有相应的关节窝。运动环节绕额状轴在矢状面内做屈伸运动,如肱尺关节、指间关节等。

(2) 车轴(圆柱)关节:关节头呈圆柱状,关节窝是相应的半环,运动环节可绕本身的垂直轴在水平面内进行回旋运动,如桡尺近侧和远侧关节。

2）双轴关节

双轴关节有两个运动轴,能绕两个相互垂直的轴在两个平面上运动,包括椭圆关节和鞍状关节。

(1) 椭圆关节:关节头是椭圆体的一部分,关节窝与其相适应,运动环节能进行屈伸、外展内收和环转运动,如桡腕关节。

(2) 鞍状关节:相对两骨关节面均呈鞍形,这种关节可做屈伸、外展内收和环转运动,如拇指腕掌关节。

3）多轴关节

多轴关节能绕三个相互垂直的轴在三个平面上运动,包括球窝关节和平面关节。

(1) 球窝关节:关节头是球体的一部分,关节窝与头相适应,呈窝状。其基本运动有屈伸、外展内收、回旋及环转,如肩关节。杵臼关节,也是球窝关节,只是关节窝特深,运动幅度要小得多,如髋关节。

(2) 平面关节:其关节面可看作直径很长的球体的一部分。由于关节面大小相互一致,只能做微小的回旋和滑动,故又称微动关节,如骶髂关节。

2. 按构成关节的骨数

按构成关节的骨数,关节又分为单关节和复关节。

1)单关节

单关节是由两块骨组成的关节,即一个关节头和一个关节窝,如肩关节、髋关节。

2)复关节

由两个以上的骨构成,被一个关节囊所包裹,其中每一块骨都能独立活动的,称为复关节,如肘关节、膝关节。

3. 按关节的运动方式

按关节的运动方式,关节可分为单动关节和联合关节。

1)单动关节

单动关节是指能单独进行活动的关节,如肩关节。

2)联合关节

联合关节是指两个或两个以上的独立关节,在运动时需绕共同运动轴进行活动。如桡尺近侧关节和桡尺远侧关节在结构上是独立的,活动时必须共同运动,使前臂做旋前和旋后动作。

(五)关节运动幅度及其影响因素

关节运动幅度是指一个动作从开始到结束,该关节处相邻的两环节间运动范围的极限角度。

关节运动幅度的影响因素如下。

(1)构成关节的两关节面面积大小的差别:面积差大的,灵活性大,坚固性小;面积差小的,灵活性小,坚固性大。

(2)关节囊的厚薄及松紧度:关节囊厚而紧张的灵活性小,坚固性大;关节囊薄弱而松弛的,灵活性大,坚固性小。

(3)关节韧带的多少与强弱:韧带多而强的,坚固性大,灵活性小;韧带少而弱的,坚固性小,灵活性大。

(4)关节周围的肌肉状况:关节周围肌肉力量强、伸展性及弹性差的,坚固性大,灵活性小;周围肌肉力量弱、伸展性及弹性好的,坚固性小,灵活性大。

(5)关节周围的骨突起:关节周围的骨突起常阻碍关节的运动,影响关节的运动幅度。

另外,关节运动幅度还与年龄、性别、体育运动等有关。特别是体育运动,经常参加体育锻炼的人,既可使关节的灵活性提高,也可使关节的坚固性得到增强。

(六)体育运动对关节形态结构的影响

系统的体育锻炼可使骨关节面软骨增厚,从而承受更大的负荷,对减轻冲击、缓冲震荡有一定作用。体育锻炼还能增强关节周围肌肉力量,促进肌腱和韧带增粗,关节面软骨增厚,加大关节的稳固性。关节稳固性的提高加强了对关节的保护作用,但这往往会减少关节运动幅度。系统的柔韧性练习能够增加关节囊周围肌腱、韧带和肌肉的伸展性,从而使关节运动幅度增加,提高动作的协调性,防止或减少运动伤害事故的发生。因此,进行力量性练习时,应配合一定数量的柔韧性练习,使力量与柔韧素质同时得到相应的发展。

不同运动项目对发展各部分关节的柔韧性有不同作用,如游泳和体操可以使肩关节、肘关节、手关节和足关节柔韧性增大,跨栏和跳高可增大髋关节的运动幅度,艺术体操和花样滑冰可增大脊柱的运动幅度。体育运动时,没有充分的准备活动,姿势不正确,用力过猛,或不合理的运动训练,均可能导致关节韧带撕裂、关节脱位等运动损伤。

三、上肢骨及其连结

(一)上肢骨

上肢骨可分为上肢带骨和自由上肢骨两部分,如图 2-9 所示。上肢骨与下肢骨在排列形式和数目上基本相同,但人体直立使上肢骨的形态结构和下肢骨的有了较大的差异,上肢骨是细小灵活的劳动器官,下肢骨相对较为粗壮,发挥支持和位移的作用。上肢带骨由锁骨和肩胛骨组成(见图 2-10);自由上肢骨由肱骨、尺骨、桡骨、腕骨、掌骨和指骨组成。

1. 上肢带骨

1)锁骨

锁骨位于胸廓前上方皮下,可触及全长,左右两侧各一,呈"S"字形,为一体两端。如图 2-11 所示,内侧端较为粗大,呈圆柱状,其上有胸骨关节面,为胸骨端;外侧端呈扁平状,为肩峰端,以小关节面与肩胛骨的肩峰相连结;中间部分是锁骨体;内侧 2/3 凸向前,外侧 1/3 凸向后,上面光滑,下面粗糙。锁骨内侧 2/3 与外侧 1/3 交界处最薄弱,运动中跌倒时若肩部或手着地,此处易骨折。

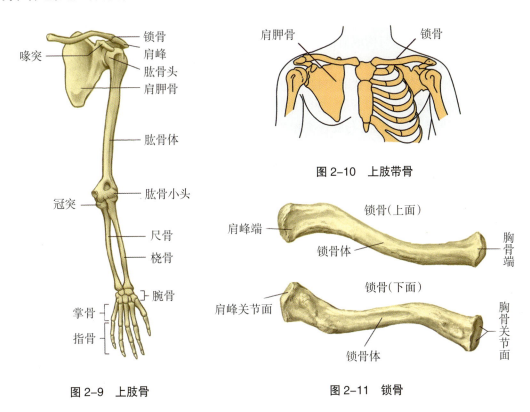

图 2-9 上肢骨

图 2-10 上肢带骨

图 2-11 锁骨

2）肩胛骨

肩胛骨贴于胸廓的后方上外侧，介于第 2～7 肋之间，为三角形扁骨，可于皮下触摸到。三角形底部朝上，顶部（尖部）朝下，可分为两个面、三条缘和三个角，如图 2-12 所示。

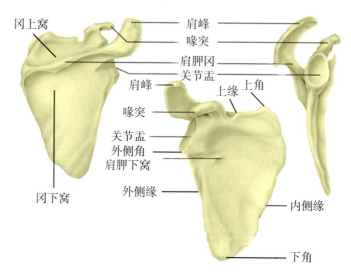

图 2-12　肩胛骨

两个面为背侧面和腹侧面。背侧面有一横嵴，为肩胛冈；冈上和冈下的浅窝，分别称为冈上窝和冈下窝；肩胛冈向外侧延伸的扁平突起，为肩峰，是测量肩宽及上肢全长的骨性标志，肩峰还有肩峰关节面，参与构成肩锁关节。腹侧面为一与胸廓相对的浅窝，为肩胛下窝。

三条缘为内侧缘、外侧缘和上缘。内侧缘又称脊柱缘，外侧缘亦称腋缘；上缘锐薄且有一肩胛切迹，切迹外侧有一曲指状的突起叫喙突。

三个角即外侧角、上角和下角。外侧角肥大，位于上缘与外侧（腋）缘的会合部，上有一朝向外侧的梨形浅窝，为关节盂，与肱骨头相关节构成肩关节，在关节盂的上、下方各有一粗糙隆起，分别称为盂上结节和盂下结节。上角又称内侧角，在上缘与内侧缘的会合部，约对第 2 肋。下角位于内侧缘与外侧缘的结合处，相当于第 7 肋或第 7 肋间隙的高度，在皮下可以触知，是测量胸围的骨性标志。

2. 自由上肢骨

1）肱骨

肱骨即上臂骨，是典型的长骨，分一体两端，如图 2-13 所示。

上端粗大，有朝向上后内方向的半球形肱骨头，它与肩胛骨的关节盂相关节（组成肩关节）。在肱骨头周围有环状浅沟称为解剖颈，肱骨头体交界部稍细，此处为外科颈，肱骨头的外侧有结节状的较大隆起，为肱骨大结节；肱骨头下前方有肱骨小结节，两结节往下延续形成粗糙纵行的骨嵴，分别称为大结节嵴和小结节嵴，两结节之间的纵沟为结节间沟，肱二头肌长头腱由此通过。

肱骨体上部为圆柱形，下部为三棱柱形。肱骨体的中部外侧面有一呈"V"字形的粗糙隆起，称三角肌粗隆，为三角肌止点附着处。体的后方中部有一条自上内侧向下外侧的浅沟，为桡神经沟,是桡神经通过的压迹。

肱骨下端宽扁,内侧和外侧扩大形成内上髁和外上髁。在肱骨内上髁后下方有一浅沟,为尺神经沟,尺神经由此经过。肱骨下端是关节面,外侧部较小,呈半球状突起,称为肱骨小头,它与桡骨相关节;内侧呈滑车状突起,称肱骨滑车,它与尺骨相关节。肱骨下端的前面滑车上方有冠突窝,肱骨小头上方有桡窝,当前臂屈时,分别容纳尺骨冠突和桡骨头。肱骨下端的后面,滑车上方的深窝为鹰嘴窝,当前臂伸时,此处容纳尺骨鹰嘴。

2)尺骨

尺骨位于前臂内侧,呈三棱柱形,分为一体两端,如图2-14所示。

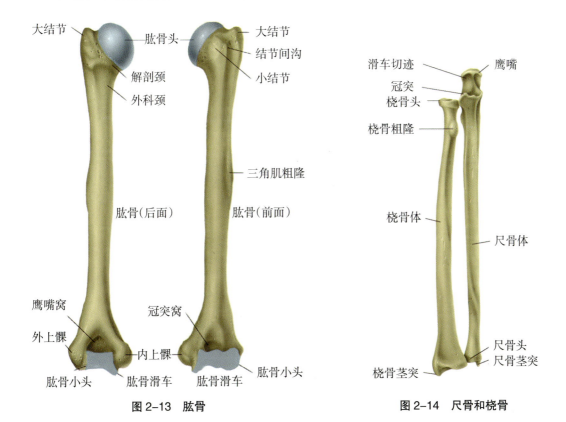

图2-13　肱骨　　　　　　图2-14　尺骨和桡骨

尺骨上端前方有半月形凹陷关节面,称滑车切迹,与肱骨滑车相关节;滑车切迹的后上方的突起较大,为鹰嘴,前下方形成的突起较小,为冠突。冠突下方的一粗糙隆起称尺骨粗隆,为肱肌肌腱附着点。滑车切迹外侧的凹陷关节面称为桡切迹,它与桡骨的环状关节面相关节。

尺骨体上部呈三棱柱形,下部呈圆柱形,上粗下细,三棱即三缘,其中外侧缘薄锐,又名骨间缘,与桡骨的骨间缘相对。

尺骨下端较上端小,有一尺骨头,其前后及外侧有环状关节面,与桡骨的尺切迹相连结,后内侧则有一向下的茎突。尺骨从鹰嘴到茎突可从前臂背面皮下触摸到。

3)桡骨

桡骨位于前臂外侧,分为一体两端,如图2-14所示。

桡骨上端呈圆柱状膨大,为桡骨头;桡骨头上面凹陷为桡骨头凹,与肱骨小头相关节;周围环状关节面与尺骨的桡切迹相关节;桡骨头下方略细部分为桡骨颈,其内下方的粗糙隆起为桡骨粗隆,为肱二头肌肌腱的附着点。

桡骨体呈三棱柱形,亦有较薄锐的骨间缘。

桡骨下端内侧有尺切迹与尺骨头相关节,外侧有向下突出的茎突。下端底部是一较大的关节窝,为腕关节面,它与近侧列腕骨相关节。桡骨头和桡骨茎突都能在皮下触知,它们是人体测量的主要标志之一。桡骨茎突比尺骨茎突位置略低。

4)手骨

手骨包括腕骨、掌骨和指骨。

腕骨:位于手腕部,是腕部8块小骨的总称(见图2-15)。腕骨为短骨,8块腕骨排成两列。近侧列4块,自桡侧到尺侧的顺序为:手舟骨、月骨、三角骨与豌豆骨。除了豌豆骨以外,其余三块骨共同组成一个椭圆形的关节头,与桡骨下端腕关节面形成桡腕关节。远侧列4块,自桡侧到尺侧的顺序为大多角骨、小多角骨、头状骨与钩骨,均与掌骨形成关节。两列腕骨不处于同一平面,构成一个背侧面凸隆而掌侧面凹陷的腕穹窿。

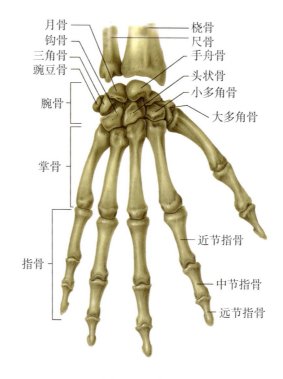

图2-15 腕骨

掌骨:共5块小长骨,位于腕骨和指骨之间,从桡侧到尺侧依次为第1～5掌骨。每一块掌骨的近侧上端为底,有关节面与腕骨相连结,第一掌骨底为鞍状关节面,其余各掌骨底为平面关节;中间部分为掌骨体;掌骨远侧下端称掌骨头,有关节面与近节指骨形成关节。

指骨:共有14块,均为小型长骨(见图2-15)。除拇指只有近节、远节两节指骨外,其余四指均有近节、中节与远节指骨。每节指骨都有指骨体和膨大的两端,近节指骨底为球窝形关节面，其余指骨为滑车状关节面。

(二)上肢骨连结

1. 上肢带骨的连结

上肢带关节(右)前面观如图 2-16 所示。

1)胸锁关节

胸锁关节是上肢与躯干间连结的唯一关节，由锁骨的胸骨端关节面与胸骨柄的锁骨切迹及第一肋软骨的上缘共同组成，属于多轴关节，如图 2-17 所示。关节囊坚韧，周围还有胸锁前、后韧带，锁间韧带，肋锁韧带加固。关节腔内有纤维软骨构成的关节盘，使关节头和关节窝相适应，尽管关节面形似鞍状，但是关节盘的存在使之成为球窝状关节。有 3 个运动轴，绕矢状轴外端可做上下运动(运动范围为 10 厘米左右，如耸肩、降肩)；绕垂直轴外端可做前后运动(运动范围为 12 厘米左右，如扩胸、含胸)；绕额状轴可做回旋运动(如肩部前后绕环)。

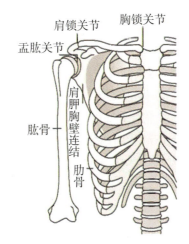

图 2-16 上肢带关节(右)前面观

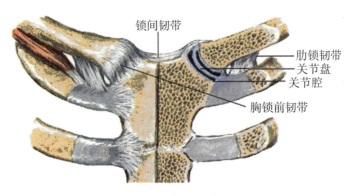

图 2-17 胸锁关节图

2)肩锁关节

肩锁关节由锁骨的肩峰端关节面与肩胛骨的肩峰关节面构成(见图 2-16、图 2-18)，属于平面关节。关节囊上、下有喙锁韧带、肩锁韧带等韧带加强，如图 2-19 所示。关节面扁平，活动范围小，属微动关节。据报道，其关节腔中也有关节盘，其出现率为 20%。

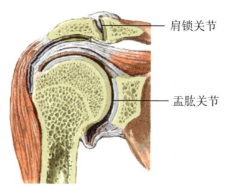

图 2-18 肩锁关节(右)前面观

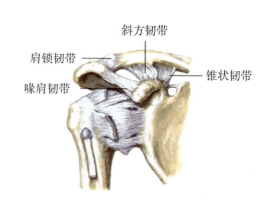

图 2-19 肩锁关节韧带

3)上肢带的运动

上肢带的运动包括胸锁关节和肩锁关节两个关节的运动,主要运动在胸锁关节,但运动在肩胛骨比较明显。上肢带的各种运动对增大自由上肢的运动幅度和加大其灵活性有着重要作用。上肢带的运动的主要运动形式有以下三种。

(1)上提、下降:是肩胛骨在额状面向上与向下的移动,向上为上提,向下为下降。据测量,上下移动的范围可达到10～20厘米。

(2)前伸、后缩:是肩胛骨沿肋骨所做的移动。肩胛骨沿肋骨向前移动,内侧缘远离脊柱称为前伸;肩胛骨沿肋骨向后移动,内侧缘靠近脊柱称为后缩。据测量,前后移动距离可达15厘米。

(3)上回旋、下回旋:是肩胛骨在额状面内绕矢状轴旋转。肩胛骨关节盂向上,下角转向外上方称为上回旋,反之为下回旋。

2. 自由上肢骨连结

1)肩关节

肩关节由肩胛骨的关节盂和肱骨头组成(见图2-20),两骨关节面面积差较大,关节窝仅能容纳关节头的1/4～1/3。关节窝周缘有关节辅助结构盂唇,加深了较浅的关节窝,关节囊薄弱松弛,附着在关节盂周缘和肱骨解剖颈之间。关节囊壁内还有由滑膜包裹的肱二头肌长头腱通过,此腱有加固肩关节的作用。

肩关节的主要韧带如图2-21所示。

(1)喙肱韧带:自喙突至肱骨大结节,部分纤维在后上部与关节囊融合,增强关节囊上部,防止肱骨头向上脱位。

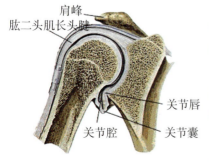

图 2-20 肩关节(右)

(2)盂肱韧带:自关节盂周缘前部经关节囊前壁,至肱骨小结节,分上、中、下三部分,有加强关节囊前壁的作用。

(3)喙肩韧带:横架于喙突与肩峰之间,为三角形扁韧带,与喙突和肩峰构成喙肩弓,防止肱骨头向上内方脱位。

肩关节是典型的球窝关节,能绕3个基本运动轴运动,绕额状轴可做屈伸运动,绕矢状轴可做外展内收运动,绕垂直轴可做内旋外旋运动,此外尚可做环转和水平

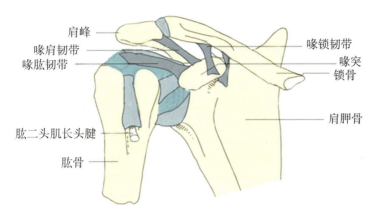

图 2-21 肩关节（右前）

屈伸运动。上臂在肩关节处的运动，常伴有上肢带的运动，上肢带的运动加大了肩关节的运动幅度。由于肩关节是个多轴关节，相连骨的关节面大小相差较大，关节囊薄弱松弛，关节本身的韧带少而弱，前下方没有肌肉和肌腱加固，因而是人体最灵活、稳固性较差的一个关节。在暴力作用下，肱骨头容易向前方、下方和后方脱位。

2）肘关节

肘关节由肱骨远侧端和桡尺骨近侧端的关节面组成（见图 2-22）。它包括以下三个关节。

（1）肱尺关节：由肱骨滑车与尺骨滑车切迹构成的滑车关节，可绕冠状轴做屈伸运动。

（2）肱桡关节：由肱骨小头与桡骨头凹构成的球窝关节，本应有 3 个方位的运动，但由于受尺骨限制，不能绕矢状轴做外展内收运动。

（3）桡尺近侧关节：由桡骨环状关节面与尺骨的桡切迹组成的圆柱关节，绕垂直轴做旋内、旋外运动。

这三个关节包在同一关节囊内，彼此又可独立运动，故为典型的复关节（见图 2-23）。加固关节的韧带如下。

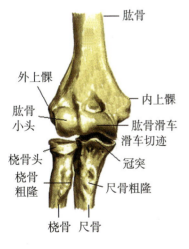

图 2-22 肘关节（右）前面观

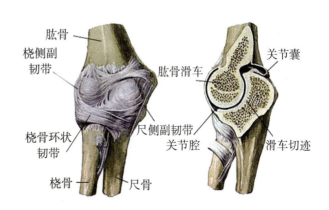

图 2-23 肘关节（右）前

(1)尺侧副韧带:呈三角形,在肘关节囊内侧,起自肱骨内上髁,止于尺骨滑车切迹前后缘。

(2)桡侧副韧带:位于关节囊外侧,起自肱骨外上髁,分为前、后两束,止于桡骨环状韧带。

(3)桡骨环状韧带:呈环形,起于尺骨桡切迹的前缘,绕过桡骨头,止于桡切迹的后缘。

所有肘关节的韧带皆不抵止于桡骨,从而保证了桡骨能绕垂直轴完成旋转运动。从肘关节整体运动来讲,有额状轴和垂直轴两个运动轴,肱尺关节和肱桡关节共同绕额状轴做屈伸运动,肱桡关节和桡尺近侧关节共同绕垂直轴做旋内和旋外运动。关节囊前后薄弱而松弛,两侧紧张,如前臂受到前下方来的暴力时,将发生肘关节后脱位,即肱骨下端向前移位,尺骨鹰嘴向后移位。

3)前臂骨的连结

前臂骨的连结包括桡尺近侧关节、前臂骨间膜和桡尺远侧关节。前臂骨上端为桡尺近侧关节,参与肘关节的组成。前臂骨下端构成桡尺远侧关节(此关节由尺骨头的环状关节面和桡骨的尺切迹及关节盘组成)。桡尺近侧关节和远侧关节,均属车轴(圆柱)关节,这两个关节又是一种在结构上独立、在运动时又必须同时进行的关节,称联合关节。桡骨可绕垂直轴做回旋运动(即旋前、旋后运动)。前臂骨间膜是桡骨与尺骨骨间缘之间形成的韧带联合。

4)桡腕关节

桡腕关节由桡骨的腕关节面和尺骨下方关节盘组成的关节窝,近侧列的手舟骨、月骨、三角骨组成的关节头共同构成。手舟骨、月骨、三角骨之间被坚韧的骨间韧带连结在一起,几乎没有活动,可将它们看成一块骨。从结构上看,桡腕关节属单关节(见图2-24)。桡腕关节的关节囊前后松弛,有利于关节的屈伸运动,关节囊的前后、左右均有韧带增强,在外侧有腕桡侧副韧带,内侧有腕尺侧副韧带,背面有桡腕背侧韧带,前面有桡腕掌侧韧带。桡腕关节为典型的椭圆关节,可分别绕冠状轴和垂直轴做屈伸、外展内收及环转运动。

腕骨间关节为相邻各腕骨之间构成的关节(见图2-24)。各腕骨间借骨间韧带连结成一个整体,各腕骨间只能做轻微的滑动和转动,因此从结构上看,腕骨间关节仍是单关节。此关节在掌侧和背侧均有韧带加固,并与桡腕关节联合运动。

在手关节掌侧,有一条横架于腕尺侧隆起(钩骨和豌豆骨)和腕桡侧隆起(大多角骨和钩骨)之间的韧带,即腕横韧带,如图2-25所示,与腕骨形成腕管。管内有屈指肌腱、血管和神

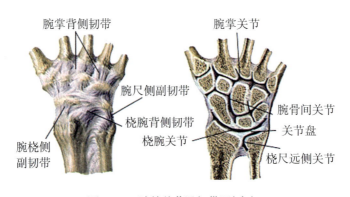

图2-24 腕的关节及韧带图(右)

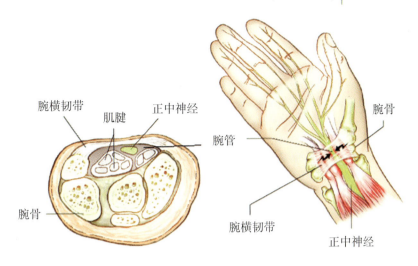

图 2-25　腕横韧带及腕管

经通过。此韧带不但具有保护从腕管内通过的肌腱、血管和神经的作用,而且还可以把它看作弓弦,加强腕部的弹性,起缓冲作用。

5) 腕掌关节

腕掌关节由远侧列腕骨和 5 块掌骨底组成。第一腕掌关节独立,又叫拇指腕掌关节,由大多角骨和第一掌骨底构成,为典型的鞍状关节,可绕额状轴做屈伸运动,绕矢状轴做外展内收运动,还可做环转运动。余下的腕掌关节被包在一个关节囊内,为平面关节,其活动范围很小。

6) 掌指关节

掌指关节共 5 个,由掌骨头和近节指骨底构成。关节面近似球窝状关节,但由于没有回旋活动的肌肉,加之受两侧韧带的限制,故不能做回旋运动,只能做屈伸、外展内收和环转运动。

7) 指关节

指关节共 9 个,由近节指骨、中节指骨和远节指骨相对应的关节面构成滑车关节,只能完成屈伸运动。关节囊背侧较松弛,运动时屈的幅度比伸的要大。

四、下肢骨及其连结

(一) 下肢骨

下肢骨包括下肢带骨和自由下肢骨(见图 2-26)。下肢带骨即髋骨。自由下肢骨包括股骨、髌骨、胫骨、腓骨、跗骨、跖骨和趾骨。

1. 下肢带骨

每侧下肢带骨(见图 2-27)各有一块,即髋骨,为不规则骨,上部扁阔,中部窄厚,有朝向下外的深窝,即髋臼,下部有一大孔,即闭孔。左右髋骨与骶、尾骨围成骨盆。在幼年时髋骨由髂骨、坐骨和耻骨三部分通过软骨连结而成,16 岁左右通过骨性结合而成为一块骨。

1) 髂骨

髂骨可大致分为髂骨体和髂骨翼两部分,构成髋骨上部。髂骨体厚实,构成髋臼的上部 2/5。髂骨翼位于髂骨上部,较扁,略呈扇形,其上缘呈弓形,弯曲为髂嵴,髂嵴前端为髂前上棘，后端为髂后上棘；髂前上棘和髂后上棘下方各有一薄锐突起，分别为髂前下棘和髂后下棘；髂后下棘下方有深陷的坐骨大切迹。两侧髂嵴最上位点连线平于第4腰椎棘突的高度。髂前上棘是骨盆宽度与下肢全长两个指标的测量标志。髂骨翼外面粗糙，称臀面，为臀肌附着处。内面光滑凹陷，形成髂窝，其下界为弓状线。髂窝后有关节面，称耳状面，与骶骨的耳状面构成关节。耳状面后下方的粗糙部为髂粗隆。

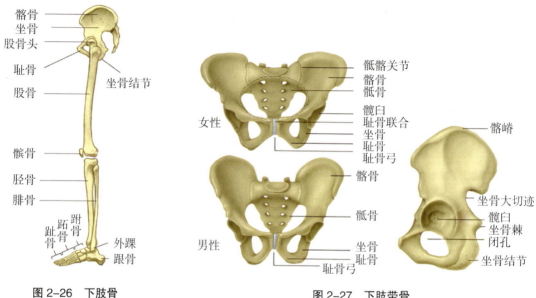

图 2-26　下肢骨　　　　　　　图 2-27　下肢带骨

2）坐骨

坐骨可区分为坐骨体与坐骨支，构成髋骨下部。坐骨体构成髋臼的后下 2/5。坐骨体的后缘有三角形骨突叫作坐骨棘。坐骨棘与髂后下棘之间的弧形凹陷，叫作坐骨大切迹，坐骨棘下方的缺口叫作坐骨小切迹。由坐骨体向下延续为坐骨上支，继而转折向前内方，叫作坐骨下支。坐骨上、下支移行处骨面粗糙肥厚，称坐骨结节，是坐骨最低部，是重要的骨性标志。

3）耻骨

耻骨分为耻骨体及耻骨支，构成髋骨的前下部。耻骨体构成髋臼前下 1/5，并向前移行成为耻骨上支。上支的上方有一锐嵴，称为耻骨梳，向后与弓状线相接续，向前终止于耻骨结节。耻骨上支向下后折转处的内侧面为耻骨联合面，与对侧耻骨的相对面连结成耻骨联合。耻骨下支伸向后下外方，与坐骨支结合，共同围成闭孔，在活体闭孔有闭孔膜封闭。

4）髋臼

髋臼由髂骨、坐骨和耻骨三骨的体合成。窝内半月形的关节面为月状面；窝的中央未形成关节面的部分，为髋臼窝；髋臼边缘下部的缺口为髋切迹。髋臼与股骨头构成髋关节。

2. 自由下肢骨

1）股骨

股骨为人体最长最结实的骨，约为身长的 1/4，可分为一体两端，如图 2-28 所示。股骨上端朝向内上方，其末端膨大呈球形，叫股骨头。股骨头的中央稍下方有一小凹，叫作股骨头凹，为股骨头韧带的附着处。股骨头的外下方较细的部分称股骨颈。颈下为股骨体。在颈体延续处有两个较大的突起,外侧上方为大转子;内侧下方偏后为小转子。两转子间前方有转子间线(粗糙的线状骨面),后方有转子间嵴。大转子在体表能扪到,它是测量下肢长(自由下肢长)的骨性标志。

股骨体上部呈圆柱形,微向前凸。前面光滑,后面有一纵行的骨嵴,叫作粗线。向上外方延续为粗糙的臀肌粗隆,为臀大肌附着处;向上内延续为耻骨肌线。在粗线中点附近有向下开口的滋养孔。粗线向下形成两骨嵴,分别止于股骨下端的内上髁、外上髁,两唇在股骨体下端后面围成的三角形骨面,叫作腘平面。

股骨下端膨大,两侧的粗糙隆突为内上髁和外上髁。两上髁下方各有一个向后突出的椭圆骨突,分别叫作内侧髁和外侧髁,两侧髁前面、下面和后面均为光滑关节面,形成髌骨面,与髌骨相接,参与膝关节的组成。两侧髁后面之间的深窝为髁间窝。

2)髌骨

髌骨是人体最大的籽骨,位于股四头肌腱内,可在体表扪到(见图2-26)。形状为上宽、下尖、前后扁,前面粗糙,后面为光滑的关节面,与股骨髌面相关节。髌骨是构成膝关节的骨之一,它的存在可加大股四头肌的力臂,为伸膝动作创造良好的力学条件。

3)胫骨

胫骨位于小腿内侧,亦为典型的长骨,分为一体两端,如图2-29所示。

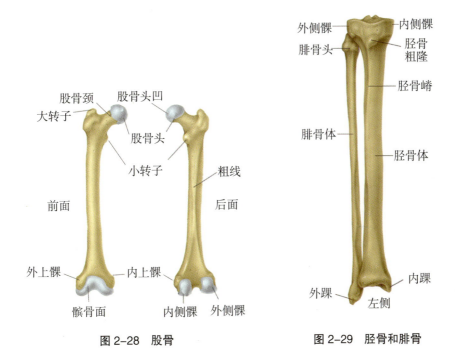

图2-28 股骨　　图2-29 胫骨和腓骨

胫骨上端粗大,向两侧突出形成内侧髁与外侧髁,两髁上面各有关节面,与股骨内、外侧髁相对应;两髁之间的骨面隆起叫作髁间隆起。上端的前面有胫骨粗隆,是髌韧带的附着处。外侧髁后下方有腓关节面,与腓骨头相关节。

胫骨体呈三棱柱状,前缘和内侧面都直接位于皮下。前缘锐利,在皮肤表面可以摸到;外侧缘为骨间嵴。内侧面表面无肌肉覆盖,在皮下可以触及。

胫骨下端膨大,下面有关节面,内侧的骨突叫内踝。外侧有腓骨切迹。

4)腓骨

腓骨位于小腿外侧,分为一体两端,如图2-29所示。

腓骨上端为腓骨头,其内侧上方有腓骨头关节面,它与胫骨的腓关节面相关节。

腓骨体细长,有骨间缘在内侧,与胫骨的骨间缘相对。

腓骨下端膨大为外踝,内侧有外踝关节面,与距骨相关节。

腓骨头、内踝、外踝都可在体表触摸到。

5)跗骨

跗骨是一组骨的名称,包括7块短骨,分前、中、后三列。如图2-30所示,后列包括上方的距骨和下方的跟骨;中列为距骨前方的足舟骨;前列为内侧楔骨、中间楔骨、外侧楔骨及跟骨前方的骰骨。

距骨上面及两侧面的上份均为关节面,前宽后窄,称为距骨滑车,与内、外踝和胫骨的下关节面相关节。

跟骨与距骨的下方相关节,是最大的一块跗骨,此骨向后突出部称跟骨结节,构成足的最后部。

足舟骨在足内侧部,后接距骨,前方与3块楔骨相关节,其内侧缘向下的突起为舟骨粗隆,为测量足弓高度的骨性标志。

6)跖骨

跖骨位于足骨的中间部,跖骨与掌骨相似,为5块小型长骨(见图2-30)。由内向外依次为第1~5跖骨。第5跖骨底向后外伸出的骨突,叫作第5跖骨粗隆,在体表可扪到。

7)趾骨

趾骨为长骨,共14块,拇指2节。形状和排列与指骨相似,但都较短小。第5趾的远节趾骨小,往往与中节趾骨长合。

(二)下肢骨的连结

下肢骨的连结可分为下肢带骨的连结和自由下肢关节两部分。

1. 下肢带骨的连结

1)骶髂关节

骶髂关节由骶骨的耳状面与髂骨的耳状面相连而成。关节面凹凸不平,但彼此嵌合紧密,活动范围很小。

加固骶髂关节的韧带(见图2-31)有以下几个。

(1)骶髂骨间韧带:该韧带位于骶粗隆和髂粗隆之间。

(2)骶髂腹侧及背侧韧带:在骶髂关节的前后加强此关节。

(3)骶结节韧带:连结坐骨结节与骶骨和尾骨侧缘。

(4)骶棘韧带:连结坐骨棘与骶尾骨侧缘。

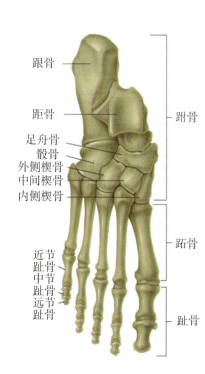

图2-30 足骨

骶棘韧带和坐骨大切迹围成坐骨大孔;骶棘韧带、骶结节韧带与坐骨小切迹围成坐骨小孔。在这两个孔内,有重要的血管与神经通过。

2)耻骨联合

耻骨联合由两侧的耻骨联合面借纤维软骨构成的耻骨间盘连结而成(见图2-31)。在耻骨联合的上方有耻骨上韧带,下方有耻骨弓状韧带。前方和后方有耻骨前韧带和耻骨后韧带加固。耻骨下方与两耻骨支之间形成夹角,男性呈锐角,叫耻骨角,女性呈钝角,叫耻骨弓,如图2-32所示。经常从事体育锻炼的女子此角还会增大。耻骨联合为微动关节,在分娩过程中,耻骨间盘中裂隙增宽,以增大骨盆的径线。

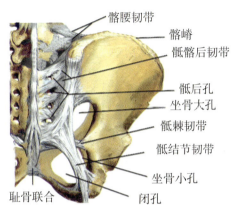

图2-31　骶髂关节

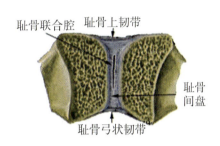

图2-32　耻骨联合

3)骨盆

骨盆是由骶骨、尾骨和两侧的髋骨以及连结它们的关节、韧带构成的穹窿结构(见图2-27)。自骶骨岬向两侧经弓状线至耻骨上缘为骨盆的分界线,上方为大骨盆,下方为小骨盆(又叫骨盆腔)。骨盆腔有上口(入口)和下口(出口),上口即大小骨盆的分界线,下口则由尾骨、坐骨结节、坐骨支、耻骨下支及其韧带围成。人体直立时,骨盆呈倾斜位,小骨盆入口平面与水平面形成的角度称骨盆倾斜度,男性为50°~55°,女性为55°~60°。骨盆为拱形结构,它具有既坚固又省材,能承受较大荷载而又可缓冲震动等功能。

骨盆上借骶髂关节与脊柱相连,下借髋臼与下肢相连,骨盆以这些关节为轴,可进行各种运动。骨盆与下肢一起对脊柱的运动:绕冠状轴可做前屈(如收腹举腿)、后伸(如向后背腿)运动,绕矢状轴可做侧屈(如鞍马单腿摆越)运动,绕垂直轴可做回旋(如双杠前摆转体180°)运动。骨盆在髋关节处,可做骨盆前倾:绕两侧髋关节的共同冠状轴,向前和向后的转动,如体前屈和体后伸运动。骨盆回旋:绕一侧髋关节的垂直轴,侧向转动,如跑步时增大步幅的动作。骨盆侧倾:绕一侧髋关节的矢状轴,向上和向下转动,如上下台阶的动作。

2. 自由下肢关节

1)髋关节

髋关节由髋骨的髋臼和股骨头组成,是典型的球窝关节,如图2-33所示。髋臼周缘有髋臼唇加深,使股骨头与髋臼更为适应,如图2-34所示。股骨颈的绝大部分被包在关节囊内,关节囊厚并紧张,前部及上部很厚,后部和下部较为薄弱,关节窝深,并受到不少韧带的加固,

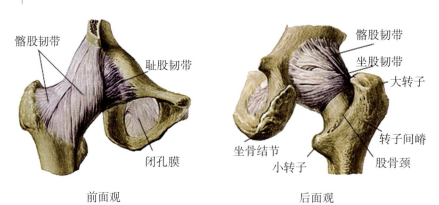

图 2-33 髋关节

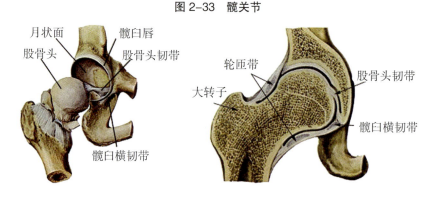

图 2-34 髋关节结构

因此,髋关节坚固性大,灵活性小。

髋关节的主要韧带如下。

(1)髂股韧带:是人体强有力的韧带之一,位于关节前面,它起于髂前下棘,呈扇形,止于股骨转子间线,限制大腿过度后伸,对维持人体直立有重要作用。

(2)股骨头韧带:位于关节腔内,连结髋臼横韧带和股骨头凹,营养股骨头的血管从此韧带中通过。

(3)耻股韧带:位于髋关节前面,限制大腿外展和外旋。

(4)坐股韧带:位于髋关节后面,限制大腿内收和内旋。

髋关节可绕3个运动轴做屈伸、展收、回旋、水平屈伸和环转运动。

2)膝关节

膝关节是人体中结构最复杂的一个关节,如图 2-35、图 2-36 所示。它由股骨下端关节面、胫骨上端关节面及髌骨关节面组成。股骨与胫骨借"C"字形内侧半月板和"O"字形的外侧半月板相关节,股骨髌面与髌骨关节面构成滑车状关节,因此,膝关节关节腔可分为三部分:股骨内外侧髁与内外侧半月板上面之间;内外侧半月板下面与胫骨内外侧髁之间;股骨髌面与髌骨关节面之间。膝关节由于其在人体关节中所处的特殊位置,故有许多辅助结构来加固该关节。

(1)半月板。半月板借助9条韧带与骨性部相连,它增大了关节窝的深度,使关节面形状吻合,也能缓冲压力,吸收震荡,保护关节面。半月板切除后膝关节上的应力为正常时的3

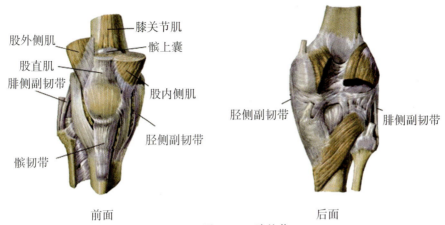

前面　　　　　　　　　后面

图 2-35　膝关节

倍,长期过高应力的作用,可损害受力部位的关节软骨。半月板的位置随着膝关节的运动而改变:屈膝时,半月板滑向后方;伸膝时,胫骨两髁连同半月板,沿着股骨两髁的关节面,自后向前滑动。

膝关节半月板损伤的机制是:膝关节屈曲、回旋再突然伸直,此时半月板正好位于股、胫骨内、外侧髁的突起部位间,易受挤压而损伤。近固定状态下,如蛙泳夹腿蹬伸小腿时及踢足球伸小腿时;远固定状态下,如排球或羽毛球运动员跳起扣球时,篮球运动员运球突然跳起投(扣)篮时。

(2)膝关节韧带。膝关节韧带较多,有关节外韧带及关节内韧带(见图2-36)。

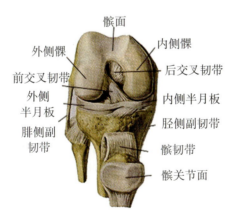

图 2-36　膝关节韧带

髌韧带:位于髌骨的下部,关节囊的前方,是股四头肌肌腱的延续,经髌骨止于胫骨粗隆,从前方加固膝关节。

胫侧副韧带:位于关节囊内侧后方,起自股骨内上髁,止于胫骨内侧髁,与内侧半月板周缘相愈合。

腓侧副韧带:位于膝关节外侧,呈条索状,起自股骨外上髁,止于腓骨头。胫侧副韧带和腓侧副韧带在伸膝时紧张,屈膝时松弛。

膝交叉韧带:位于关节囊内,为连结股骨与胫骨间的强有力韧带,可将其分为前交叉韧带和后交叉韧带。前交叉韧带起自股骨外侧髁的内侧面斜向前下方,止于胫骨髁间前窝,它限制胫骨上端向前移动。后交叉韧带起自股骨内侧髁的外侧面斜向外下方,止于胫骨髁间后窝,它限制胫骨上端向后移动。

腘斜韧带:位于关节囊后方,起自胫骨内侧髁,止于股骨外上髁,从后面加固膝关节。

(3)滑膜襞和滑膜囊。膝关节内有滑膜襞,周围的关节囊中有许多滑膜囊,有的与关节腔相通,起填充关节内空隙、防震、加固关节、减少摩擦的作用。

膝关节属于椭圆滑车状关节,绕额状轴可做屈伸运动。在屈膝位时,尚可绕垂直轴做旋内和旋外运动。髌骨在小腿屈伸运动时,可做上下滑动。

3)小腿骨的连结

胫腓骨的连结很牢固,活动性极小。两骨的上端构成微动的胫腓关节,骨体间为小腿骨间膜,两骨下端构成胫腓连结,活动度甚小。

4)足关节

足关节包括踝关节和跗骨间关节,后者又由距跟关节、距跟舟关节和跟骰关节组成。

(1)踝关节:距骨小腿关节,又名距上关节,由胫骨的下关节面、内踝关节面和腓骨的外踝关节面共同形成的叉状关节窝,以及距骨滑车的关节头构成。踝关节的关节囊前后松弛,有利于屈伸运动,两侧有韧带加固,如图2-37所示,这些韧带包括:内侧三角韧带,它自内踝呈扇形向下,止于舟骨、距骨和跟骨;外侧三条韧带均起于外踝,向前、下、后分别止于距骨和跟骨的三条韧带,前方为距腓前韧带,中部为跟腓韧带,后方为距腓后韧带。

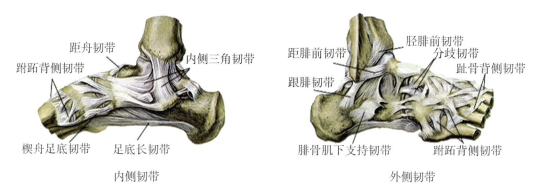

图2-37 足关节韧带

踝关节绕额状轴,足可做屈伸运动。由于距骨滑车关节面前宽后窄,当足跖屈时,窄的部分进入关节窝,足尚可做轻微侧方运动(即外展内收),关节不够稳定。

(2)跗骨间关节:被一系列韧带所加强,如跟舟足底韧带、分歧韧带等,是维持足弓的重要装置。

距跟关节和距跟舟关节在功能上是联动关节,对距骨做内翻或外翻运动。内翻时,足内收伴旋外(即足内侧缘上升);外翻时,足外展伴旋内(即足内侧缘下降)。

足部其余关节,有跟骰关节、跗跖关节、跖趾关节、趾关节等,在此不再一一细述。

5)足弓

足弓是由足的跗骨、跖骨,以及足部的关节、韧带、肌腱共同构成的凸向上方的弓形结构。足弓可分为前后方向的内、外侧纵弓和内外方向的横弓,如图2-38所示。

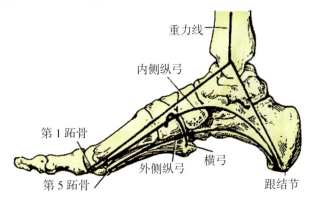

图2-38 足弓结构图

内侧纵弓:由跟骨,距骨,舟骨,3块楔骨和第1、2、3跖骨构成,前端的承重点在第1跖骨,后端的承重点是跟骨的跟结节,此弓最高点为距骨头,有较大的弹性,有缓冲震荡的作用,又称弹性足弓。

外侧纵弓:由跟骨,骰骨和第4、5跖骨构成,此弓较矮,最高点在骰骨,弹性较差,适于传递重力和推力,又称支撑足弓。

横弓:由骰骨、3块楔骨以及跖骨组成,最高点在中间楔骨。横弓由跖骨传递力,腓骨长肌腱是维持横弓的强大力量。

站立时,维持足弓主要依靠足的韧带及有关结缔组织,而走、跑、跳时则主要依靠小腿(如胫骨前肌、腓骨长肌)及足底有关肌肉。如足部先天性软组织发育不良、维持足弓的软组织劳损、足部骨折等因素导致足弓塌陷,便会形成扁平足。足弓除了在行走和跳跃时发挥弹性和缓冲震荡的作用外,还能够保护足底的血管、神经免受压迫,减轻地面对身体的冲击,以及保护体内器官,特别是使大脑免受震荡。扁平足患者的足底血管神经易受压,足部易疲劳,甚至会产生疼痛,走、跑、跳的功能也会下降。良好的体育锻炼能有效提高足的功能,矫正扁平足。

五、颅骨及其连结

(一)颅骨

颅骨位于脊柱的上方,包括29块,可划分为脑颅骨、面颅骨和听小骨3部分,眶上缘和外耳门连线以上为脑颅骨,以下为面颅骨,如图2-39所示。

1. 脑颅骨

脑颅骨共8块,共同围成颅腔,包括成对的颞骨和顶骨,不成对的额骨、筛骨、蝶骨和枕骨。

额骨区分为额鳞、鼻部、眶部和额窦等部分,如图2-40所示。

顶骨是略微上拱的方形骨板,左右各一。

筛骨为最脆弱的含气骨,由筛板、垂直板及筛骨迷路构成,如图2-41所示。上方的筛板上有许多筛孔,有嗅神经通过;筛骨迷路中含有筛窦。

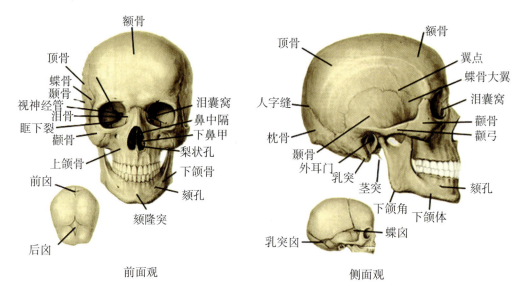

图 2-39　颅骨

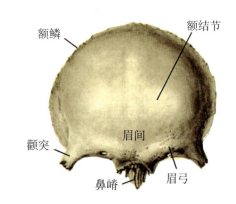

图 2-40　额骨前面观

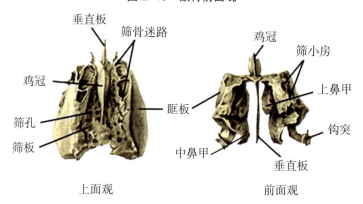

图 2-41　筛骨

蝶骨位于颅底中部，形似蝴蝶，包括蝶骨体、蝶骨大翼、蝶骨小翼和翼突等部分（见图 2-42、图 2-43）。蝶骨体在蝶骨中部上方呈马鞍状，称蝶鞍。蝶鞍中部凹陷为垂体窝，此处容纳重要内分泌腺垂体。蝶体内含有蝶窦。

图 2-42 蝶骨上面观

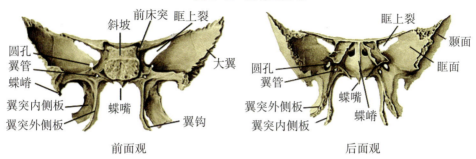

图 2-43 蝶骨前后面观

颞骨参与构成颅腔侧壁及底部,可区分为鳞部、岩部及鼓部,如图 2-44 所示。鳞部向前有颧突,颧突根部下面的深窝有下颌窝。鼓部位于下颌窝后方,从前、下、后三面包绕外耳道。颞骨岩部呈锥形,构成颅底的一部分,岩部内有位听器(包括听小骨)。

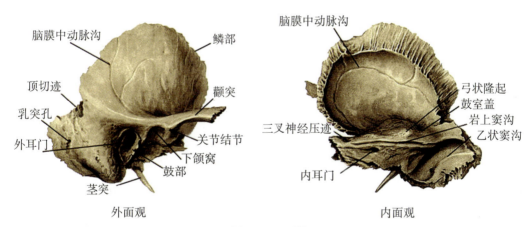

图 2-44 颞骨

枕骨位于颅的后下部,前下部有枕骨大孔。与额骨、顶骨一起组成脑颅腔,如图 2-45 所示。

2. 面颅骨

面颅骨共 15 块,构成面部,围成口腔、眼眶及鼻腔,包括成对的上颌骨、腭骨、颧骨、鼻骨、泪骨、下鼻甲骨,不成对的下颌骨、犁骨和舌骨。

上颌骨参与构成颜面部、口腔顶、鼻腔底及侧壁,还参与构成眼眶的下部。内有上颌窦,是鼻旁窦中最大的一对。上颌骨如图 2-46 所示。

腭骨成对,位于上颌骨与蝶骨翼之间,为"L"形板状。其水平部参与硬腭的构成,垂直部参与鼻腔外侧壁的构成,如图 2-47 所示。

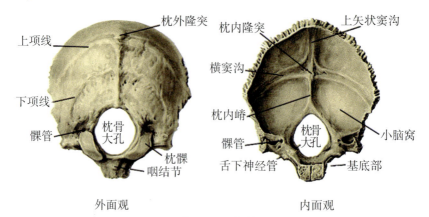

图 2-45 枕骨

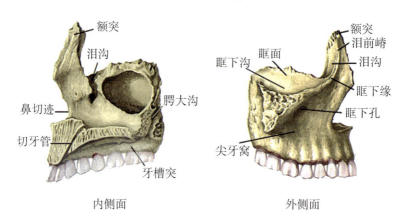

图 2-46 上颌骨

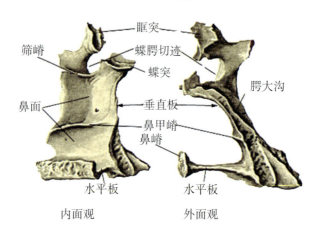

图 2-47 腭骨

颧骨成对,位于额骨与上颌骨之间,参与眼眶的构成。

鼻骨为长方形小骨片,构成鼻腔前上壁的一部分,如图 2-48 所示。

泪骨成对,薄板状,参与眼眶内侧壁的构成。

下鼻甲骨成对,是呈贝壳状的板状骨,附着于上颌体和腭骨垂直板的鼻面上。

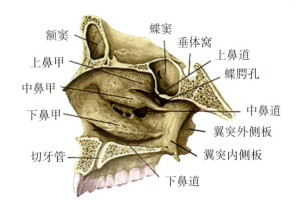

图 2-48 鼻甲和鼻道

犁骨不成对,呈四边形的薄板状骨,组成鼻中隔后下份。

下颌骨不成对,是面颅骨中最大的骨,其中部称下颌体,两侧的部分称下颌支,如图 2-49 所示。

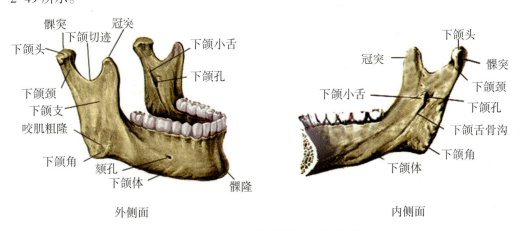

图 2-49 下颌骨(外侧面和内侧面)

舌骨不成对,形如马蹄铁状,如图 2-50 所示,不与其他颅骨紧密相连结,而是借韧带和肌肉与其他颅骨进行较为松弛的连结。

3. 听小骨

听小骨位于颞骨岩部内,两侧对称,共有 3 对,如图 2-51 所示,每侧 3 块听小骨,根据其位置自外向内依次是锤骨、砧骨和镫骨。听小骨之间以小关节面形成听骨链,锤骨与鼓膜相连,镫骨与内耳相连。

(二)颅骨的连结

颅骨除下颌骨和舌骨以外,其他的颅骨借缝或软骨连结,颞下颌关节以关节形式连结。关节软骨为纤维软骨,腔内有关节盘,关节囊松弛,囊外有韧带加固,关节面呈球窝状,运动时,左右两侧关节同时进行,为联合关节。颞下颌关节可进行上提、下降,前伸后缩和侧向运动。

新生儿颅骨尚未完全骨化,骨间存在结缔组织膜,如囟门,一般在出生后两年内此结缔

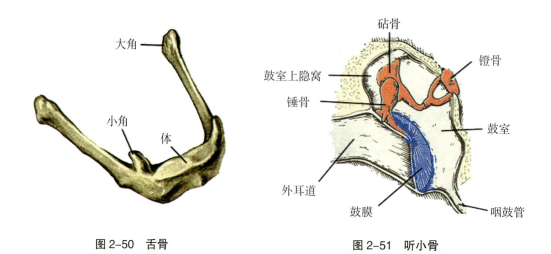

图 2-50 舌骨　　　　　图 2-51 听小骨

组织将骨化。

(三)颅的整体性

颅的前面可见一对眼眶,一个骨性鼻腔和口腔;颅的侧面可见外耳门,在其后下方有乳突,外耳门前方有下颌窝;颅的底面后部中央有枕骨大孔,其两侧有一对椭圆形的枕髁,枕骨大孔后上方有枕外隆突,其两侧有上项线;颅底内面从前向后有三个窝,即颅前窝(容纳大脑额叶)、颅中窝(容纳大脑颞叶,其中部有垂体窝)、颅后窝(容纳小脑、脑桥及延髓)。颅的后面可见人字缝及枕外隆突。在颅骨内共有4对与鼻腔相通的小腔,称为鼻旁窦,其有上颌窦、额窦、筛窦、蝶窦。

六、躯干骨及其连结

(一)躯干骨

躯干骨共51块,分别参与脊柱、骨性胸廓和骨盆的构成,包括椎骨(24块)、骶骨(1块)、尾骨(1块)、肋骨(12对,24块)及胸骨(1块)。

1. 椎骨

根据所在的部位,独立椎骨可分为7块颈椎、12块胸椎、5块腰椎,成年以后5块骶椎融合成1块骶骨,3~4块尾椎融合成1块尾骨。各部椎骨构造基本相似,除个别椎骨外,每块椎骨都有1个椎体、1个椎弓、1个椎孔和7个突起。椎体呈块状位于前部,主要由骨松质构成,表面骨密质较薄。椎体后方是呈弓状的椎弓;椎弓连结椎体的缩窄部分,为椎弓根;椎弓根上、下缘稍凹,分为上切迹和下切迹。椎弓根后方有扩大呈板状的椎板。椎体与椎弓围成的孔为椎孔。相邻椎骨的上、下切迹围成椎间孔,有神经和血管通过。各椎骨的椎孔连结起来,构成椎管,内容纳脊髓。从椎板发出7个突起:向后的1个突起为棘突,向两侧的2个突起为横突,向上1对突起为上关节突,向下1对突起为下关节突。上、下关节突上均有关节面。

1)颈椎

颈椎的椎体较小,横断面呈椭圆形;横突上有横突孔,椎动脉、椎静脉及神经由此通过;第2~6颈椎棘突末端分叉。第1颈椎又称寰椎,无椎体、棘突和关节突,前弓后正中有齿突凹。第2颈椎又叫枢椎,椎体上方有齿突,齿突前面有关节面,与寰椎相关节。第7颈椎叫隆椎,棘突长而不分叉,低头时可在项根部摸到,常作为记数椎骨序数的标志。

图2-52所示为寰椎与枢椎,图2-53所示为第2~6颈椎与隆椎。

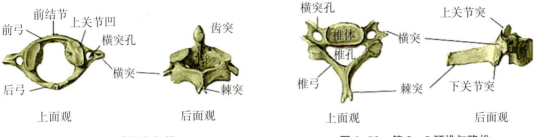

图2-52　寰椎与枢椎　　　　　　图2-53　第2~6颈椎与隆椎

2)胸椎

胸椎的椎体较大,其横断面呈心形,从上往下,逐渐增大;椎体两侧及横突末端有肋凹,与肋结节相关节;棘突长而且斜向后下方。图2-54所示为胸椎。

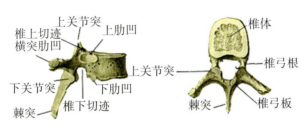

图2-54　胸椎

3)腰椎

腰椎的椎体肥大,横断面呈肾形;棘突粗短且呈宽板状,向后水平突出,各棘突间的间隙较宽,临床上常选此处进行腰椎穿刺术。图2-55所示为腰椎。

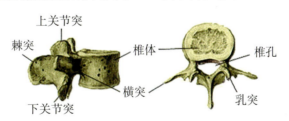

图2-55　腰椎

2. 骶骨与尾骨

图2-56所示为骶骨与尾骨。

骶骨由5块骶椎于17~20岁后融合而成,呈三角形,上部为底,尖向下,底的前缘中部向前突出为骶岬。骶骨前面凹而光滑,有4对骶前孔,后有粗糙的4对骶后孔,均与骶管相通,分别有骶神经前、后支通过。骶骨两侧有耳状面,与髂骨耳状面构成骶髂关节。

尾骨亦由4或5块尾椎融合而成。

3. 肋骨

肋由肋骨与肋软骨连结而成,共12对;肋的后端与胸椎构成肋椎关节;第1~7对肋前

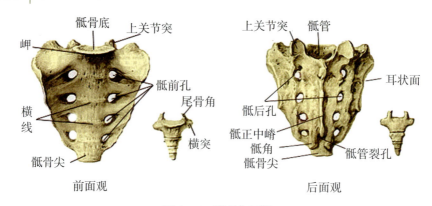

图 2-56　骶骨与尾骨

端直接与胸骨连结,为真肋;第8~12对肋不直接与胸骨相连,为假肋;第8~10对肋前端与上位肋借肋软骨构成软骨间关节,形成肋弓;第11~12对肋前端游离于腹壁肌层。

肋骨可分为一体两端(见图2-57)。椎体端膨大呈小头状,为肋头,其上有肋头关节面,与相应椎骨体上的肋凹相关节。肋头与肋体的交界处狭细为肋颈,在颈与体之间有肋结节,它与相应胸椎横突肋凹形成关节。肋骨体内侧面下缘有肋沟,为肋间血管及神经通行处。胸骨端有粗糙的凹面与肋软骨相连结。

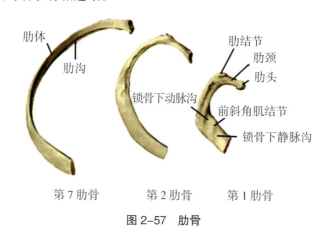

图 2-57　肋骨

4. 胸骨

胸骨位于人体胸前壁正中,是一块长扁骨。它由柄、体与剑突三部分构成(见图2-58)。胸骨柄上缘中部是颈静脉切迹,上缘两侧部是锁切迹,柄的两侧部有第1肋切迹。在柄相续处稍向前突,称为胸骨角,此处两侧有第2肋切迹。胸骨体扁平,两侧面有第3~7肋切迹。胸骨剑突位于下部,下端游离。

(二)躯干骨的连结

1. 椎骨间连结

各椎骨间由椎间盘、韧带和关节相连。

1)椎体间连结

椎体与椎体间借椎间盘及前、后纵韧带相连,如图2-59所示。

(1)椎间盘:位于相邻椎体间的纤维软骨盘,共23个(第1颈椎与第2颈椎间无椎间

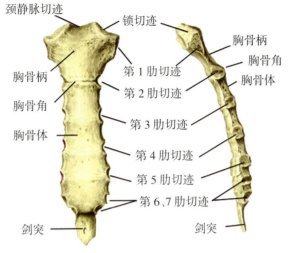

图 2-58 胸骨

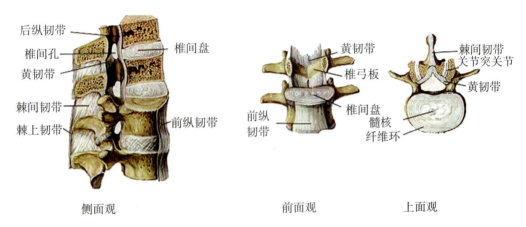

图 2-59 椎体间连结

盘），总厚度相当于脊柱全长的 1/4，各椎间盘的厚薄不同，胸中部椎间盘最薄，颈部其次，腰部最厚，因此颈部和腰部的活动范围较大。椎间盘既坚韧又富有弹性，可缓冲外力对脊柱的震动，也可增加脊柱的运动幅度。

椎间盘由周围的纤维环和中央的髓核构成。

纤维环：同心圆排列的纤维环，牢固连结各椎体上、下面，保护髓核，主要成分为胶原纤维。

髓核：位于纤维环中部的柔软而富有弹性的胶冻状物质，占椎间盘横断面的 50%～60%，富有水分，弹性及耐压性均很好。由于椎间盘本身的退行性变化，再加上外因的作用，有可能发生纤维环破裂、髓核突出症，有的还会出现压迫神经（如向后外侧突出）的症状。经常从事适宜的体育活动，增强竖脊肌的力量，保持正确的用力姿势以及不过度负荷，都是预防椎间盘突出症的有效措施。

（2）前纵韧带（见图2-60）：是人体中最长的韧带，很坚韧，起于枕骨大孔前缘，止于第1、2骶椎前面，紧贴椎体和椎间盘前面，从上向下逐渐变宽且增厚，其作用是限制脊柱过度后伸和椎间盘向前脱出。

（3）后纵韧带（见图 2-61）：位于椎体和椎间盘后方，构成椎管前壁，起于第 2 颈椎，止于骶管，其作用是限制脊柱过度前屈。

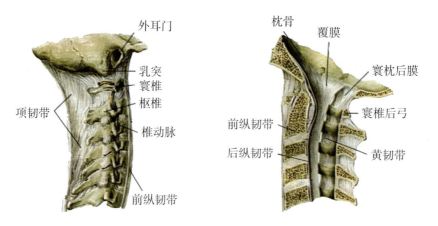

图 2-60　项韧带外侧面观　　　　图 2-61　覆膜和后纵韧带

2）椎弓间连结

黄韧带（见图 2-61）位于椎管内，连结相邻两椎弓板，此韧带构成椎管后壁，当它增生变厚钙化时，可出现皱折突入椎管，使椎管矢状径变小，其作用是限制脊柱过度前屈。

3）椎骨突起间的连结

（1）关节突关节（即椎间关节，亦称后关节或小关节）：左右各一，由相邻椎骨的上、下关节突的关节面构成，在机能上形成联合关节，属平面关节，只能做轻微滑动，但多个椎间关节同时活动时，仍可产生较大的运动幅度。

（2）横突间、棘突间均为韧带连结，包括横突间韧带、棘间韧带、棘上韧带。在颈部，从颈椎棘突尖向后扩展呈三角形板状的弹性膜层，为项韧带，内含大量弹性纤维。

2. 寰枕关节与寰枢关节

（1）寰枕关节（见图 2-62）：由枕骨两侧的枕髁与寰椎侧块的上关节凹构成的双轴性椭圆状关节，左右寰枕关节在结构上是独立的，在机能上是联合的；绕额状轴，头可做屈伸运动；绕矢状轴，头可做侧屈运动。

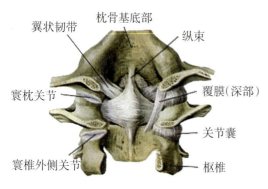

图 2-62　寰枕关节

（2）寰枢关节：由三个独立的关节构成，包括两个寰枢外侧关节和一个寰枢正中关节，这三个关节在运动时是联合的，只能使头部绕齿状突垂直轴做回旋运动。

寰枕、寰枢关节被寰椎十字韧带等加固。

3. 脊柱整体性

1）脊柱的组成及特征

脊柱由 24 块独立的椎骨、1 块骶骨、1 块尾骨以及连结它们的 23 块椎间盘、关节和韧带等装置构成（见图2-63）。其中央有椎孔连成的椎管，内藏脊髓，两侧各有23个椎间孔，脊神经由此通过。成人脊柱长度男性约为70厘米，女性约为65厘米。

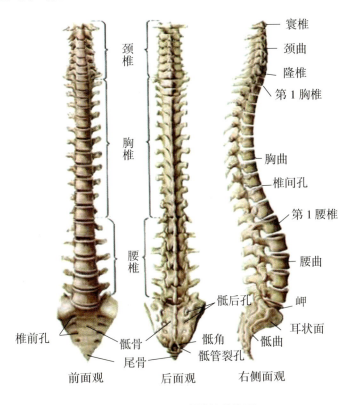

图2-63 脊柱的整体观

脊柱前面观，可见各椎骨的宽度自第2颈椎至第1骶椎逐渐增大，而自第2骶椎至尾椎又逐渐减小，这与脊柱受力有关，骶耳状面以下，由于重力经髂骨传到下肢骨，椎体无承重意义。

脊柱侧面观，可见4个生理弯曲，即颈曲、胸曲、腰曲和骶曲。颈曲和腰曲凸向前，胸曲和骶曲凸向后，这些生理弯曲增大了脊柱的弹性，对维持人体重心稳定和减轻震荡有重要意义，而胸曲和骶曲在一定意义上扩大了胸腔和盆腔。胸曲和骶曲在胚胎时已形成，颈曲则是在出生后3～4个月抬头后才出现，而腰曲则是在出生后1岁左右开始直立行走时才形成。

脊柱后面观，可见由棘突在后正中形成的纵嵴，嵴的两侧为脊柱沟。

2）脊柱的功能及运动

脊柱构成人体躯干的中轴和支柱，具有支持负重的功能，其正常弯曲可使身体总重心稍向后移，移至人体中轴的垂线上，有利于维持身体平衡、人体直立和行走。脊柱参与一些腔壁的构成，如椎管、胸腔、腹腔、盆腔，借以容纳保护脊髓和内脏器官等；脊柱是一拱形结构，有良好弹性，起着传递压力、缓冲震动的作用。脊柱可完成各种基本运动，成为运动时的杠杆，它还是许多肌肉的附着点。

脊柱各椎骨间的运动幅度虽然有限，但整个脊柱的运动范围仍很大。脊柱绕额状轴可做屈伸运动;绕矢状轴可做侧屈运动;绕垂直轴可做回旋运动;此外,还可做环转运动。由于脊柱各段受椎间盘的厚薄、棘突和关节突的方位等因素的影响,其运动幅度不尽相同。颈椎关节突的关节面略呈水平,故屈伸及旋转运动幅度较大;胸椎与肋骨相连,棘突呈叠瓦状,关节突关节面呈冠状位,故活动受限,活动范围小;腰椎间盘最厚,关节突关节面几乎呈矢状位,故屈伸活动灵活,而旋转受限。

4. 肋与椎骨、胸骨的连结

1)肋骨与椎骨的连结

肋骨的后端与椎椎相连,构成两个关节,即肋头关节和肋横突关节。上述两关节在功能上是联合关节,合称肋椎关节(见图2-64)。运动时绕肋头与肋结节中心连线构成的轴做旋转运动,使肋上升或下降,从而改变胸腔的容积。

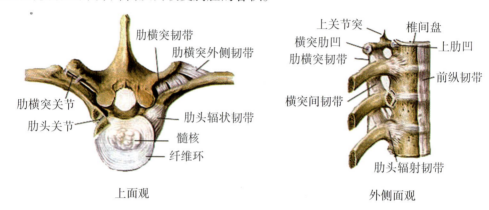

图2-64 肋椎关节

2)肋与胸骨的连结

第1肋软骨与胸骨柄的肋切迹间构成软骨连结,为不动关节;第2～7肋软骨分别与胸骨的肋切迹构成胸肋关节,为微动关节;第8～10肋软骨与上位肋软骨相连,在两侧形成肋弓;第11、12肋软骨游离,不与胸骨相连。

5. 胸廓整体性

胸廓的结构如图2-65所示。

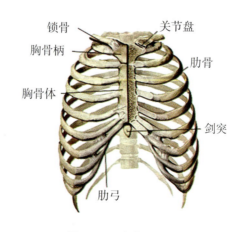

图2-65 胸廓的结构

1)胸廓的组成及特征

胸廓由12个胸椎、12对肋、1块胸骨以及关节和韧带等组成。

胸廓可区分为两口、三径和四壁。胸廓上口较小,由第1胸椎、第1肋和胸骨柄上缘构成,有食管、气管和重要的神经和血管通过。胸廓下口宽而不整,由第12胸椎,第11、12对肋,左右肋弓和胸骨剑突构成,被膈肌封闭。两肋弓在中线构成向下开放的胸骨下角。胸廓的三径是:横(左右)径、矢状(前后)径、垂直(上下)径。人类胸廓的特点是横径大于矢状径,这是人直立的结果。四壁是:前壁为胸骨和肋软骨;后壁为胸椎及肋角以后的部分;两侧壁为肋骨的其余部分。

关于胸廓的形状个体差异明显,这与年龄、性别、健康状况、生活条件以及劳动、运动等因素有关。

2)胸廓的功能及运动

由胸廓围成胸腔,主要参与呼吸运动。吸气时,肋向外扩张和上提,胸骨向前上方举,同时膈肌圆顶下降,胸廓三径增大,胸腔容积扩大,这时空气进入肺内。呼气时,肋下降,胸廓三径减小,胸腔容积缩小,导致空气从肺内排出。此外,胸廓还具有保护心肺及重要血管和神经的功能。

第二节 肌 肉

一、肌肉总论

(一)肌肉的构造

骨骼肌在人体内分布极为广泛,有600多块,如图2-66所示,绝大多数附着于骨骼,约占体重的40%,四肢肌占全身骨骼肌总重量的80%,下肢肌占50%,上肢肌占30%。肌肉分为中部的肌腹和两端的肌腱。阔肌的肌腱呈膜状,名为腱膜。肌肉借肌腱附着于骨或筋膜上,肌腱没有收缩能力,但坚韧,抗张力。肌腱由胶原纤维构成,互相交织排列呈辫状,该结构使得肌肉力量均匀地作用于肌腱的骨附着处,不因运动时关节角度变化而使肌肉力量受到影响,如图2-67所示。

每块肌肉都是一个器官,其除了由肌纤维和肌膜构成外,还分布有血管和神经。肌肉中有丰富的血管,保证了肌肉内充分的血供和旺盛的新陈代谢。肌腹内的运动神经末梢,来自中枢神经系统的冲动经此传递至肌肉,支配肌肉活动;肌腹和肌腱内的感觉神经末梢,能够感受肌纤维张力变化的刺激,并将冲动传递至中枢神经系统,从而实现肌肉间的协调运动。此外,肌肉血管还分布有交感神经纤维,调节骨骼肌代谢,实现营养功能,促进肌肉的生长发育。

(二)肌肉的辅助结构

肌肉周围有些利于肌肉活动的结构,称为肌肉的辅助结构,具有保持肌的位置、减少运动时的摩擦和保护等功能,包括筋膜、腱鞘、滑膜囊、籽骨和滑车等。

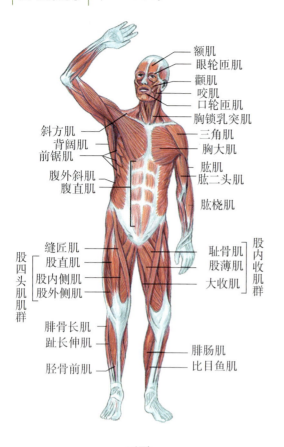
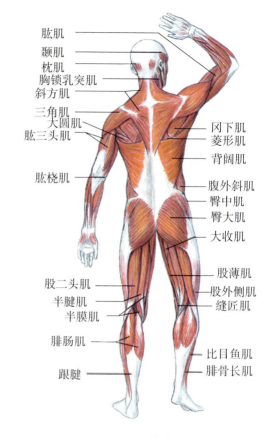

正面　　　　　　　　　反面

图 2-66　人体全身肌肉

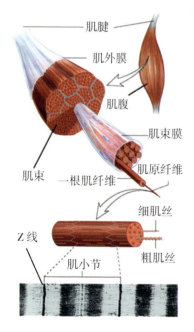

图 2-67　肌的构造

1. 筋膜

筋膜是包在肌肉外面的结缔组织,遍布全身,分为浅筋膜和深筋膜两种。

浅筋膜又叫皮下筋膜,位于真皮下,由含脂肪成分的疏松结缔组织构成,对保持体温有一定作用,还能够保护深面的肌肉、血管、神经。

深筋膜位于浅筋膜深面,由致密结缔组织构成。深筋膜在骨突之间增厚,形成假韧带;包被肌肉、血管及神经成肌鞘、血管神经鞘;插入肌群之间,形成肌间隔,以约束肌肉牵引方向,并保证肌肉或肌群单独活动,互不干扰,同时限制炎症的扩散。筋膜还可为肌肉附着,增大肌肉附着面积。

2. 腱鞘

腱鞘是套在活动性较大的腕、踝、手指和足趾肌腱周围的密封双层筒状长管。外层为纤维鞘,内层为滑膜鞘,滑膜鞘又分为紧贴肌腱的脏层及脏层反折衬于纤维鞘内面的壁层。脏、壁两层之间为一裂隙,内有少量滑液,使肌腱能在鞘内自由活动,减小运动时肌腱与骨面之间的摩擦。有的一个腱鞘包绕一条肌腱,有的包绕两条或多条肌腱。图 2-68 所示为筋膜鞘模式图。

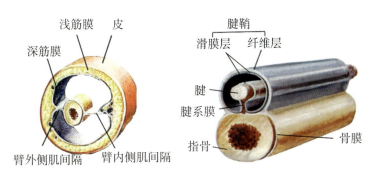

图 2-68　筋膜鞘模式图

3. 滑膜囊

滑膜囊是由关节囊的滑膜层向关节外突出所形成扁形的结缔组织囊,内有少许滑液,存在于肌腱与骨、软骨、韧带、肌肉与坚硬组织之间,以减少运动时肌腱与骨之间的摩擦。

4. 籽骨

籽骨是由肌腱骨化而成的小骨,通常位于肌腱与骨的附着处,它可以改变肌腱附着于骨处的角度,增大肌肉的拉力臂,提高力的作用效果。髌骨为人体中最大的籽骨。

(三)肌肉的分类

骨骼肌的形态呈现多样性,肌肉根据其外形可分为长肌、短肌、扁肌和轮匝肌四类,如图 2-69 所示。长肌主要分布于四肢,收缩时可引起大幅度的运动。短肌主要分布于躯干深部,收缩幅度小,能持久收缩,并发挥巨大的力量。扁肌主要分布于胸、腹壁,除运动功能外,还具有保护内脏器官的作用。轮匝肌分布于孔裂周围,纤维呈环状,收缩时可使孔裂缩小或关闭。

长肌根据头数又可分为二头肌、三头肌和四头肌;根据肌纤维排列方向又可分为梭形肌、多羽肌、羽状肌(单羽状肌)、半羽肌等。

(四)肌肉的物理特性

1. 伸展性与弹性

肌肉在外力作用下,可被拉长的这种特性叫作伸展性。当外力解除后,被拉长的肌肉又可恢复原状,这种特性叫作弹性。肌肉的伸展性与弹性同柔韧性密切相关,在体育运动中,有目的、有计划地发展肌肉的伸展性和弹性,对于加大运动幅度、增强关节柔韧性和预防肌肉拉伤有着重要意义。

2. 黏滞性

肌肉的黏滞性是肌肉收缩或被拉长时,肌纤维之

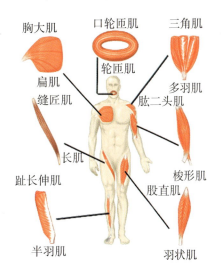

图 2-69　肌肉的分类

间、肌肉之间或肌群之间发生摩擦产生的阻力。肌肉的黏滞性与温度有关,温度低时黏滞性大,反之,温度高时黏滞性小。因此在运动之前,先做好充分的准备活动,以增加体温,从而减小肌肉的黏滞性,提高肌肉收缩和放松的速度,避免肌肉拉伤。

（五）肌肉配布规律

肌肉配布遵循特定的规律,首先肌肉按关节运动轴对应分布,一般是以相互拮抗形式分布于关节运动轴两侧。如：额状轴前有屈肌,后有伸肌（膝及其以下的关节相反）；矢状轴外侧有外展肌,内侧有内收肌；垂直轴前外侧有内旋肌,后外侧有外旋肌。其次,肌肉至少必须跨过一个关节,收缩时才能产生运动。最后,人体直立和劳动的结果,使得上肢屈肌较伸肌发达有力,而躯干和下肢的伸肌则强于屈肌。

（六）肌肉的协作关系

人们的动作往往不是一块肌肉所能完成的,在数块或数群肌肉的协调工作下,身体各环节产生不同形式的运动,或维持某种姿势。根据肌肉在运动中所起的作用,可分为原动肌、主动肌、次动肌、对抗肌、固定肌及中和肌等。

1. 原动肌、主动肌和次动肌

直接完成某动作的肌肉叫作原动肌。如肱肌、肱二头肌、肱桡肌和旋前圆肌4块肌肉是屈肘关节的原动肌。其中前两块肌肉在原动肌中起主要作用,为主动肌；后两块起次要作用,为次动肌。

2. 对抗肌

与原动肌功能相反的肌肉为对抗肌。如肱三头肌就是屈肘关节肌的对抗肌。原动肌与对抗肌不是固定不变的。另外,对抗肌对原动肌的工作不是消极对抗,而是积极地协助原动肌完成动作,对关节周围软组织具有一定的保护作用。

3. 固定肌

固定原动肌定点附着骨的肌肉为固定肌。如做前臂弯举动作时,肩关节周围的肌肉必须固定肱骨,才能更好地完成这一动作,这时肩关节周围的肌肉就是固定肌。

4. 中和肌

肌肉收缩产生的力能够中和原动肌在运动方向以外的力,限制或抵消原动肌发挥其他功能,这群肌肉为中和肌。有的原动肌具有数种功能,如斜方肌除了可使肩胛骨后缩外,还能使它上回旋。在进行扩胸运动时,只要求肩胛骨后缩,不要求上回旋。这时有另一些肌肉（如菱形肌和胸小肌）参与工作以抵消斜方肌上回旋的作用,使斜方肌充分发挥肩胛骨后缩的功能。

（七）肌肉的工作性质

肌肉的工作性质可分为动力性工作和静力性工作两大类。

1. 动力性工作

肌纤维收缩,长度发生变化,改变拉力角度、方向及骨杠杆的位置,这种工作称为动力性工作。动力性工作可分为向心工作(克制工作)和离心工作(退让工作)两种。

1)向心工作

肌肉收缩克服阻力,肌力大于阻力,使运动环节朝肌肉拉力方向运动的工作叫向心工作。如三角肌和冈上肌使肩关节外展的工作性质就是向心工作。

2)离心工作

肌肉在阻力作用下逐渐被拉长,阻力大于肌力,使运动环节朝肌肉拉力相反方向运动的工作叫作离心工作。如体操下法动作中的屈膝缓冲,股四头肌的工作性质就是离心工作。

2. 静力性工作

肌纤维收缩,但长度未发生变化,使运动环节固定、维持一定身体姿势的肌肉工作称为静力性工作。它分为支持工作、加固工作和固定工作三种。

1)支持工作

肌肉收缩或拉长到一定程度后,保持收缩,长度不变,使运动环节保持一定姿势的工作称为支持工作。如双杠直角支撑时,髋关节屈肌和腹肌就是做支持工作。

2)加固工作

关节周围的肌肉持续收缩,防止相邻关节在外力作用下而断离的工作,为加固工作。如悬垂动作中,肘关节周围的肌肉是加固工作。

3)固定工作

肌肉收缩使相邻环节在关节处互相靠紧的工作叫固定工作。如双杠直角支撑时,肘关节周围肌肉的工作就是固定工作。

(八)影响肌肉力量发挥的解剖学因素

1. 肌肉生理横断面

横切一块肌肉的断面叫解剖横断面。而横切一块肌肉所有肌纤维的断面的总和则叫生理横断面,生理横断面面积的大小为横切所有肌纤维线段的总和与肌肉平均厚度相乘的积,反映了该肌肉肌纤维的数量和粗细。

2. 肌肉的初长度

肌肉在收缩之前的长度叫作肌肉初长度。肌纤维具有很大的伸展性和弹性,只有肌肉处于适宜的初长度时,肌肉收缩才能产生最大的力量。所以在投掷运动中,要做好身体超越器械的动作,以便肌肉更好地发挥力量。

(九)多关节肌"主动不足"和"被动不足"

跨过一个关节的肌肉叫作单关节肌,如肱肌。跨过两个或两个以上关节的肌肉叫作多关节肌,如股直肌。多关节肌由于跨过的关节多,工作时会出现多关节肌"主动不足"和多关节肌"被动不足"。

1. 多关节肌"主动不足"

多关节肌作为原动肌工作时,其肌力充分作用于一个关节后,就不能再充分作用于其他关节的现象,为多关节肌"主动不足"(其实质是肌力不足)。如充分屈指后,再屈腕,则会感到屈指无力(原来握紧的物体有松脱感),这就是前臂屈肌群发生了多关节肌"主动不足"的现象。若在体育运动中出现了多关节肌"主动不足",则应注意发展该群肌肉的力量。

2. 多关节肌"被动不足"

多关节肌作为对抗肌出现时,已在一个关节处被拉长后,在其他的关节处再不能被拉长的现象,为多关节肌"被动不足"(其实质是肌肉伸展不足)。如伸膝后再屈髋,即直腿前摆,腿摆得不高,这是由于股后肌群发生了多关节肌"被动不足"的现象。在体育运动中针对容易出现多关节肌"被动不足"的肌肉,要注意发展其伸展性,这对提高运动成绩和预防运动损伤的发生有着重要意义。

(十)肌肉工作术语

1. 起点和止点

肌肉一般以两端固定于相应的骨上,其靠近身体正中面或颅侧的一端为起点,另一端为止点。肌肉的起点与止点是固定不变的。

2. 定点和动点

肌肉工作时,一端运动明显,为动点,另一端为定点。肌肉的定点与动点可随肌肉工作条件变化而发生改变。如前臂弯举时,肱肌的起点为定点,止点为动点,所以前臂向上臂靠拢。而在引体向上时,肱肌的止点为定点,起点为动点,这时上臂向前臂靠拢。

3. 近(上)固定和远(下)固定

四肢肌肉收缩时,定点在近侧端的为近固定,定点在远侧端的为远固定。躯干与头颅的肌肉收缩,一般用上固定、下固定和无固定。定点在上的为上固定,定点在下的为下固定,若肌肉收缩时两端均不固定,为无固定,如挺身式跳远。

分析肌肉工作时,先分析近固定或上固定时的肌肉功能,而后分析远固定或下固定时的肌肉功能。

4. 肌肉拉力线

肌肉两个附着点中心之间的连线为肌肉拉力线。若肌肉在某骨突处转弯,肌肉开始转弯处的横切面中心与动点中心之间的连线,为该肌肉的肌肉拉力线。

(十一)体育动作的解剖学分析

1. 解剖学动作分析方法

解剖学动作分析是以人体运动器官系统为基础,结合体育动作的实际情况,围绕运动环节,研究骨、关节和肌肉的运动规律。该分析方法简便实用,可不受场地、仪器、设备条件限制,将运动解剖学知识运用到运动实践中。

2. 体育动作的分析步骤

体育动作分析主要包括两种类型,即静力性动作分析和动力性动作分析。两者的区别在于进行动力性动作分析前,必须先划分动力性动作的动作阶段,如摆臂时,手臂举起为一个动作阶段,手臂放下为一个动作阶段。而静力性动作分析,仅需分析一个静止动作的状态特征。

1)动力性动作分析的步骤

动力性动作分析的步骤包括:

(1)确定动作开始姿势;

(2)根据动力性动作环节划分运动阶段,确定分析的姿势和环节;

(3)分析各运动阶段中运动环节的运动方式,确定原动肌;

(4)深入分析原动肌的工作条件和工作性质;
(5)根据上述分析,对动作情况做出评价。

2)动力性动作分析举例

以正手握杠引体向上为例,其分析步骤如下。

(1)开始姿势:双手正手握杠,直体悬垂。
(2)划分动作阶段:第一阶段为引体向上;第二阶段为向下还原。
(3)运动环节、原动肌及其工作条件和性质的分析如表2-1、表2-2所示。

表2-1 引体向上阶段

环节名称	环节与运动	与外力关系	原动肌	肌肉工作条件	肌肉工作性质
胸廓部相对肩带	肩胛骨下回旋	相反	胸小肌、菱形肌	远固定	向心工作
胸廓部相对肩带	肩胛骨后缩	相反	斜方肌、菱形肌	远固定	向心工作
肩带相对上臂	肩关节伸	相反	背阔肌、三角肌后部	远固定	向心工作
上臂相对前臂	肘关节屈	相反	肱二头肌、肱肌	远固定	向心工作
前臂相对手腕	腕关节屈	相反	前臂屈肌群	远固定	向心工作
手掌相对手指	掌指关节屈	相反	前臂屈肌群	远固定	静力工作
近节手指相对远节手指	指关节屈	相反	前臂屈肌群	远固定	静力工作

表2-2 向下还原阶段

环节名称	环节与运动	与外力关系	原动肌	肌肉工作条件	肌肉工作性质
胸廓部相对肩带	肩胛骨上回旋	相同(慢)	胸小肌、菱形肌	远固定	离心工作
胸廓部相对肩带	肩胛骨前伸	相同(慢)	斜方肌、菱形肌	远固定	离心工作
肩带相对上臂	肩关节屈	相同(慢)	背阔肌、三角肌后部	远固定	离心工作
上臂相对前臂	肘关节伸	相同(慢)	肱二头肌、肱肌	远固定	离心工作
前臂相对手腕	腕关节伸	相同(慢)	前臂屈肌群	远固定	离心工作
手掌相对手指	掌指关节伸	相同(慢)	前臂屈肌群	远固定	静力工作
近节手指相对远节手指	指关节伸	相同(慢)	前臂屈肌群	远固定	静力工作

(4)动作评价：正手握杠引体向上练习,可以发展前锯肌、胸小肌、斜方肌、菱形肌、背阔肌、三角肌后部、肱二头肌、前臂屈肌群等肌肉的力量。

(十二)体育运动对肌肉形态、结构和功能的影响

1. 体育运动的影响

肌肉的形态、结构和功能随着长期规律的体育运动发生一系列的适应性变化。规律的体育运动,能够使肌肉体积增大,主要表现在各种围度的增加,不同专项运动对不同部位肌肉体积增大的影响不同。肌肉体积的增大是由于肌纤维增粗,还是由于肌纤维数目增加,至今尚无足够的实验证明。

线粒体是细胞的供能中心,它参与细胞内物质氧化和形成 ATP。运动训练性质不同,对线粒体的影响不同,耐力训练对线粒体的影响最为明显,而力量训练对线粒体的影响甚微。长时间耐力训练后,线粒体的绝对数量、外膜面积、膜蛋白及膜磷脂含量显著增加,以适应训练需要。长期坚持体育锻炼,肌肉组织内的化学成分可发生变化,如肌糖原、肌球蛋白、肌动蛋白、肌红蛋白、水分的含量等均增加。长期体育锻炼有利于提高肌肉的收缩能力,使 ATP 酶的活性加强,与氧的结合力提高,肌肉内氧化反应状况得以改善。

此外,运动实验还证明,体力活动(动力负荷、静力负荷)可以使骨骼肌内毛细血管不论在数量或形态上都有所改变,肌纤维间的毛细血管平均分配数量在系统训练后增多,其中静力负荷组比动力负荷组毛细血管数量增加的要多。

2. 运动练习方式

发展肌肉力量的练习方式有：负重扩胸,卧推杠铃,上举杠铃,负重比外展,前臂负重弯举,反缠重锤,正缠重锤,引体向上,俯卧撑,提拉杠铃耸肩,双杠屈臂撑,冲拳,投掷鞭打动作,正踢腿,立定跳远,向上纵跳,后蹬跑后蹬,后摆腿,侧踢腿,正足背踢球,负重深蹲起,提踵,悬垂举腿,仰卧剪腿,仰卧起坐,仰卧举腿,仰卧两头起,俯卧两头起,负重体屈伸,俯卧背腿,抱头体侧屈,负重转体。

发展肌肉伸展性的练习方式有：扶墙压肩,双人压肩,上臂屈后振,正踢腿,正压腿,前摆腿,直腿体前屈,纵劈腿,跪撑后倒,体前屈,仰卧两头起,俯卧两头起,向后下腰。

二、上肢肌

上肢肌包括肩带肌、上臂肌、前臂肌和手肌。

(一)肩带肌

肩带肌起自锁骨和肩胛骨,止于肱骨。肩带肌包括三角肌、冈上肌、冈下肌、小圆肌、肩胛下肌和大圆肌。

肩带肌的起止点及主要功能如表 2-3 所示。

1. 三角肌

三角肌位于肩关节前、外、后方,为一块倒三角形的肌肉,中部为多羽肌,前、后部为单羽肌,如图 2-70 所示。

近固定时,前部纤维收缩使上臂屈、水平屈和内旋;后部纤维收缩使上臂伸、水平伸和外旋;中部或整块肌肉收缩使上臂外展。三角肌在上臂外展 90°～180° 时,具有最大的收缩

表 2-3　肩带肌的起止点及主要功能

肌肉名称	起　点	止　点	主　要　功　能
三角肌	锁骨外侧半、肩峰和肩胛冈	肱骨体三角肌粗隆	参与上臂前屈、后伸、内收、外展、内旋、外旋和环转
冈上肌	肩胛骨冈上窝	肱骨大结节	参与上臂外展
冈下肌	肩胛骨冈下窝内侧 2/3	肱骨大结节上份	参与上臂外旋
小圆肌	肩胛骨外侧缘背面	肱骨大结节中份	参与上臂外旋
大圆肌	肩胛骨下角背面	肱骨大结节下份	参与上臂后伸、内收及内旋
肩胛下肌	肩胛下窝	肱骨小结节	参与上臂内收、内旋

力。当臂上举过头时，前、后部纤维还有使上臂内收的作用。远固定时，肩胛骨上提，如倒立时的"顶肩"动作。

2. 冈上肌

冈上肌位于冈上窝内，在斜方肌深面，为羽状肌，如图 2-71 所示。

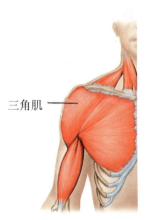
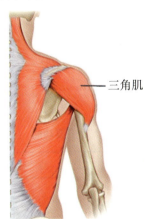

图 2-70　三角肌

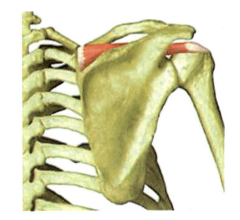

图 2-71　冈上肌

3. 冈下肌和小圆肌

冈下肌位于冈下窝，冈下肌近似三角形，如图 2-72 所示；小圆肌位于冈下肌的下方，为圆柱形，如图 2-73 所示。近固定时，两肌均使上臂伸、内收和外旋。

4. 肩胛下肌和大圆肌

肩胛下肌位于肩胛下窝，大圆肌位于小圆肌下方。

近固定时，肩胛下肌（见图 2-74）和大圆肌（见图 2-75）均使上臂内收和内旋，大圆肌还

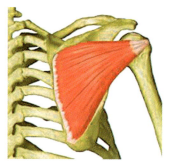
图 2-72 冈下肌

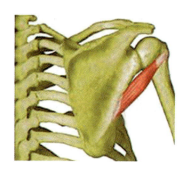
图 2-73 小圆肌

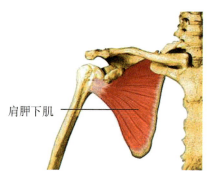
肩胛下肌

图 2-74 肩胛下肌

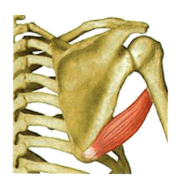
图 2-75 大圆肌

使上臂伸。冈上肌、冈下肌、小圆肌和肩胛下肌,都从肩关节上方、后方和前方跨过肩关节,并与肩关节囊紧贴,它们的腱共同形成"肌腱袖"(即肩袖),这对加固和保护肩关节起到了一定的作用。

(二)上臂肌

上臂肌包绕肱骨周围,分前、后两群。上臂前群肌包括肱二头肌、肱肌和喙肱肌。后群为肱三头肌和肘肌。

上臂肌的起止点及主要功能如表 2-4 所示。

表 2-4 上臂肌的起止点及主要功能

肌肉名称	起 点	止 点	主要功能
肱二头肌	长头:肩胛骨盂上结节 短头:肩胛骨喙突	桡骨粗隆和前臂筋膜	参与上臂屈和前臂屈,外旋
喙肱肌	肩胛骨喙突	肱骨中部内侧(与三角肌粗隆相对应)	参与上臂屈、内收和外旋
肱肌	肱骨前面下半部	尺骨粗隆和冠突	参与前臂屈
肱三头肌	长头:肩胛骨盂下结节 外侧头:肱骨体后面桡神经沟外上方 内侧头:肱骨体后面桡神经沟内下方	尺骨鹰嘴	参与上臂内收、伸和前臂伸
肘肌	肱骨外上髁	尺骨背面上部	参与前臂伸

1. 肱二头肌

肱二头肌位于上臂前面浅层,为梭形肌,如图 2-76 所示。

肱二头肌跨过肩关节、肘关节和桡尺近侧关节,因此对上述三个关节起作用。近固定时,肱二头肌使上臂在肩关节处屈,使前臂在肘关节处屈,并使前臂在内旋的情况下,在桡尺关节处外旋。远固定时,肱二头肌使肘关节屈(即上臂向前臂靠拢),如引体向上动作。反握引体向上克服了肱二头肌的主动不足,是正握引体向上比反握引体向上困难的原因之一。

2. 喙肱肌

喙肱肌位于肱二头肌上半部内侧,为长梭形肌,如图 2-77 所示。

3. 肱肌

肱肌位于肱二头肌深层,肱骨前面下半部,为菱形肌,如图 2-77 所示。

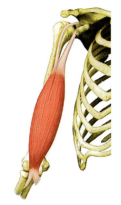

图 2-76 肱二头肌

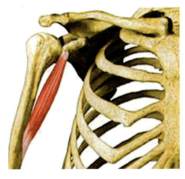

图 2-77 喙肱肌和肱肌

近固定时,屈前臂。肱肌远固定时,肱肌使上臂靠拢前臂。肱肌是肘关节屈负荷最大的屈肌。经常练习前臂弯举、引体向上、爬绳、爬竿、提拉杠铃等,可以发展肱肌、肱二头肌的力量。

4. 肱三头肌

肱三头肌位于肱骨后面,如图 2-78 所示。

近固定时,肱三头肌使上臂和前臂伸。远固定时,肱三头肌使肘关节伸,如俯卧撑的撑起动作。

5. 肘肌

肘肌位于肘关节后面,呈三角形。

(三)前臂肌

前臂肌分化程度高,多为具有长腱的长肌,分为前、后两群,每群又分为浅、深两层。前群肌位于前臂前面及内侧,浅层肌由桡侧向尺侧依次排列有肱桡肌、旋前圆肌、桡侧腕屈肌、掌长肌、指浅屈肌、尺侧腕屈肌,如图 2-79 所示,浅层肌除肱桡肌起于肱骨外上髁外,其他均起于肱骨内上髁;深层肌有拇长屈肌、指深屈肌、旋前方肌,如图 2-80 所示,深层肌均起于桡骨、尺骨前面。上述肌肉大多数向下跨过桡腕关节、腕中关节(即腕骨间关节)、腕掌关节、掌指关节和手指关节,分别止于有关掌骨、指骨的掌面。前群肌主要有屈腕、屈指和使前臂内旋的功能。

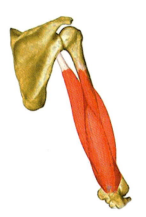

图 2-78 肱三头肌

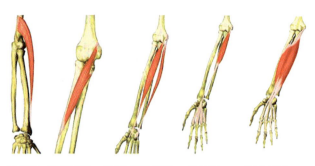

肱桡肌　旋前圆肌　桡尺侧腕屈肌　掌长肌　指浅屈肌

图 2-79　前臂肌前群浅层

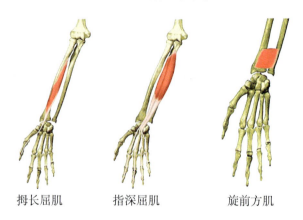

拇长屈肌　　指深屈肌　　旋前方肌

图 2-80　前臂肌前群深层

后群肌位于前臂后面及外侧，浅层肌由桡侧向尺侧依次排列有桡侧腕长伸肌、桡侧腕短伸肌、指伸肌、小指伸肌和尺侧腕伸肌，如图 2-81 所示，浅层肌多起于肱骨外上髁；深层肌有旋后肌、拇长展肌、拇短伸肌、拇长伸肌和示指伸肌，如图 2-82 所示，深层肌多起于桡骨、尺骨的后面。后群肌主要有伸腕、伸指和使前臂外旋的功能。

前臂肌的起止点及主要动能如表 2-5 所示。

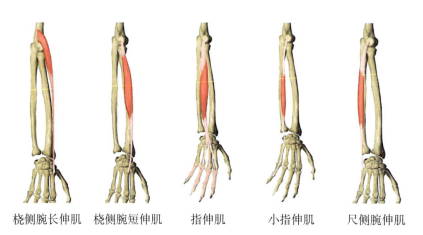

桡侧腕长伸肌　桡侧腕短伸肌　指伸肌　小指伸肌　尺侧腕伸肌

图 2-81　前臂肌后群浅层

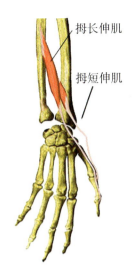 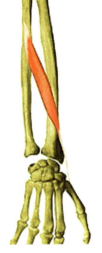 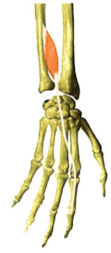

拇长、短伸肌　　　拇长展肌　　　示指伸肌

图 2-82　前臂肌后群深层

表 2-5　前臂肌的起止点及主要功能

肌群	肌肉名称	起　点	止　点	主　要　功　能
前群浅层	肱桡肌	肱骨外上髁上方	桡骨茎突	参与前臂屈
	旋前圆肌	肱骨内上髁	桡骨外上 1/3	参与前臂屈、旋前
	桡侧腕屈肌		第 2 掌骨底	参与前臂、腕屈和腕外展
	掌长肌		掌腱膜	参与腕屈
	尺侧腕屈肌		豌豆骨	参与腕屈、内收
	指浅屈肌	肱骨内上髁，尺、桡骨前面	第 2～5 指中节指骨两侧	参与前臂、腕、近节和中节指骨屈
前群深层	指深屈肌	尺骨及骨间膜前面	第 2～5 指远节指骨底	参与腕、第 2～5 远节指骨屈
	拇长屈肌	桡骨及骨间膜前面	拇指远节指骨底	参与腕、拇指远节指骨屈
	旋前方肌	尺骨远端前面	桡骨远端前面	参与前臂旋前
后群浅层	桡侧腕长伸肌	肱骨外上髁	第 2 掌骨底背面	参与腕伸、外展
	桡侧腕短伸肌		第 3 掌骨底背面	
	指伸肌		第 2～5 指中节、远节指骨底背面	参与前臂、腕、第 2～5 指中节、远节指骨伸

(续表)

肌群	肌肉名称	起 点	止 点	主 要 功 能
后群浅层	小指伸肌	肱骨外上髁	小指中节、远节指骨底背面	参与小指中节、远节指骨伸
	尺侧腕伸肌		第5掌骨底背面	参与腕伸、内收
后群深层	旋后肌	肱骨外上髁，尺骨上端	桡骨上端前面	参与前臂旋后、伸
	拇长展肌	桡、尺骨背面，骨间膜背面	第1掌骨底外侧	参与拇指外展
	拇短伸肌		拇指近节指骨底背面	参与拇指伸
	拇长伸肌		拇指远节指骨底背面	
	示指伸肌		示指指背腱膜	参与示指伸

(四)手肌

人类手指灵巧，固有肌肉全是短小的肌肉，位于手的掌侧，分为外侧、中间和内侧三群（见图2-83至图2-85）。

手肌的起止点及主要功能如表2-6所示。

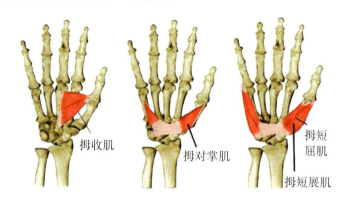

图2-83 手肌外侧群

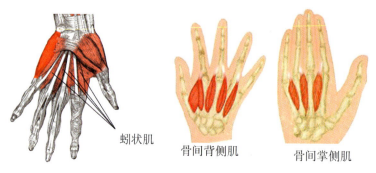

图2-84 手肌中间群

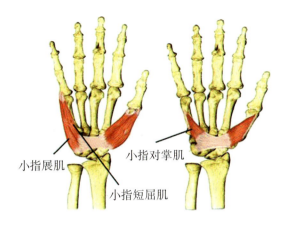

图 2-85 手肌内侧群

表 2-6 手肌的起止点及主要功能

肌群	肌肉名称	起 点	止 点	主要功能
外侧群	拇短展肌	屈肌支持带、舟骨	拇指近节指骨底	参与拇指外展
	拇短屈肌	屈肌支持带、大多角骨		参与拇指近节指骨屈
	拇对掌肌		第1掌骨	参与拇指对掌
外侧群	拇收肌	腕横韧带、腕骨第3掌骨	拇指近节指骨	内收拇指
中间群	蚓状肌	指深屈肌肌腱	第2~5指近节指骨底和指背腱膜	参与第2~5指近节指骨屈，第2~5指中节、远节指骨伸
	骨间掌侧肌	第2掌骨的内侧和第4、5掌骨的外侧	第2、4、5指近节指骨底和指背腱膜	参与第2、4、5指内收，第2、4、5指近节指骨屈及中节、远节指骨伸
	骨间背侧肌	第1~5掌骨对缘	第2~4指近节指骨和指背腱膜	参与第2、4、5指近节指骨外展、屈，远节指骨伸
内侧群	小指展肌	屈肌支持带及豌豆骨	小指近节指骨底	参与小指外展
	小指短屈肌	钩骨、屈肌支持带		参与小指屈
	小指对掌肌		第5掌骨内侧	参与小指对掌

（五）上肢肌肉运动表现

上肢是人体运动器官中最为灵活的部分，运动环节主要包括肩关节、肘关节、腕关节及手关节。

1. 肩胛骨的运动

后缩肩胛骨的肌肉有斜方肌和菱形肌，可做提杠铃耸肩、持哑铃扩胸等练习，发展该肌群。

前伸肩胛骨的肌肉有前锯肌和胸小肌，可做俯卧撑、实力推等练习，发展该肌群。

上提肩胛骨的肌肉有斜方肌上部、菱形肌和肩胛提肌，可做提杠铃耸肩等练习，发展该肌群。

下降肩胛骨的肌肉有斜方肌下部、前锯肌下部和胸小肌。

上回旋肩胛骨的肌肉有斜方肌上、下部和前锯肌下部，可做引体向上等练习，发展该肌群。

下回旋肩胛骨的肌肉有菱形肌、胸小肌和肩胛提肌。

2. 肩关节处的运动

屈肩关节的肌肉有胸大肌、三角肌前部、肱二头肌和喙肱肌，可做双杠支撑摆动臂屈伸、持哑铃仰卧"飞鸟"等练习，发展该肌群。

伸肩关节的肌肉有三角肌后部、肱三头肌长头、背阔肌、冈下肌、小圆肌和大圆肌，可做单杠引体向上、向后或向体侧拉拉力器、爬绳等练习，发展该肌群。

外展肩关节的肌肉有三角肌和冈上肌，可做侧举哑铃等练习，发展该肌群。

内收肩关节的肌肉有肩胛下肌、胸大肌、背阔肌、冈下肌、小圆肌、大圆肌和喙肱肌。

外旋肩关节的肌肉有三角肌后部、冈下肌和小圆肌。

内旋肩关节的肌肉有三角肌前部、胸大肌、背阔肌、肩胛下肌和大圆肌。

3. 肘关节处的运动

屈肘关节的肌肉有肱肌、肱二头肌、肱桡肌和旋前圆肌，可做负重弯举、引体向上等练习，发展该肌群。

伸肘关节的肌肉有肱三头肌和肘肌，可做俯卧撑、直臂负重后伸等练习，发展该肌群。

内旋肘关节的肌肉有旋前圆肌、旋前方肌和肱桡肌。

外旋肘关节的肌肉有旋后肌、肱二头肌和肱桡肌。

4. 腕关节

屈手关节的肌肉有桡侧腕屈肌、掌长肌、尺侧腕屈肌、指浅屈肌和指深屈肌，可做负重腕屈伸、反缠重锤等练习，发展该肌群。

伸手关节的肌肉有桡侧腕长伸肌、桡侧腕短伸肌、尺侧腕伸肌、指伸肌和示指伸肌，可做负重腕屈伸、正缠重锤等练习，发展该肌群。

外展手关节的肌肉有桡侧腕屈肌、桡侧腕长伸肌、桡侧腕短伸肌。

内收手关节的肌肉有尺侧腕屈肌和尺侧腕伸肌。

三、下肢肌

下肢肌包括髋肌、大腿肌、小腿肌和足肌。

（一）髋肌

髋肌分前、后两群。前群起自骨盆内面，包括髂腰肌、腰小肌和阔筋膜张肌；后群起自骨盆外面，包括臀大肌、臀中肌、臀小肌、梨状肌、闭孔内肌、股方肌和闭孔外肌。

髋肌的起止点和主要功能如表 2-7 所示。

表 2-7 髋肌的起止点和主要功能

肌肉名称	起　点	止　点	主要功能
髂腰肌	髂肌：髂窝 腰大肌：第 12 胸椎和第 1～5 腰椎体侧面和横突	股骨小转子	参与股骨前屈和外旋，下肢固定时，参与躯干和骨盆前屈
腰小肌	第 12 胸椎	髂耻隆起	参与紧张髂筋膜
阔筋膜张肌	髂前上棘	胫骨外侧髁	参与紧张阔筋膜和股骨屈
臀大肌	髂骨翼外面和骶骨背面	臀肌粗隆和髂胫束	参与股骨伸、外旋
臀中肌	髂骨翼外面	股骨大转子	参与股骨外展、内旋和外旋
梨状肌	第 2～5 骶椎前侧面	股骨大转子	参与股骨外展、外旋
闭孔内肌	闭孔膜内面及周围骨面	股骨转子窝	参与股骨外旋
股方肌	坐骨结节	转子间嵴	参与股骨外旋
臀小肌	髂骨翼外面	股骨大转子	参与股骨外展、内旋和外旋
闭孔外肌	闭孔膜外面及周围骨面	股骨转子窝	参与股骨外旋

1. 髂腰肌

髂腰肌位于腰椎两侧及髂窝内，由腰大肌和髂肌组成。腰大肌为单羽状肌，髂肌呈扇形，如图 2-86 所示。

近固定时，髂腰肌使股骨屈和外旋。远固定时，单腿站立一侧收缩使脊柱向同侧屈和旋转；两侧收缩使脊柱前屈和骨盆前倾（如做直腿体前屈和仰卧起坐动作）。

2. 阔筋膜张肌

阔筋膜张肌位于大腿前外侧，被股阔筋膜所包裹，为梭形肌，如图 2-87 所示。

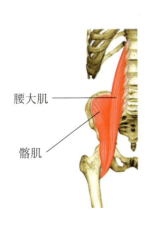
图 2-86　髂腰肌

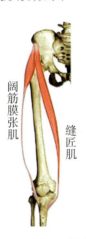
图 2-87　缝匠肌、阔筋膜张肌

3. 臀大肌

臀大肌位于骨盆后外侧，臀部皮下，呈宽厚的四方形，肌纤维很粗，如图 2-88 所示。

近固定时，臀大肌使股骨伸和外旋。上部肌纤维收缩使股骨外展，下部肌纤维收缩使股骨内收。远固定时，一侧肌肉收缩使骨盆转向对侧，两侧同时收缩使骨盆后倾。

4. 梨状肌

梨状肌位于骶骨前面，经坐骨大孔穿出，将坐骨大孔分为上、下两部分，分别称为梨状肌上孔和梨状肌下孔，两孔中均有血管、神经通过，如图 2-89 所示。坐骨神经从梨状肌下孔出骨盆到下肢肌肉、皮肤中去。

近固定时，梨状肌使大腿外展和外旋。远固定时，梨状肌一侧收缩使骨盆转向对侧，梨状肌两侧收缩使骨盆后倾。因为我国有近 30% 的人，腓总神经从梨状肌中部穿出，如果这些人梨状肌损伤，常常压迫坐骨神经而引起腰腿痛。这在运动医学中称为"梨状肌损伤综合征"。

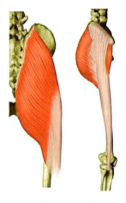
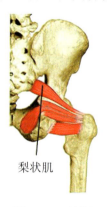

图 2-88　臀大肌　　　　图 2-89　梨状肌

5. 臀中肌和臀小肌

臀中肌和臀小肌位于髂骨翼外面。臀中肌后部位于臀大肌深层，臀小肌位于臀中肌深层。臀中肌和臀小肌均为羽状肌，如图 2-90 所示。

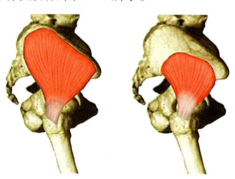

图 2-90　臀中肌、臀小肌

近固定时，大腿外展。前部使大腿屈和内旋，后部使大腿伸和外旋。远固定时，一侧肌肉收缩使骨盆向同侧倾；两侧前部肌纤维使骨盆前倾，后部肌纤维使骨盆后倾。

（二）大腿肌

大腿肌可分为前群、后群和内侧群。前群主要包括股四头肌和缝匠肌；内侧群主要包括耻骨肌、长收肌、股薄肌、短收肌和大收肌；后群主要包括股二头肌、半腱肌和半膜肌。

大腿肌的起止点和主要功能如表 2-8 所示。

表 2-8 大腿肌的起止点和主要功能

肌肉名称	起 点	止 点	主要功能
股四头肌	股直肌：髂前下棘 股中肌：股骨体前面 股外侧肌：股骨粗线外侧唇 股内侧肌：股骨粗线内侧唇	胫骨粗隆	参与股骨屈和胫骨伸
缝匠肌	髂前上棘	胫骨上端内侧面	参与股骨屈、外旋和胫骨伸
耻骨肌	耻骨支、坐骨支前面	股骨耻骨肌线	参与股骨内收、外旋
长收肌		股骨粗线	
股薄肌		胫骨上端内侧面	
短收肌		股骨粗线	
大收肌	耻骨支、坐骨支、坐骨结节	股骨粗线和收肌结节	参与股骨内收
股二头肌	长头：坐骨结节 短头：股骨粗线	腓骨头	参与股骨伸和胫骨屈并微外旋
半腱肌	坐骨结节	胫骨上端内侧面	
半膜肌		胫骨上端外侧面	

1. 股四头肌

股四头肌位于大腿前面，是人体中最大的肌肉，为羽状肌，如图 2-91 所示。

近固定时，股四头肌使胫骨伸，股直肌还能使股骨屈。远固定时，股四头肌可使股骨在膝关节处伸。

2. 缝匠肌

缝匠肌位于股骨前内侧浅层，肌纤维从股骨外上方向内下斜行（见图 2-87）。缝匠肌是人体中最长的肌肉，呈梭形。它和股直肌都跨过了髋关节和膝关节，为双关节肌，此肌在体育运动中容易发生"主动不足"和"被动不足"现象。

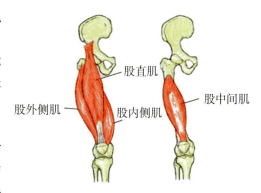

图 2-91 股四头肌

近固定时，缝匠肌使股骨屈和外旋，并使胫骨屈和内旋。远固定时，缝匠肌两侧收缩，使骨盆前倾。

3. 耻骨肌、长收肌和短收肌

耻骨肌位于股骨上部内侧，为羽状肌；长收肌位于耻骨肌内侧，短收肌位于耻骨肌和长收肌深层，长收肌和短收肌均为三角形扁肌，如图 2-92 所示。

近固定时，这些肌使股骨屈、内收和外旋；远固定时，使骨盆前倾。

4. 大收肌

大收肌位于大腿内侧深层,为扁阔倒三角形,如图 2-92 所示。

近固定时,大收肌使股骨内收、伸和外旋;远固定时,使骨盆后倾。

5. 股薄肌

股薄肌位于大腿内侧浅层,为长扁形肌,如图 2-92 所示。

近固定时,股薄肌使股骨内收,还使胫骨屈和内旋;远固定时,可使骨盆前倾。

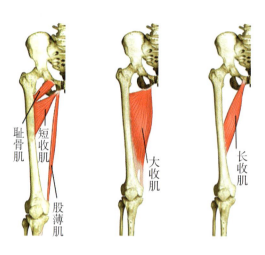

图 2-92 大腿内侧群

6. 股二头肌

股二头肌位于股骨后外侧浅层,为梭形肌,如图 2-93 所示。

近固定时,股二头肌长头使股骨伸,并使胫骨屈和外旋。远固定时,股二头肌使股骨在膝关节处屈。当胫骨伸直时,股二头肌使骨盆后倾。

7. 半腱肌和半膜肌

半腱肌和半膜肌位于大腿后内侧,半膜肌在半腱肌深层。半腱肌下半为腱,半膜肌上半为腱膜,如图 2-94 所示,均为羽状肌。股二头肌、半腱肌和半膜肌都是双关节肌,在体育运动中应注意发展它们的力量和伸展性,克服"主动不足"和"被动不足"现象。

近固定时,这些肌使大腿伸,并使小腿屈和内旋;远固定时,使股骨在膝关节处屈;当胫骨伸直时,则使骨盆后倾。

(三)小腿肌

小腿肌分前群、后群和外侧群。前群主要包括胫骨前肌、趾长伸肌和踇长伸肌;外侧群主要包括腓骨长肌和腓骨短肌;后群主要包括浅层的小腿三头肌,以及深层的■肌、趾长屈肌、踇长屈肌和胫骨后肌。

小腿肌的起止点和主要功能如表 2-9 所示。

1. 胫骨前肌

胫骨前肌位于小腿前外侧浅层,为梭形肌,如图 2-95 所示。

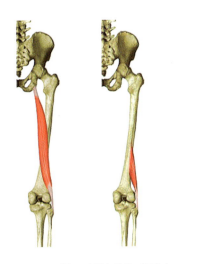
图 2-93 股二头肌(长头、短头)

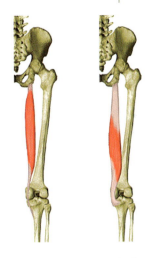
图 2-94 半腱肌、半膜肌

表 2-9 小腿肌的起止点和主要功能

肌肉名称	起 点	止 点	主要功能
胫骨前肌	胫、腓骨上端、骨间膜前面	内侧楔骨内侧面、第 1 跖骨底	参与足背屈、内翻
拇长伸肌		拇指远节趾骨底	参与足背屈和拇指伸
趾长伸肌		第 2~5 趾骨趾背腱膜	参与第 2~5 趾和足背屈
腓骨长肌	腓骨外侧	内侧楔骨、第 1 跖骨底	参与足跖屈、外翻
腓骨短肌		第 5 跖骨粗隆	
腓肠肌	内侧头:股骨内侧髁 外侧头:股骨外侧髁	跟骨结节	参与胫骨屈、内旋
比目鱼肌	胫、腓骨上端		参与足跖屈
腘肌	股骨外侧髁外侧份	比目鱼肌线以上骨面	参与胫骨屈、内旋
趾长屈肌		第 2~5 趾远节趾骨底	参与足跖屈和第 2~5 趾骨屈
胫骨后肌	胫、腓骨后面及骨间膜	足舟骨粗隆、内侧、中间和外侧楔骨	参与足跖屈、内翻
拇长屈肌		拇指远节趾骨	参与拇指屈和足跖屈

2. 拇长伸肌
拇长伸肌位于胫骨前肌外侧与趾长伸肌之间,为单羽状肌,如图 2-96 所示。

3. 趾长伸肌
趾长伸肌位于胫骨前肌外侧,为半羽肌,如图 2-97 所示。

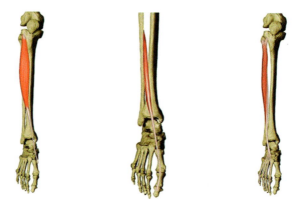

图 2-95 胫骨前肌　　图 2-96 踇长伸肌　　图 2-97 趾长伸肌

4. 小腿三头肌

小腿三头肌位于小腿后部浅层,由腓肠肌和比目鱼肌合成,如图 2-98 所示。腓肠肌有内、外侧两个头,呈梭形。比目鱼肌一个头,形似比目鱼。

近固定时,小腿三头肌使足跖屈,腓肠肌还能在膝关节处屈胫骨;远固定时,在膝关节处拉股骨向后,协助伸膝,有维持人体直立的功能。

5. 趾长屈肌

趾长屈肌位于小腿三头肌深层内侧,为羽状肌,如图 2-99 所示。

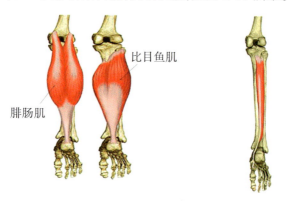

图 2-98 小腿三头肌　　图 2-99 趾长屈肌

6. 踇长屈肌

踇长屈肌位于小腿三头肌深层外侧,为羽状肌,如图 2-100 所示。

7. 胫骨后肌

胫骨后肌位于小腿三头肌深层,跨踇长屈肌和趾长屈肌之间,为半羽肌,如图 2-101 所示。

(四)足肌(简介)

足肌没有手肌发达,主要分为足背肌和足底肌。足背肌只有两块伸趾的短肌,即踇短伸肌和趾短伸肌;足底肌也分为内侧、外侧和中间三群,但没有拇对掌肌和小指对掌肌。总体来讲,足底肌的主要作用为维持足弓。

图 2-100 蹞长屈肌

图 2-101 胫骨后肌

（五）下肢肌肉运动表现

下肢功能主要是维持直立姿势、支持体重和行走，因此，下肢没有上肢灵活，但下肢肌比上肢肌粗壮，下肢运动环节主要包括髋关节、膝关节和踝关节。

1. 髋关节处的运动

屈髋关节的肌肉有髂腰肌、股直肌、缝匠肌、阔筋膜张肌和耻骨肌等，可做仰卧剪腿、负重深蹲等练习，发展该肌群。

伸髋关节的肌肉有臀大肌、大收肌、股二头肌、半腱肌和半膜肌等，可做后蹬跑、俯卧背腿或后踢腿等练习，发展该肌群。

外展髋关节的肌肉有臀中肌、臀小肌、臀大肌上部和梨状肌等，可做侧踢腿、侧控腿等练习，发展该肌群。

内收髋关节的肌肉有大收肌、长收肌、短收肌、臀大肌下部、股薄肌和耻骨肌等，可做抗阻力内收大腿、里合腿等练习，发展该肌群。

外旋髋关节的肌肉有髂腰肌，臀大肌，梨状肌，臀中、小肌后部和缝匠肌等。

内旋髋关节的肌肉有臀中、小肌前部和阔筋膜张肌等。

2. 膝关节处的运动

屈膝关节的肌肉有腓肠肌、股二头肌、半腱肌、半膜肌和股薄肌等，可做后踢腿、俯卧背腿、负重腿屈伸、抗阻力小腿屈伸等练习，发展该肌群。

伸膝关节的肌肉有股四头肌等，可做负重深蹲、跳绳、原地纵跳等练习，发展该肌群。

内旋膝关节的肌肉有缝匠肌、半腱肌、半膜肌、股薄肌和腓肠肌内侧头等。

外旋膝关节的肌肉有股二头肌和腓肠肌外侧头等。

3. 踝关节处的运动

屈足关节的肌肉有小腿三头肌、蹞长屈肌、趾长屈肌、胫骨后肌、腓骨长肌和腓骨短肌等。

伸足关节的肌肉有胫骨前肌、蹞长伸肌和趾长伸肌等。

内翻足关节的肌肉有蹞长屈肌、趾长屈肌、胫骨前肌和胫骨后肌等。

外翻足关节的肌肉有腓骨长肌、腓骨短肌和趾长伸肌等。

下肢肌中维持人体直立的主要肌肉有臀大肌、股四头肌和小腿三头肌等。

四、躯干肌

躯干肌包括背肌、胸肌、膈肌、腹肌、会阴肌和头颈肌。

(一) 背肌

背肌分为浅、深两层,如图 2-102 所示。背浅层肌位于躯干背面浅层,包括斜方肌、背阔肌、肩胛提肌和菱形肌等。背深层肌分布于脊柱两侧,分为背长肌和背短肌。背长肌包括竖脊肌和夹肌。背短肌种类多而复杂,都是从肌节演变而来的,有枕下肌、棘间肌、横突间肌、肋提肌等,能够与脊柱韧带一起保持各椎骨之间的稳固连结,对维持人体直立姿势起重要作用。

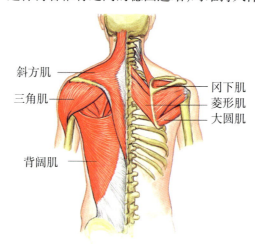

图 2-102 背肌

背肌的起止点和主要功能如表 2-10 所示。

表 2-10 背肌的起止点和主要功能

肌肉名称	起点	止点	主要功能
斜方肌	枕外隆突、项韧带及全部胸椎棘突	锁骨外 1/3、肩峰和肩胛冈	参与肩胛骨向中线靠拢,上部肌肉上提肩胛骨,下部肌肉下降肩胛骨
背阔肌	下 6 胸椎和全部腰椎棘突、骶正中嵴、髂嵴后部及下 3 肋骨外侧面	肱骨小结节嵴	参与肱骨内收、内旋和后伸
肩胛提肌	上位 4 颈椎横突	肩胛上角	参与肩胛骨上提、上回旋
菱形肌	下 2 颈椎和上 4 胸椎的棘突	肩胛骨内侧缘	参与肩胛骨上提、后缩、下回旋
竖脊肌	骶骨背面、髂嵴后部、腰椎棘突和胸腰筋膜	颈、胸椎的棘突与横突、颞骨乳突和肋角	参与脊柱后伸、仰头和脊柱侧屈
夹肌	3~6 颈椎的项韧带、第 7 颈椎和第 1~6 胸椎棘突	第 1~3 颈椎横突,颞骨乳突	参与头转向、后仰

1. 斜方肌

斜方肌位于颈部和背上部的浅层,为三角形的扁肌,左右两侧合在一起呈斜方形,故而命名,如图 2-103 所示。

肌纤维分为上、中、下三部。近固定时,上部肌纤维收缩使肩胛骨上提、上回旋和后缩,下部肌纤维收缩使肩胛骨下降、上回旋和后缩,中部肌纤维收缩使肩胛骨后缩。远固定时,一侧肌纤维收缩使头向同侧屈并向对侧回旋,两侧上部同时收缩使头后仰(伸),一侧整块肌肉收缩使脊柱向对侧回旋,两侧整块肌肉收缩使脊柱伸。因此,在儿童少年时期,应注意发展斜方肌和伸脊柱肌肉的力量,可以预防和矫正驼背。

2. 背阔肌

背阔肌是位于胸背区下部和腰区浅层较宽大的三角形扁肌,是人体中最大的扁阔肌,如图 2-104 所示。

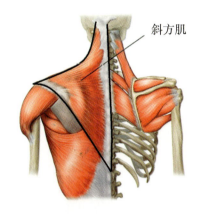

图 2-103　斜方肌

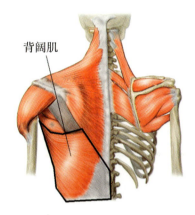

图 2-104　背阔肌

3. 肩胛提肌

肩胛提肌位于颈项两侧,肌肉向上部位于胸锁乳突肌深侧,下部位于斜方肌的深面,为一对带状长肌,如图 2-105 所示。

近固定时,肩胛提肌使肩胛骨上提和下回旋。远固定时,一侧收缩使头和脊柱向同侧屈和回旋,两侧收缩使脊柱颈段伸。

4. 菱形肌

菱形肌位于斜方肌的深面,肩胛骨内侧缘和脊柱之间,肌纤维由内上向外下斜行,为菱形的扁肌,如图 2-106 所示。

近固定时,菱形肌使肩胛骨上提、后缩和下回旋。远固定时,两侧菱形肌收缩使脊柱伸。

5. 竖脊肌

竖脊肌为脊柱后方的长肌,填于棘突与肋角之间的沟内,呈长索状,为背肌中最长、最大的肌,由棘肌、最长肌和髂肋肌三部分组成,如图 2-107 所示。

下固定时,一侧竖脊肌收缩使脊柱向同侧屈;两侧竖背肌收缩,使头和脊柱伸,并协助呼气。

6. 夹肌

夹肌位于斜方肌和菱形肌深层,分为头夹肌和颈夹肌两部分,头夹肌(见图 2-108)在胸

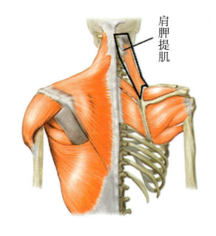
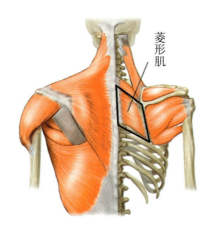

图 2-105 肩胛提肌　　　　　图 2-106 菱形肌

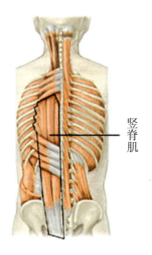
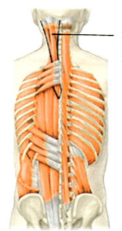
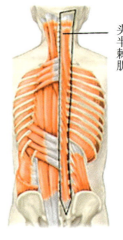

图 2-107 竖脊肌　　　　　图 2-108 头夹肌

锁乳突肌上端的深面,颈夹肌在头夹肌的外侧和下方。

一侧夹肌收缩使头转向同侧,双侧夹肌收缩使头颈后仰。

(二)胸肌

图 2-109 所示为胸腹部肌肉。

胸肌分为胸上肢肌和胸固有肌。胸上肢肌位于胸壁的前面及侧面浅层,包括胸大肌、胸小肌、前锯肌等;胸固有肌包括肋间外肌、肋间内肌和胸横肌。

胸肌的起止点和主要功能如表 2-11 所示。

1. 胸大肌

胸大肌位于胸前皮下,位置表浅,宽而厚,呈扇形,为多羽状扇形扁肌,如图 2-110 所示。

近固定时,胸大肌使上臂屈、内收和内旋,如投掷的鞭打动作。远固定时,胸大肌拉躯干向上臂靠拢,如引体向上动作,并可提肋助吸气。

2. 胸小肌

胸小肌位于胸大肌深层,为三角形扁肌,如图 2-111 所示。

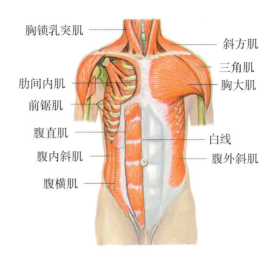

图 2-109 胸腹部肌肉

表 2-11 胸肌的起止点和主要功能

肌肉名称	起 点	止 点	主 要 功 能
胸大肌	锁骨内侧半、胸骨和上 6 肋骨前面及腹直肌鞘前壁上部	肱骨大结节嵴	参与上臂屈、内收和内旋
胸小肌	第 3~5 肋骨前面	肩胛骨喙突	参与肩胛骨下降、前伸和下回旋
前锯肌	上位 8~9 肋骨外侧面	肩胛骨内侧缘和下角前面	参与肩胛骨前伸、下降、上回旋
肋间外肌	上位肋骨下缘	下位肋骨上缘	参与提肋
肋间内肌	下位肋骨上缘	上位肋骨下缘	参与降肋
胸横肌	胸骨内面下部	第 2~6 肋骨的内面	参与降肋

近固定时,胸小肌使肩胛骨下降、前伸和下回旋。远固定时,胸小肌提肋助吸气。

3. 前锯肌

前锯肌位于胸廓的外侧皮下,为锯齿状的宽大扁肌,如图 2-112 所示。上部为胸大肌和胸小肌所遮盖。

近固定时,前锯肌使肩胛骨前伸,下部纤维收缩使肩胛骨下降与上回旋。远固定时,前锯肌提肋助吸气。

4. 肋间外肌

肋间外肌位于各肋间隙的浅层,为扁肌,共 11 对,如图 2-113 所示。

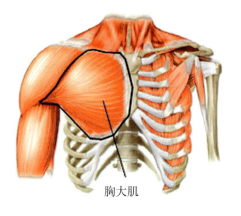

图 2-110 胸大肌

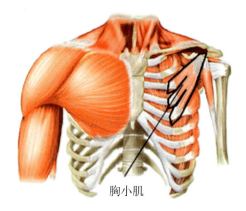

图 2-111 胸小肌

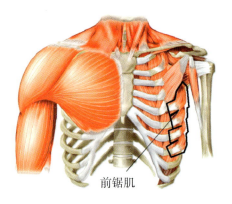

图 2-112 前锯肌

5. 肋间内肌

肋间内肌位于肋间外肌深层,为扁肌,共 11 对,如图 2-113 所示。

6. 胸横肌

胸横肌位于胸骨体和肋软骨后面,是腹横肌的延续,如图 2-113 所示。

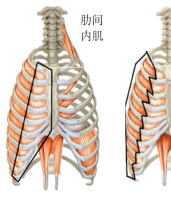
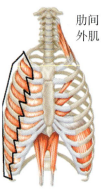
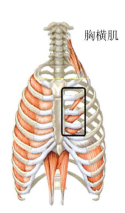

图 2-113 胸固有肌

(三)膈肌

膈肌位于胸腹腔之间,为穹隆形的扁肌,如图 2-114 所示。肌纤维由周围向中部汇集成为腱膜,为中心腱。膈肌上有第 12 胸椎前面的主动脉裂孔、平第 10 胸椎的食管裂孔和平第 8 胸椎的腔静脉孔,相应的血管和器官从中通过,如图 2-115 所示。

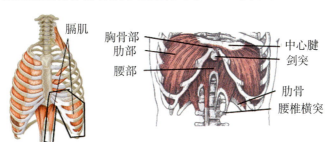

图 2-114 膈肌

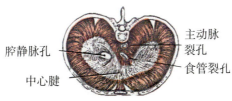

图 2-115 膈肌裂孔

膈肌的起点为剑突后面、第 7~12 肋内面和第 2~3 腰椎体前面,止点为中心腱。

膈肌收缩,膈穹隆下降,使胸腔容积增大,压力减小,有助于吸气;膈肌舒张,膈穹隆复位,有助于呼气。此外,膈肌、腹肌同时收缩,还参与增加腹压。

(四)腹肌

腹肌位于胸廓下缘与骨盆之间,形成腹腔壁,分为腹前壁和腹后壁两群。腹前壁的肌肉主要包括腹直肌、腹外斜肌、腹内斜肌和腹横肌;腹后壁的肌肉主要包括腰方肌和腰大肌。

腹肌的起止点和主要功能如表 2-12 所示。

表 2-12 腹肌的起止点和主要功能

肌肉名称	起 点	止 点	主 要 功 能
腹直肌	耻骨上缘	第 5~7 肋软骨前面及胸骨剑突	参与脊柱前屈、侧屈
腹外斜肌	下 8 肋骨外侧面	髂嵴、耻骨结节及白线	参与骨盆后倾和脊柱前屈、侧屈、回旋
腹内斜肌	胸腰筋膜、髂嵴及腹股沟韧带外侧 2/3	下 3 肋及白线	
腹横肌	下 6 肋骨内面、胸腰筋膜、髂嵴和腹股沟韧带外侧	白线	
腰方肌	髂嵴后部第 2~5 腰椎横突	第 12 肋骨、第 12 胸椎体和第 1~4 腰椎横突	参与脊柱侧屈和第 12 肋骨下降

1. 腹直肌

腹直肌位于腹前壁正中线的两旁,居腹直肌鞘内,为上宽下窄的扁长带状多腹肌,如图 2-116 所示,肌纤维被 3～4 条横行的腱划分隔。腱划与腹直肌鞘前壁相连,防止腹直肌收缩时移位;腹直肌后面腱划不明显,未与腹直肌鞘后层愈合,完全游离。

腹直肌有较大的生理横断面,因此有相当大的肌力。腹直肌是脊柱强有力的屈肌。上固定时,两侧收缩使骨盆后倾。下固定时,一侧收缩使脊柱向同侧屈;两侧收缩使脊柱前屈;降肋拉胸廓向下,协助呼气。

2. 腹外斜肌

腹外斜肌为宽阔扁肌,位于腹前外侧部的浅层,为扁阔肌,如图 2-117 所示。肌纤维由外上向内下斜行。其腱膜参与腹直肌鞘前壁的组成。腱膜下缘形成腹股沟韧带,架于髂前上棘和耻骨结节之间。

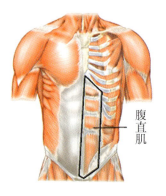

图 2-116　腹直肌

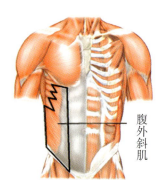

图 2-117　腹外斜肌

3. 腹内斜肌

腹内斜肌位于腹外斜肌深层,为扁阔肌,如图 2-118 所示。肌纤维方向与腹外斜肌相反,是从后上方斜向前下方,其腱膜参与腹直肌鞘前、后壁的组成。

4. 腹横肌

腹横肌居腹内斜肌的深面,为扁阔肌,如图 2-119 所示。肌纤维呈横向前行为腱膜,参与组成腹直肌鞘后壁。腱膜下内侧部及最下部的少量肌束分别参与腹股沟镰和提睾肌的组成。

5. 腰方肌

腰方肌位于腹后壁,在脊柱两侧,其内侧有腰大肌,其后方有竖脊肌,如图 2-120 所示。下固定时,一侧收缩,使脊柱向同侧屈;两侧收缩,使第 12 肋骨下降,助呼气。

(五)会阴肌

会阴肌是指封闭小骨盆出口处肌肉的总称,包括位于后部的肛提肌、尾骨肌、肛门外括

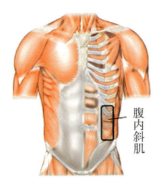
图 2-118　腹内斜肌

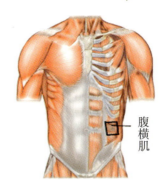
图 2-119　腹横肌

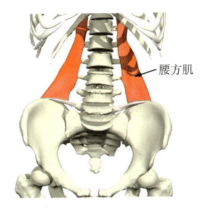
图 2-120　腰方肌

约肌和前部的会肌浅横肌和会阴深横肌等。会阴肌具有承托盆腔、腹腔内脏和承受腹腔压力的作用。

(六)头颈肌

1. 头肌

头肌可分为表情肌和咀嚼肌,如图 2-121 所示。表情肌有额肌、枕肌、眼轮匝肌、口轮匝肌、体上唇肌、提口角肌、降下唇肌、颊肌、鼻肌及耳郭肌,属环形肌或辐射肌,起自颅骨,止于皮肤,肌肉收缩牵动皮肤,显示喜怒哀乐等各种表情。咀嚼肌有咬肌、颞肌、翼内肌和翼外肌,分布于下颌关节周围,收缩时参与咀嚼运动。

2. 颈肌

颈肌分浅、中、深三群。颈浅肌群包括颈阔肌和胸锁乳突肌,使脊柱颈段伸和转向;颈中肌群有舌骨上肌群和舌骨下肌群,分别位于舌骨的上方和下方,使舌骨和下颌骨活动,配合吞咽与发音;颈深肌群包括前斜角肌、中斜角肌和后斜角肌,使脊柱颈段屈(见图 2-122)。

(七)躯干肌的运动表现

躯干肌的主要运动表现在脊柱的运动、呼吸运动和维持腹压。

1. 脊柱的运动

屈脊柱的肌肉有腹直肌、腹外斜肌、腹内斜肌、髂腰肌和胸锁乳突肌等,可做仰卧起坐、仰卧举腿、仰卧两头起等练习,发展该肌群。

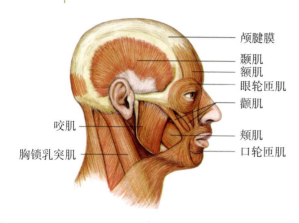

图 2-121　头颈肌

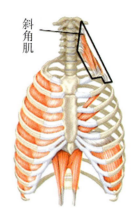

图 2-122　斜角肌

伸脊柱的肌肉有竖脊肌、斜方肌、胸锁乳突肌和臀大肌等，可做负重体屈伸、俯卧两头起等练习，发展该肌群。

回旋脊柱的肌肉有同侧的腹内斜肌和对侧的腹外斜肌，此外还有对侧胸锁乳突肌、斜方肌和菱形肌等，可做负重转体、包头侧屈等练习，发展该肌群。

2. 呼吸运动

呼吸运动的肌肉有膈肌、肋间外肌、肋间内肌、胸横肌、胸大肌、胸小肌、胸锁乳突肌、腹直肌、腰方肌、髂肋肌等，可做深呼吸运动或练习气功等，发展该肌群。

3. 维持腹压

维持腹压的肌肉有膈肌、腹直肌、腹外斜肌、腹内斜肌、腹横肌、腰方肌和会阴肌等，可做仰卧起坐、仰卧举腿、仰卧两头起等练习，发展该肌群。

【思考题】

1. 试述运动系统的组成及其功能。
2. 骨按形态分为哪几类？功能如何？并举例说明。
3. 试述骨的构造及其功能。
4. 试述儿童、少年、成年人、老人等的骨的化学成分、物理特性及其运动中应注意的问题。
5. 分别说明上肢骨和下肢骨的名称和数量。
6. 试述体育锻炼对骨能够产生的影响。
7. 试述关节的基本结构和辅助结构及其功能。
8. 如何理解影响关节运动幅度的因素？
9. 何谓运动环节？人体运动环节在关节处可做哪些基本运动？
10. 按关节运动轴的数量和关节形态，如何对关节进行分类？
11. 何谓单轴关节？复合关节？联合关节？并举例说明。

第三章
脉管系统

[学习目标]

(1) 掌握心血管系统的组成和功能。

(2) 掌握体循环的路径、机能和主要大血管的名称和分布。

(3) 了解心脏的位置、外形和形态结构以及体育锻炼对心脏的影响。

(4) 了解心脏传导系统的组成与功能以及心的神经支配。

(5) 了解淋巴系统的概念、组成及功能。

脉管系统包括心血管系统和淋巴系统，它是人体内执行运输功能的封闭管道系统，血液和淋巴液在管道内循环流动，其中淋巴液最后汇入静脉，因此，淋巴系统常被看作静脉的辅助系统。

脉管系统主要是将消化系统吸收的营养物质和肺吸入的氧气以及内分泌器官分泌的激素运送到全身各器官、组织和细胞供其新陈代谢，同时将代谢产物如二氧化碳和尿素等分别运送到肺、肾或皮肤等器官排出体外，以维持机体内环境理化特性和防御机能的相对稳定。

第一节 心血管系统

一、总论

（一）心血管系统的组成和功能

心血管系统由心脏、动脉、毛细血管和静脉组成。心是血液循环的动力器官；动脉是运送血液离开心的血管，静脉是运送血液回心的血管；毛细血管是连于动、静脉之间，互相连结呈网状的微细血管，血液在此与组织进行物质和气体交换。

1. 心脏

心脏是连结动脉和静脉的枢纽，是心血管系统的"动力泵"，有四个腔，即右心房、右心室、左心房和左心室。同侧的房、室借房室口相通，但左右侧有中隔分开互不相通。心房接收静脉，心室发出动脉。心脏有节律地收缩与舒张，不停将血液从动脉射出，由静脉吸入，血液在心血管内连续不断地循环。

2. 动脉

动脉是由心室发出的血管，运输血液离开心脏，到达身体各部，在行程中不断分支，最后移行为毛细血管。如图3-1所示，动脉壁因承受较大的压力，管壁较厚，可分为三层：内膜较薄，表面是一层内皮细胞，光滑，能减少血流的阻力；中膜最厚，大动脉以弹力纤维为主，中、小动脉以平滑肌为主；外膜主要由疏松结缔组织构成，含胶原纤维和弹性纤维，特别是大动脉外膜内的胶原纤维具有很大的抗张力强度，可以防止血管的过度扩张。动脉壁的结构特点与其机能密切相关。大动脉中膜弹力纤维多，心室收缩射血时管壁扩张，心室舒张时管壁回缩，以促使血液继续向前流动。中、小动脉，特别是小动脉平滑肌层比较发达，可以在神经体液调节下收缩或舒张，从而改变管腔的大小，影响局部的血流量和血液阻力，借以维持和调节血压。

3. 毛细血管

毛细血管是连于小动脉与小静脉之间极细微的血管，管径平均6～9微米，互相连通吻合成网，分支数量多，除软骨、角膜、晶状体、毛发、牙釉质和被覆上皮外，遍布全身。管壁最薄，主要由一层内皮细胞组成，有一定的通透性，加之血流速度缓慢，血液中的营养物质与组织液中的代谢产物均通过毛细血管壁进行交换。

4. 静脉

静脉是运输血液回心的血管。小静脉起于毛细血管，在回心过程中逐渐会合成中静脉、

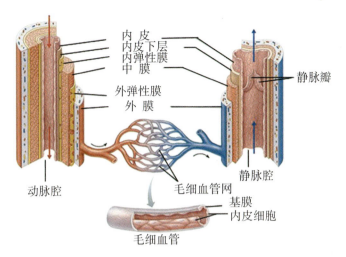

图 3-1 动脉、静脉和毛细血管壁的构造

大静脉,最后注入心房。静脉壁因承受压力较小,与同级动脉比较,管径较大,管壁薄。管壁也分为内膜、中膜和外膜三层,其中膜弹力纤维和平滑肌均较少,收缩性和弹性均较小。一般中静脉的内膜常向腔内突出,形成静脉瓣,可防止血液逆流,特别是血液回流较困难和受地心引力较大的部位,静脉瓣较多,例如上、下肢的静脉,如图 3-2 所示。

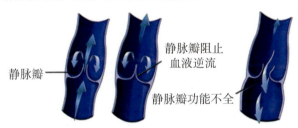

图 3-2 静脉瓣及其作用

(二)血液循环的途径

在神经体液调解下,血液由心室射出,经动脉、毛细血管、静脉再回心房,循环不息。根据循环途径,血液循环可分为体循环和肺循环(见图 3-3),两种循环同时进行。

1. 体循环

体循环又称大循环。当心室收缩时,含氧较高和营养物质丰富的动脉血,自左心室射入主动脉,经其各级分支到达全身各部的毛细血管,血液在此与周围的组织和细胞进行气体和物质交换,变为含二氧化碳和代谢产物较多的静脉血,最后汇集成上、下腔静脉流回右心房。这一循环途径称为体循环。体循环的主要特点是路程长,流经范围广,以动脉血滋养全身各部,并将其代谢产物运回心脏。

2. 肺循环

肺循环又称小循环。从体循环回心的静脉血,自右心房进入右心室。当心室收缩时,血液由右心室射出,经肺动脉及其各级分支进入肺泡壁周围的毛细血管网,在此进行气体交换,使静脉血变成含氧丰富的动脉血,经肺静脉流回左心房。这一循环途径称肺循环。肺循环的特点是路程短,只通过肺,主要是使静脉血转变成含氧丰富的动脉血。

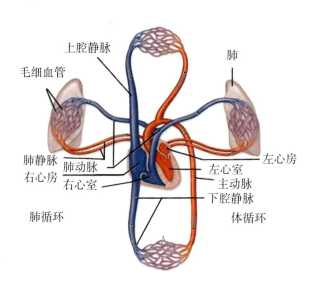

图 3-3 体循环及肺循环模式图

二、心脏

(一)心脏的位置和外形

心脏位于胸腔的纵膈内(两肺之间),似倒置的圆锥体,大小稍大于本人的拳头。前方平对胸骨体和第 2~6 肋软骨,后方平对第 5~8 胸椎,约 2/3 位于身体正中线的左侧,1/3 在正中线右侧,上方连出入心脏的大血管,下方邻膈,如图 3-4 所示。心的位置可随体型和呼吸运动中膈肌的升降而有所变化。

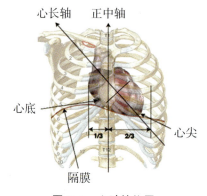

图 3-4 心脏的位置

心可分为一尖、一底,表面有 4 条沟,如图 3-5 所示。心尖由左心室构成,朝左前下方,位于左侧第 5 肋间隙,锁骨中线内侧 1~2 厘米处。在活体于此处可摸到心尖冲动。心底朝右后上方,主要有右心房和右心室构成,被出入心的大血管根部和心包反折缘所固定,心室部分较活跃。心的表面有 4 条沟。冠状沟呈冠状位,近似环形,前方被肺动脉干中断,是右上方的心房和左下方的心室的表面分界;前室间沟和后室间沟起自冠状沟,分别从心室前、后面到达心尖,是左、右心室在心表面的分界;后房间沟在心底,是右心房与右上、下肺静脉交界处

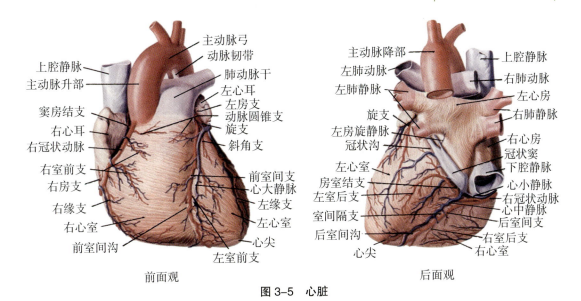

图 3-5 心脏

的浅沟。

(二)心脏各腔的形态结构

心被心间隔分为左半心和右半心两部分,左半心分为左心房和左心室,右半心分为右心房和右心室。两半心由房间隔和室间隔分开,互不相通。左半心内流动的是动脉血,右半心内流动的是静脉血,心房与心室经房室口相通,如图 3-6 所示。

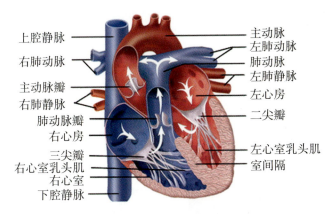

图 3-6 心脏各腔及血流方向

1. 右心房

右心房是心腔中最靠右侧的部分,其壁薄腔大。有三个入口和一个出口。其入口分别是右心房后上方的上腔静脉口、后下方的下腔静脉口和位于下腔静脉口与右房室口之间的冠状窦口。出口为右房室口,位于右心房的前下方,通向右心室,故此口又是右心室的唯一入口。右心房的后内侧壁,主要由房间隔组成。其下部有一浅凹,称为卵圆窝,为胎儿时期左、右心房相通的卵圆孔在出生后闭锁的遗迹。如果出生后此孔未闭或闭合不全,为先天性心脏病的一种。

2. 右心室

右心室位于右心房的左前下方，直接位于胸骨左缘第4、5肋软骨的后方。其内腔近似圆锥体，尖向下，室壁较厚。右心室有一个入口和一个出口。入口为右房室口。口周围纤维环上附有三个三角形的瓣膜，称为三尖瓣。瓣的边缘和其心室面连有许多条结缔组织索，为腱索。腱索向下连于室壁上的乳头肌。乳头肌是从室壁突入室腔的锥体形肌隆起。纤维环、瓣膜、腱索和乳头肌在功能上是一个整体。当心室收缩时，血液的推动使三尖瓣互相对合，封闭房室口，乳头肌的收缩和腱索的牵拉，使瓣膜刚好闭合而不致翻向心房，防止血液向心房逆流。

右心室的出口为肺动脉口，位于右心室的左前上方。在此口的周缘有三个袋状的半月形瓣膜，称为肺动脉瓣。肺动脉瓣与肺动脉壁之间的袋装间隙为肺动脉窦。当心室舒张时，血液回流使肺动脉窦充盈，引起肺动脉瓣膜关闭，从而防止肺动脉内的血液逆流回右心室。

3. 左心房

左心房位于右心房的左后方，构成心底的大部分。其后壁的两侧各有一对肺静脉的入口，前下方有一个通向左心室的出口，称为左房室口。

4. 左心室

左心室位于右心室的左后下方，其壁最厚，为右心室的2～3倍。有一个入口和一个出口。入口为左房室口，口周围致密的结缔组织环为二尖瓣环；附有两个三角形的瓣膜，为二尖瓣。二尖瓣的边缘和其室面上也有多条腱索连于室壁的乳头肌。当心室收缩时，血液推动二尖瓣，关闭左房室口，同时冲开主动脉瓣，使血液经主动脉口流入主动脉。

左心室出口为主动脉口，位于左房室口的右前方。口的周缘有三个袋状半月形的瓣膜，称为主动脉瓣。瓣膜与动脉壁之间的内腔称为主动脉窦，可分为左、右、后三个窦。左、右窦的动脉壁上，分别有左、右冠状动脉的开口。心室舒张时，主动脉瓣关闭，阻止血液流入左心室；二尖瓣开放，左心房的血液流入左心室，如图3-7所示。

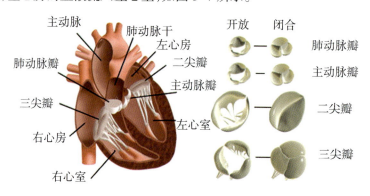

图 3-7　瓣膜开放、闭合模式图

（三）心壁的构造

心壁由心内膜、心肌层和心外膜三层构成。

1. 心内膜

心内膜是衬于各腔内表面的一层薄而光滑的膜，与血管内膜相延续。心内膜由单层扁平细胞构成的内皮和内皮下层的结缔组织以及弹力纤维构成，其下面有血管、神经、淋巴管和心传导系纤维分布。心脏各房室口和动脉口周缘的瓣膜即由心内膜折叠而成。

2. 心肌层

心肌层由心肌纤维构成,是心壁的主要组成部分,心房肌较薄弱,心室肌肥厚,左室肌尤为发达。

心房肌可分为2层,浅层肌为环绕左、右心房的横束,沿心房横径包绕左、右心房,有些纤维在左、右心房间斜行深入房间隔形成"8"字形的纤维襻,止于纤维环。深层肌为各房所固有,分别包绕左、右心房。心房肌具有分泌心钠素的功能。

心室肌可分为3层,如图3-8所示。浅层斜行,肌纤维在心尖部捻转形成心涡,然后进入深部移行为纵行的深层肌,形成肉柱和乳头肌。中层为环形,位于浅、深层之间,分别环绕左、右心室。

心房肌与心室肌互不相连续,由房室口和动脉口周围的结缔组织构成的纤维环分开。此纤维环即形成心脏的结缔组织支架,并作为心瓣膜、心房肌和心室肌的附着处。因此,心房肌的兴奋不能直接传到心室肌,故心房肌和心室肌可交替收缩和舒张。

3. 心外膜

心外膜被覆在心肌层的表面,为浆膜性心包的脏层。

(四)心脏的传导系统

心脏的传导系统位于心壁内,由特殊分化的心肌细胞组成,具有自律性和节律性,能够产生并传导冲动,维持心脏收缩的正常节律,使心房肌和心室肌的收缩互相协调。心脏的传导系统包括窦房结、结间束、房室结、房室束及其分支等,如图3-9所示。

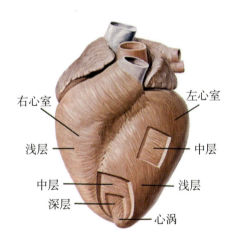

图3-8 心肌层

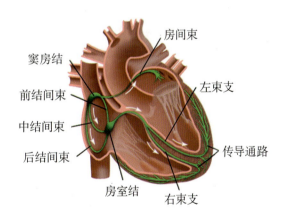

图3-9 心脏的传导系统

1. 窦房结

窦房结是心脏正常的起搏点,位于上腔静脉与右心房交界处的心外膜深面。此结产生的冲动传至心房肌而引起收缩,同时也将冲动传至房室结。人心窦房结内恒定有窦房结动脉穿过其中央。

2. 房室结

房室结位于房间隔下部右侧心内膜深面,冠状窦口前上方。其功能是将窦房结传来的冲动传至心室肌,使心房、心室依次交替收缩。许多复杂的心率失常在此发生。

3. 房室束

房室束又称希氏束,起于房室结,下行至室间隔分为左、右两支,分别进入左、右心室肌层内,再分为许多细小分支,称为浦肯野氏纤维,最后与心肌纤维相连结,以支配心肌纤维的收缩。心脏的传导系统受神经和体液的调节。

(五) 心脏的血管

心本身的血液循环为冠状循环,血液供应来自左、右冠状动脉,回流静脉血绝大部分经冠状窦汇入右心房。

1. 心脏的动脉

营养心壁的动脉起于主动脉升部的两侧,分别称为左冠状动脉和右冠状动脉。左冠状动脉主要营养左心房和左心室。右冠状动脉主要营养右心房和右心室。如果心壁的主要供血血管闭塞,就可能引起心肌梗死,严重时会造成生命危险。

2. 心脏的静脉

心脏的静脉除部分小静脉直接开口于心脏各腔外,大部分静脉都汇入冠状窦而流入右心房。

(六) 心脏的神经

心脏的搏动受神经和体液共同调节,分布于心脏的神经主要是交感神经、副交感神经系统的迷走神经和感觉神经。

运动时,交感神经兴奋,可加强窦房结和房室结的兴奋性,使心跳加速,心肌收缩力加强,冠状动脉扩张,血流量增加,心肌功能增强,以适应运动应激的需要。运动结束后,副交感神经兴奋可使心跳减弱减慢,冠状动脉收缩,以减少不必要的耗能和快速恢复体能。因此,神经系统并不是心脏搏动的发动者,其主要作用是增加或减小心脏搏动的速度和强度,完成心循环周期。

(七) 心包

心包是包裹在心及大血管根部外面的圆锥形纤维浆膜囊,分为内、外两层,即纤维心包和浆膜心包,对心脏具有保护和支持作用,如图 3-10 所示。

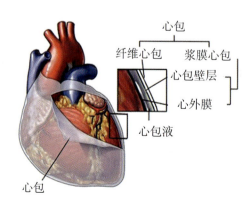

图 3-10　心包

1. 纤维心包

纤维心包为心包的最外层,由致密结缔组织构成,向上与出入心脏的大血管外膜相移行,向下与膈的中心腱相愈合。

2. 浆膜心包

浆膜心包为心包的内层,又分为脏、壁两层。脏层即心外膜,覆于心肌表面,壁层紧贴在纤维性心包的内面。脏、壁两层在大血管根部相互移行,并形成密闭的腔隙,为心包腔,内含少量浆液,起润滑作用,可减少心脏搏动时的摩擦。

三、血管

(一)血管的分布规律

1. 动脉的分布规律

(1)多位于深部或肢体屈侧较隐蔽的地方。

(2)多与静脉和神经干伴行。

(3)以最短的距离到达它所分布的器官和组织。

(4)管径大小及配布形式与器官形态结构和功能相适应。

(5)大多数两侧对称,在躯干可分为脏支和壁支,壁支尚保留节段性。

2. 静脉的分布规律

(1)体循环静脉分为浅静脉和深静脉。浅静脉位于皮下,故又称皮下静脉。深静脉多与同名动脉伴行。

(2)在四肢,一条动脉常有两条静脉伴行。

(3)静脉的数量比动脉多,静脉吻合较丰富。

(二)血管的吻合和侧支循环

人体的血管除经动脉—毛细血管—静脉这种流通外,在动脉与动脉之间、静脉与静脉之间,甚至动脉和静脉之间,可以彼此直接连通,形成血管吻合。

动脉之间一般吻合成网或弓,例如关节周围的动脉网、手与足部的动脉弓等,以保证局部的供血充分,具有缩短循环时间、调节血流量的功能。静脉之间一般吻合成丛或网,例如直肠静脉丛和手背静脉网等,以保证在脏器扩大或腔壁受压时血流通畅。小动、静脉之间不经毛细血管而借其小分支直接相吻合,为动静脉吻合,例如手、足、鼻和外耳等部位,这种吻合的机能意义是缩短血液循环的途径,调节局部血流量,提高静脉压和调节体温。

较大的动脉主干在行程中常发出细支,并与主干平行,为侧副支,可与同一主干远侧所发的返支或另一主干的侧支相连,形成侧副吻合。在正常情况下,侧副支较细,经过的血流量很少。当主干受阻或不通时(如结扎、血栓阻塞),则通过侧副支的血流量增多,管径变大,代偿主干的机能,使主干原分布区域得到足够的供血而不致发生坏死。这种通过侧副吻合而重新建立起来的循环途径,称为侧支循环,侧支循环的建立显示了血管的适应能力和可塑性,保证了病理情况下的血液供应,如图 3-11 所示。

(三)微循环

微循环是指微动脉与微静脉之间的微细血管内的血液循环,是血液循环的基本功能单

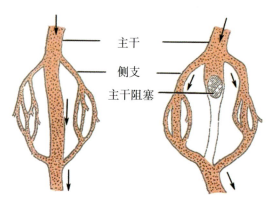

图 3-11 侧支循环

位。微循环血管包括微动脉、中间微动脉、毛细血管、直捷通路和微静脉(见图 3-12)。微动脉管壁的平滑肌和毛细血管起始部的平滑肌(毛细血管前括约肌)在交感神经、激素和代谢产物的作用下,可舒缩起"闸门"作用,控制局部血流。此外,在微动脉和微静脉之间的动静脉吻合也属微循环血管,可调节局部血流量。微循环是血液与组织细胞进行物质交换的场所,其机能状态直接影响局部细胞和组织的血液供应,对维持机体内环境的平衡与稳定具有重要作用。

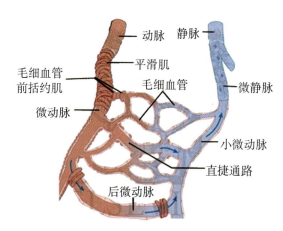

图 3-12 微循环示意图

(四)肺循环的血管

肺循环的血管包括肺动脉和肺静脉,是肺的功能血管,主要功能是完成气体交换。

1. 肺动脉

肺动脉短而粗,起于右心室,在主动脉升部前方上升,至主动脉弓的下方分为左、右肺动脉(内含静脉血),经肺门入肺,在肺内逐级分支,最后达到肺泡壁,形成稠密的毛细血管网,在此进行气体交换,使静脉血变为动脉血。

2. 肺静脉

肺静脉起于肺泡壁毛细血管网,逐级会合,最后形成左、右各两条肺静脉出肺门注入左心房。

(五)体循环的血管

体循环的血管包括全身大、中、小动脉,全身毛细血管以及全身大、中、小静脉,如图 3-13 所示。体循环的血管将营养物质、氧气及激素送至全身各部,并将代谢产物及二氧化碳送至心脏,再分别经肺、肾、皮肤等器官排出体外。

1. 体循环的动脉

主动脉是体循环的动脉主干,从左心室发出,根据行程,可分为主动脉升部、主动脉弓和主动脉降部,如图 3-14 所示。主动脉降部又分为胸主动脉和腹主动脉。

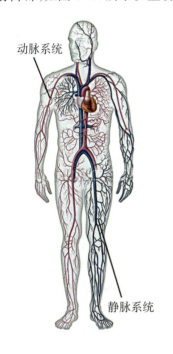

图 3-13 人体血管

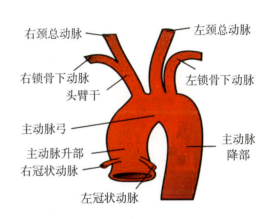

图 3-14 主动脉升部和主动脉弓

1)主动脉升部

主动脉升部从左心室发出,向右前上方行至右侧第 2 胸肋关节高度向左延续为主动脉弓。在主动脉升部的起始处两侧发出左、右冠状动脉,分布于心脏,保证心脏供血。

2)主动脉弓

主动脉弓续主动脉升部,弓形弯向左后方,在第 4 胸椎体下缘处移行为主动脉降部。在主动脉弓的凸侧发出三条较大的分支,从右至左依次为头臂干、左颈总动脉和左锁骨下动脉。头臂干短而粗,向右上行至右胸锁关节的后方,分为右颈总动脉和右锁骨下动脉(见图 3-14)。

(1)颈总动脉:右侧发自头臂干,左侧直接起自主动脉弓。两侧颈总动脉均沿气管和喉的外侧上升,至甲状软骨上缘处分为颈内动脉和颈外动脉(见图 3-15)。颈总动脉是头颈部的主要动脉干。

颈内动脉起始处的膨大部分为颈动脉窦,有特殊的感觉神经末梢,属于压力感受器;当动脉血压升高时,可刺激此感受器,反射性地引起心跳减慢,末梢血管扩张,血压下降。颈内、

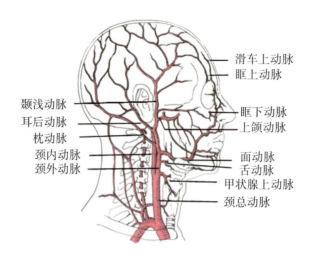

图 3-15 颈总动脉及其分支

外动脉分叉处的后方有颈动脉小球,属化学感受器,能感受血液中二氧化碳浓度的变化;当血液中二氧化碳浓度升高时,可反射性地引起呼吸加深加快。

颈外动脉:颈外动脉从颈总动脉发出后,向上行至颞下颌关节处分为上颌动脉和颞浅动脉两条终支。颈外动脉沿途发出分支于颈部和头面部,脑和眼除外。

颈内动脉:颈内动脉从颈总动脉发出后,上行入颅腔,主要分布于大脑的前部和眼。

(2)锁骨下动脉:右侧起自头臂干,左侧直接起于主动脉弓。两侧锁骨下动脉均由胸廓上口进入颈根部,再向外行至第1肋外缘进入腋窝,延续为腋动脉(见图3-16)。锁骨下动脉除发出分支营养上肢外,沿途还发出椎动脉分布于脑,是营养上肢的主要动脉干。当上肢或肩部外伤出血时,可在锁骨上窝中点处将锁骨下动脉下压至第1肋上面止血。

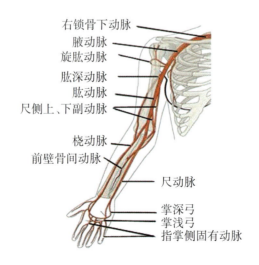

图 3-16 锁骨下动脉及其分支

(3)腋动脉:腋动脉在第1肋外缘处续锁骨下动脉,行于腋窝深面,至大圆肌和背阔肌下缘,移行为肱动脉。腋动脉沿途发出分支分布于肩部和胸壁(见图3-16)。

(4)肱动脉:肱动脉为腋动脉的延续,沿肱二头肌内侧下行,至肘窝中部处分为桡动脉和尺动脉。在肘窝稍上,肱二头肌腱内侧可以摸到肱动脉的搏动,是测量血压时的听诊部位。当前臂和手部外伤出血时,可在上臂中部将肱动脉压向肱骨止血。肱动脉沿途分支分布于上臂(见图3-16)。

(5)桡动脉:桡动脉于肘窝从肱动脉分出,沿前臂肱桡肌深面下行至腕部转到手背,再穿第1掌骨间隙潜入手掌深部,其末端与尺动脉的分支吻合形成掌深弓。在桡骨下端前面,桡侧腕屈肌腱的桡侧,可以摸到桡动脉的搏动,为临床上最常用的触摸脉搏的部位(见图3-16)。

(6)尺动脉:尺动脉于肘窝从肱动脉发出,在前臂尺侧浅、深屈肌之间下行至手掌,末端与桡动脉的分支吻合形成掌浅弓。桡、尺两动脉沿途分支分布于前臂、腕部和手,桡、尺两动脉的末端在手掌部,借其分支彼此吻合形成两个互相交通的掌浅、深弓,以适应手的功能需要和保证手指有充分的血液供应(见图3-16)。

3)胸主动脉

胸主动脉在第4胸椎下缘左侧续主动脉弓,沿脊柱左侧下行渐至其前方,达第12胸椎高度穿膈的主动脉裂孔,移行为腹主动脉。胸主动脉发出壁支和脏支。壁支主要为肋间后动脉,分布于胸壁、腹壁、膈和脊髓等。脏支较细,主要有支气管动脉和食管动脉等,分布于支气管、肺和食管等器官,如图3-17所示。

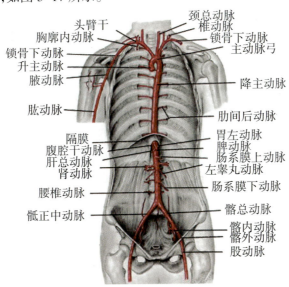

图3-17 主动脉降部及其分支

4)腹主动脉

腹主动脉自膈的主动脉裂孔处续主动脉胸部,沿脊柱前方下降,至第4腰椎体下缘分为左、右髂总动脉,是腹部的动脉主干,如图3-17所示。主动脉腹部发出壁支和脏支。壁支主要分布于膈、腹壁和脊髓等。脏支有成对和不成对的,前者如肾动脉,后者如腹腔干(动脉)、肠系膜上动脉和肠系膜下动脉等。它们分布于腹腔内全部成对和不成对的器官。

5)髂总动脉

髂总动脉左右各一,平第4腰椎高度自主动脉腹部分出,沿腰大肌的内侧向外下方斜行,至骶髂关节的前方附近分为髂内动脉和髂外动脉(见图3-18)。

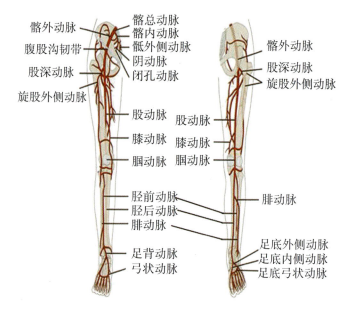

图3-18 髂总动脉及其分支

(1)髂内动脉:在盆腔内发出壁支和脏支,分布于全部盆壁和盆腔脏器。髂内动脉为盆部的动脉主干。

(2)髂外动脉:髂外动脉从髂总动脉分出后沿腰大肌内侧缘下降,经腹股沟韧带中点的深面至股前部,移行为股动脉(见图3-18)。

(3)股动脉:是髂外动脉的直接延续,向下转至股内侧,进入膝关节后面的腘窝。股动脉是下肢动脉的主干,沿途分支主要分布于大腿和膝关节。在腹股沟韧带中点稍下方可以摸到股动脉的搏动。当下肢外伤出血时,可在此处压迫止血。

(4)腘动脉:是股动脉的延续,经腘窝深部中线附近下降,至腘窝下缘或比目鱼肌的起点稍下方分为胫前动脉和胫后动脉。腘动脉的分支主要分布于膝关节及周围结构。

(5)胫后动脉:沿小腿后面浅、深屈肌之间下降,经内踝的后方至足底,分为足底内侧动脉和足底外侧动脉。胫后动脉主要分布于小腿后面、外侧面和足底有关结构。足底外侧动脉的末端与足背动脉的足底深支吻合形成足底动脉弓,以保证足趾的血液供应。

(6)胫前动脉:向前穿小腿骨间膜至小腿前面下行,经踝关节前方到达足背移行为足背动脉。胫前动脉主要分布于小腿前面和足背有关结构。

人体某些动脉的体表投影、压迫部位和止血范围如表3-1所示。

主动脉干和它的主要分支分布简图如图3-19所示。

2. 体循环的静脉

体循环静脉包括上腔静脉系、下腔静脉系和心静脉系,注入右心房(见图3-20)。

(1)上腔静脉系:上腔静脉由头颈部、上肢和胸部(心脏除外)的静脉汇合而成,收集该部位的静脉血。

表 3-1 人体某些动脉的体表投影、压迫部位和止血范围

动脉名称	体表投影	压迫部位	止血范围
颈总动脉 颈外动脉	自胸锁关节至耳屏稍前下方作一连线,甲状软骨上缘以上是颈外动脉,以下是颈总动脉	喉环状软骨弓两侧,向内后方第6颈椎横突上压迫颈总动脉	一侧头面部
面动脉		下颌骨体表面、咬肌前缘处,向下颌骨压迫	面颊部
颞浅动脉		外耳门前方,向颞骨压迫	头前外侧部
锁骨下动脉	从胸锁关节上缘至锁骨中点划一凸向上的线（最凸处在锁骨上方1.5厘米）	锁骨中点上方1~2指处,向后下方第1肋骨压迫	全上肢
肱动脉	上肢外展,掌心朝上,从锁骨中点至髁间线(肱骨内、外上髁间的连线)中点稍下方连一线,大圆肌下缘以上是腋动脉,以下是肱动脉	肱二头肌内侧沟,向肱骨压迫	压迫点以下的上肢
股动脉	大腿外展、外旋,自腹股沟中点至收肌结节连一线,此线的上 2/3	腹股沟中点,向深部耻骨上支压迫	全下肢
腘动脉		腘窝加垫,屈膝包扎	小腿和足部
胫前动脉 足背动脉	从胫骨粗隆与腓骨小头连线的中点起,经内、外踝之间至第1跖骨间隙近侧部作一连线,踝关节以上是胫前动脉,以下是足背动脉	内、外踝连线的中点向深部压迫足背动脉	足部
胫后动脉	自腘窝中点稍下方至内踝和跟结节之间的中点连线	内踝和跟结节之间向深部压迫	足部

（2）下腔静脉系:下腔静脉由腹部、盆部和下肢的静脉汇合而成,收集该部位的静脉血。门静脉(见图 3-21)由肠系膜上静脉和脾静脉汇合而成,经肝门入肝,在肝内反复分支,

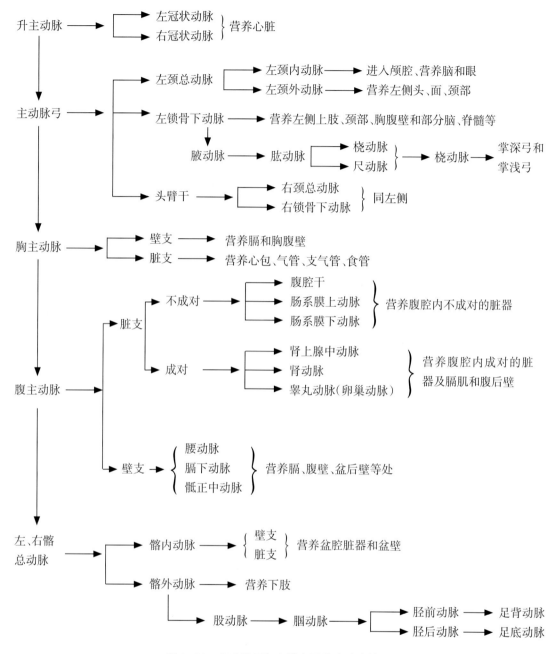

图 3-19 主动脉干和它的主要分支分布简图

汇入肝血窦(肝内毛细血管),然后汇入肝静脉,注入下腔静脉。门静脉收集腹腔内胃、肠、胰、胆囊和脾的静脉血,其主要功能是将小肠吸收的营养物质送到肝脏进行加工处理,是肝的功能血管。

四、体育运动对心血管形态结构和功能的影响

长期规律的体育运动,能够改善心脏及血管的结构及功能。体育运动,尤其是耐力性运动

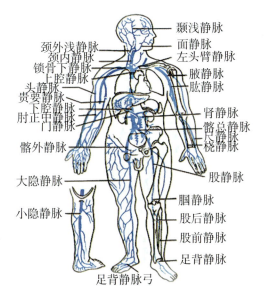

图 3-20　全身静脉模式图

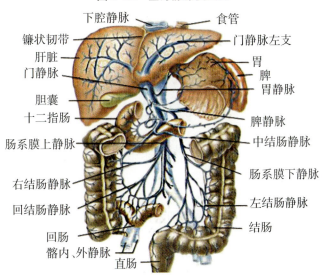

图 3-21　门静脉

能够使心脏体积增大，心肌纤维增粗，心壁增厚，心脏容积增大，心收缩力增强。同时，体育运动通过改善冠状动脉弹性，增大全身毛细血管的分布及数量，使心脏乃至身体其他各部供血功能增强，及时地获得充足的氧气和营养。

第二节　淋巴系统

一、总论

淋巴系统包括淋巴管、淋巴组织和淋巴器官。淋巴器官具有产生淋巴细胞、滤过淋巴和产生抗体等功能,是体内重要的防御装置。淋巴管道内的无色透明液体,称淋巴液。血液经动脉运行到毛细血管动脉端时,部分液体经毛细血管滤出,进入组织间隙,形成组织液;组织液与组织进行物质交换后,大部分被毛细血管吸收入静脉,小部分水和从血管溢出的大分子物质如蛋白质进入毛细淋巴管,成为淋巴液。淋巴液沿淋巴管向心流动,最后注入静脉。因此,淋巴管又可视为静脉系的辅助部分。

图 3-22 所示为淋巴干和淋巴导管。

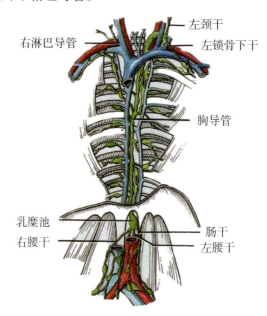

图 3-22　淋巴干和淋巴导管

二、淋巴管

淋巴管根据结构和功能的不同,分为毛细淋巴管、淋巴管、淋巴干和淋巴导管。

(一)毛细淋巴管

毛细淋巴管是淋巴管的起始部分,以膨大的盲端起始,彼此吻合成网,然后汇入淋巴管。毛细淋巴管管壁由一层单层扁平上皮构成,通透性比毛细血管大,所以组织液中的大分子物质,如蛋白质、细菌、异物和癌细胞等,较易进入。小肠绒毛内的毛细淋巴管可吸收脂肪,使其中的淋巴呈乳白色,故又称为乳糜管。毛细淋巴管分布甚广,除脑、脊髓、脾髓、上皮、角膜、晶状体、牙釉质和软骨等外,遍布于全身各处。

(二)淋巴管

淋巴管由毛细淋巴管汇合而成,管壁结构与静脉相似,但管壁较薄,瓣膜更多,具有防止淋巴液逆流的功能。淋巴管可根据位置分为浅、深两组,浅淋巴管行于皮下,主要收集皮肤和浅筋膜的淋巴。深淋巴管多与深部血管伴行,主要收集深筋膜和深部结构的淋巴。浅、深淋巴管之间存在丰富的交通。

(三)淋巴干

淋巴干由全身各部淋巴管经过相应的淋巴结后会合而成,全身共有以下 9 条干。

(1)左、右颈干:收集头颈部的淋巴。
(2)左、右锁骨下干:收集上肢和部分胸壁的淋巴。
(3)左、右支气管纵隔干:收集胸部的淋巴。
(4)左、右腰干:收集下肢、盆部和部分腹腔器官的淋巴。
(5)肠干:收集消化管的淋巴。

(四)淋巴导管

淋巴导管由9条淋巴干汇合而成,有右淋巴导管和胸导管,分别注入左、右静脉角。

1. 右淋巴导管

右淋巴导管由右颈干、右锁骨下干和右支气管纵隔干汇合而成,注入右静脉角。右淋巴导管引流右上肢、右胸部和右头颈部的淋巴,与胸导管之间由交通支相连。

2. 胸导管

胸导管是全身最大的淋巴导管,在平第1腰椎前面由左、右腰干和肠干汇合而成,此汇合处膨大,为乳糜池;胸导管向上穿膈肌入胸腔,继续上行至颈根部,其末端注入左静脉角。胸导管引流下肢、盆部、腹部、左上肢、左胸部和左头颈部的淋巴。

三、淋巴器官

淋巴器官主要由淋巴组织构成,是机体免疫系统中产生各种淋巴细胞和引起免疫反应的重要结构。淋巴器官包括淋巴结、扁桃体、脾和胸腺等。

(一)淋巴结

淋巴结为大小不一的圆形或椭圆形灰红色小体,由淋巴组织构成,外包有被膜。一侧凹陷,有输出淋巴管和神经血管出入,另一侧凸隆,与输入淋巴管相连。淋巴结按位置不同可分为浅淋巴结和深淋巴结,数目较多,沿血管周围分布,成群位于身体较隐蔽的、安全且活动较大的地方,如关节的屈侧或肌肉所构成的窝和沟等处(腋窝、腘窝、腹股沟等)。淋巴结的主要功能是滤过淋巴液、产生淋巴细胞和抗体及参与机体的免疫反应。当人体某局部发生病变时,毒素或细菌就沿该部的淋巴管蔓延到相应的淋巴结,淋巴结发生细胞增殖等病理变化,阻截和清除细菌、毒素、寄生虫或肿瘤细胞,从而阻止病变扩散。

(二)脾

脾是人体内最大的淋巴器官,位于左季肋区,平9~11肋之间,如图3-23所示,正常情况下,在左肋弓下缘不能触及。脾呈暗红色,质软而脆,故左季肋部受暴力打击时易导致脾破裂引起大出血。脾的内面近中央处有一凹陷称为脾门,有血管和神经出入。

脾的主要机能是产生淋巴细胞,参与体内免疫反应。此外,脾还具有储存血液和调节血量,破坏衰老的红细胞,吞噬细菌和异物的功能。在胚胎时期,脾尚有造血功能。

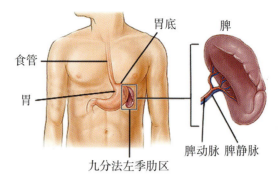

图 3-23 脾的位置及外形

【思考题】

1．简述血液循环的途径和功能。

2．心脏的传导系统是如何构成的,有何功能?

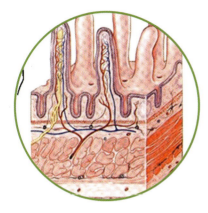

第四章
消化系统

[学习目标]

(1)掌握消化系统的组成和功能。
(2)掌握胃的形态、位置、结构和功能。
(3)掌握小肠的结构和功能。
(4)掌握肝脏的位置、结构、体表投影和功能。
(5)掌握阑尾的体表投影。
(6)了解大肠的分布及各部位的位置和功能。
(7)了解胰的形态、位置和功能。
(8)了解口腔的构成、牙的形态与结构、三大唾液腺的位置和腺管开口位置。
(9)了解咽的位置及各部位的交通。
(10)了解体育运动对消化系统的影响。

第一节　消化系统概述

一、消化系统的组成和功能

消化系统由消化管和消化腺两大部分组成(见图4-1)。消化管由口腔、咽、食管、胃、小肠(包括十二指肠、空肠、回肠)和大肠(包括盲肠、结肠、直肠、肛管)等部分组成。临床上通常把口腔至十二指肠的一段称为上消化道,空肠至肛门的一段称为下消化道。消化腺是分泌消化液的腺体,包括大、小两种消化腺。大消化腺包括三对唾液腺(腮腺、下颌下腺、舌下腺)、肝和胰;小消化腺则位于消化管壁内,如食管腺、胃腺和肠腺等。

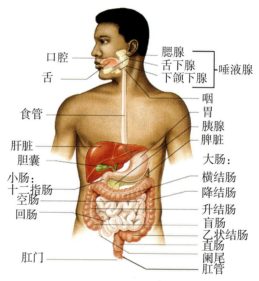

图4-1　消化系统模式图

消化系统的基本功能是摄取食物,并对食物进行物理性和化学性消化,吸收其中的营养物质,为机体提供能量,构筑机体的细胞和组织,最后将代谢的食物残渣以粪便排出体外。

二、消化管的结构

消化管属内脏器官中的中空性器官,各部分的结构和机能有所不同,但除了口腔以外的消化管管壁具有共同的结构特点。以横切的小肠管壁为例,由内向外依次由黏膜、黏膜下层、肌层和外膜等4层结构组成。

图4-2所示为肠壁的一般构造模式图。

(一)黏膜

黏膜为消化管最内层,包括黏膜上皮、黏膜固有层和黏膜肌层。

1. 黏膜上皮

黏膜上皮为黏膜最内层,口腔、咽、食管和直肠齿状线以下均为复层扁平上皮,具有保护和耐机械摩擦等功能;胃、小肠和大肠均为单层柱状上皮,并在细胞的游离面具有微绒毛分布,具有分泌、消化和吸收的功能。

2. 黏膜固有层

黏膜固有层位于黏膜上皮的下面,由疏松结缔组织构成,内有神经、血管、淋巴组织和小腺体,具有连结、支持、缓冲和营养等功能,连同黏膜上皮向肠腔凸起形成绒毛。

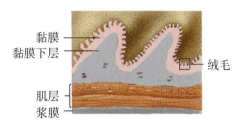

图 4-2 肠壁的一般构造模式图

3. 黏膜肌层

黏膜肌层由数层平滑肌构成,分布于黏膜与黏膜下层的交界处,其收缩可使黏膜产生运动,促进腺体分泌物的排出和血液运行,有利于物质的吸收。

(二)黏膜下层

黏膜下层由疏松结缔组织组成,可使黏膜有一定移动性。其中含有丰富的血管、神经、淋巴管、淋巴组织和黏膜下层腺体。

(三)肌层

肌层位于黏膜下层外面,除咽和食管上段及肛门外肌层的括约肌属于骨骼肌外,均由平滑肌构成。其排列方式一般为内环、外纵两层结构,两层之间有肌间神经丛分布,个别为三层平滑肌配布。

(四)外膜

纤维膜覆盖在肌层外面,由结缔组织组成,具有保护作用,并与邻近器官相连。有些器官外膜外还覆盖一层间皮构成的膜,为浆膜,间皮表面润滑,有利于器官的活动。

三、消化腺的结构

消化腺属于实质性器官,包括小消化腺和大消化腺。小消化腺散在消化管的管壁内(如口腔黏膜小唾液腺、胃腺、肠腺等),分泌物直接排入消化管内;大消化腺是独立的器官(口腔内3对唾液腺、胰腺和肝),分泌物要借助导管排入消化管内。大消化腺表面包有被膜,被膜的结缔组织伸入腺内,将腺分隔为若干小叶,血管、淋巴管和神经也随同被膜的结缔组织进入腺内。腺分实质和间质两部分,由腺细胞组成的腺泡以及腺导管称为实质,被膜和叶间与小叶间结缔组织称为间质。

四、胸部的标志线和腹部的分区

为了便于描述内脏器官的位置及其体表投影,人们通常借助胸腹部体表标志和人为画线将胸腹部体表确定若干标志线和分区,腹部常用的是九区分法,如图 4-3 所示。

(一)胸部的标志线

(1)前正中线:沿身体前面正中线所作的垂线。

（2）胸骨线：沿胸骨外侧缘所作的垂线。
（3）锁骨中线：取锁骨中点所作的垂线，男性大致经过乳头垂线。
（4）胸骨旁线：取锁骨内侧1/4点所作的垂线。
（5）腋前线：沿腋前襞向下所作的垂线。

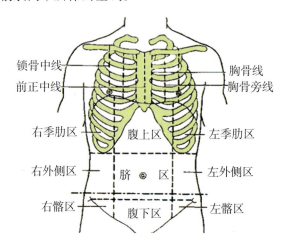

图4-3　胸腹部的标志线及分区（九区分法）

（6）腋后线：沿腋后襞向下所作的垂线。
（7）腋中线：沿腋前后线中点所作的垂线。
（8）肩胛线：通过肩胛骨下角所作的垂线。
（9）后正中线：沿身体后面正中线所作的垂线。

(二)腹部的分区

以左、右第10肋下缘作一条横线，以左、右髂前上棘作一条横线，以左、右腹股沟中点作两条垂线，将腹部以"井"字划分为9区，即左季肋区、左外侧区、左髂区、腹上区、脐区、腹下区、右季肋区、右外侧区和右髂区。

第二节　消　化　管

消化管由口腔、咽、食管、胃、小肠和大肠组成（见图4-1），其主要功能是通过机械作用完成对食物的磨碎，与消化液混合并推动食糜下移，吸收营养等。

一、口腔

口腔是以骨性口腔为基础，上下唇包围而成的。前方开口于口裂，后方经咽峡与咽相通。口腔由上、下牙弓分为固有口腔和口腔前庭两部分（见图4-4）。牙弓与唇、颊之间的狭窄腔隙称为口腔前庭；牙弓以内的腔隙称为固有口腔。口腔前壁有唇，侧壁为颊，上壁为腭，下壁为口腔底，后方是咽峡。口腔壁的腔面被覆以黏膜，由复层扁平上皮和固有层构成。唇分为上唇和下唇，两唇之间为口裂，其外面覆以薄层皮肤，上下唇结合处称口角。颊由皮肤、脂肪块、颊肌和黏膜等组成,在平对上颌第2磨牙牙冠的黏膜处,有一小的突起,为腮腺导管的开口。

腭可分为前2/3的硬腭和后1/3的软腭两部分。硬腭由腭骨和腭黏膜组成,它位于口腔和鼻腔之间,将口腔和鼻腔分隔开;软腭连于硬腭之后,由黏膜包以肌组织构成,其后缘中央部有一个下垂的突起,称为腭垂(悬雍垂)。腭垂的两侧各有两条黏膜皱襞:前方的一条向下连于舌根部,称为腭舌弓;后方的一条向下连于咽侧壁,称腭咽弓。两弓之间的窝内有腭扁桃体,为淋巴组织,具有防御功能。

由腭垂、左右侧腭舌弓和舌根共同围成咽峡,是口腔通往咽的部位。口腔内的器官还有牙、舌以及唾液腺等。

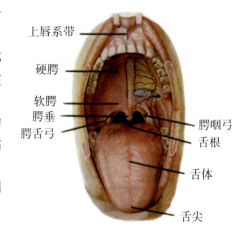

图 4-4 口腔

【拓展材料】

软腭呈半垂直状态悬于口、咽腔之间,吞咽时软腭在口腔与鼻腔的后部形成水平屏障,防止食物进入后鼻孔和鼻腔。如果硬、软腭发生病变,口腔与鼻腔相通,食物就会进入鼻腔,引起呛食。如果硬、软腭发生病变,将影响正常发音。

(一)牙

牙(见图4-5)是人体内最坚硬的器官,具有咬切、撕裂、研磨食物和辅助发音的作用。牙位于上、下牙槽内。牙从外形上可分为牙冠、牙颈和牙根三部分,牙冠裸露于口腔,牙颈被牙龈包被,牙根包埋于牙槽内。牙主要由牙质构成。在牙根部,牙质的外面被牙骨质包被;在牙冠部,牙质的外面被白色的牙釉质包被。牙内部的空隙称牙髓腔,内充满牙髓,并有丰富的神经和血管分布。

人的一生有两副牙齿(乳牙和恒牙),在出生后6个月左右开始萌出的牙为乳牙,到2岁左右出齐。乳牙共20个,6岁左右乳牙开始脱落逐步换为恒牙。第三磨牙一般在17~25岁或更晚时萌出(有的甚至终生不萌出),称智牙。全部恒牙出齐共有32个(见图4-6)。

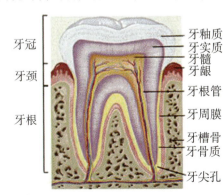

图 4-5 牙结构示意图

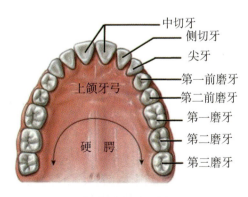

图 4-6 恒牙的名称及排列顺序

【实践应用】

恒牙受伤后将不再萌生新牙，因此，在体育运动中发生牙齿折断或脱落，不仅会造成极大的痛苦，还将严重影响容貌美观和咀嚼功能。因此，专家建议，不仅拳击运动员比赛时需佩戴护齿器，目前年轻人在进行喜爱的山地车、滚轴溜冰、跆拳道、柔道、武术、攀岩以及各种球类、田径等运动时均应使用运动护齿器，以保护运动者牙齿不受损伤。

（二）舌

舌位于口腔底部，分为后 1/3 的舌根、前 2/3 的舌体及前端的舌尖三部分，舌的上面为舌背，覆盖有舌黏膜，黏膜内含有丰富的神经、血管、腺体和淋巴组织。在舌体的黏膜上，有许多舌乳头分布。舌乳头按其形状可分为四种：丝状乳头、菌状乳头、轮廓乳头和叶状乳头。丝状乳头呈白色，遍布于舌体，只具有一般感觉的功能；菌状乳头呈红色，散布于丝状乳头之间，在舌尖和舌的侧缘较多；轮廓乳头呈"人"字形排列，位于舌体和舌根的交界处；叶状乳头是位于舌体侧缘后部呈片状的小皱襞（见图4-7）。菌状乳头、轮廓乳头和叶状乳头的上皮内含有许多味蕾，能感受酸、甜、咸等味觉刺激。

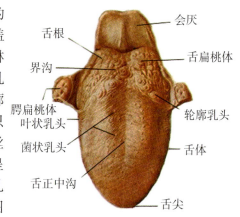

图 4-7　舌背正面观

舌下面正中有一黏膜皱襞，称为舌系带。在舌系带根部的两侧有一对小的隆起，称为舌下阜，阜顶上有下颌下腺管和舌下腺管的共同开口。由舌下阜向后外侧延伸的黏膜隆起，称为舌下襞，此襞深面藏有舌下腺。

舌主要由舌内和舌外的骨骼肌构成，经舌根附着于舌骨上。舌的运动十分灵活，它不仅在咀嚼时起搅拌食物的作用，而且还对语言和发音有重要作用。

二、咽

咽是消化管上端扩大的部分，其形态为上宽下窄、前后略扁的漏斗状肌性管道。咽位于颈椎前方，上起颅底，下至第6颈椎下缘并与食管相连。咽的前壁不完整，分别与鼻腔、口腔和喉腔相通。因此，咽自上而下分为三部分，即鼻咽部、口咽部和喉咽部（见图4-8）。

（一）鼻咽部

鼻咽部位于鼻腔之后，向前借鼻后孔与鼻腔相通。在侧壁上，于下鼻甲的后方有咽鼓管咽口，空气可经此口进入中耳的鼓室，以维持鼓膜内、外压力的平衡。

（二）口咽部

口咽部是口腔向后方的延续，位于咽峡之后，向前借咽峡与口腔相通，向上与鼻咽相通。口咽外侧壁的腭舌弓、腭咽弓之间呈三角形的凹窝称为扁桃体窝，其内容纳腭扁桃体。咽扁桃体、双侧咽鼓管扁桃体和腭扁桃体、舌扁桃体共同围成咽淋巴环，围绕在口腔、鼻腔与咽腔连通处的附近，具有重要的防御功能。

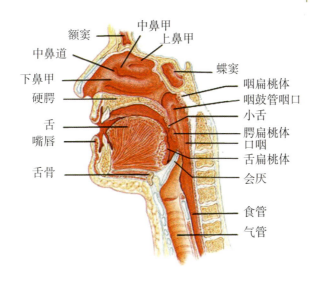

图 4-8 鼻腔、口腔、咽喉纵切面

(三)喉咽部

喉咽部位于喉的后方,向前借喉口与喉腔相通,向下则与食管相续,是咽腔比较狭窄的最下部分。咽壁的肌层为骨骼肌,主要由斜行的咽缩肌和纵行的咽提肌交织而成,收缩时能将食团压入食管,完成吞咽动作。咽是消化和呼吸的共同通道。

三、食管

(一)食管的位置

食管为一肌性扁形狭长管状器官,是消化管各段最狭窄的部分。食管位于脊柱前方,部分被气管和主动脉在前方覆盖。上端于第 6 颈椎下缘高度与咽相接,下端穿过膈肌于第 11 胸椎左侧与胃的贲门相连,全长约 25 厘米。

(二)食管的结构特点

1. 食管的狭窄、弯曲和分部

食管全长分为颈部(长约 5 厘米)、胸部(长 18～20 厘米)和腹部 3 段,并有前后方向的颈曲、胸曲及左、右方向的弯曲。食管还有三个狭窄:第一狭窄在食管起始处;第二狭窄在食管与左主支气管相交处;第三狭窄在膈的食管裂孔处(见图 4-9)。这三个狭窄处是食管内异物容易滞留及食管癌的好发部位。

2. 食管壁的组织结构特点

食管为中空性管道,管壁黏膜上皮为复层扁平上皮;黏膜下层内有食管腺;肌层的上 1/3 为骨骼肌,下 1/3 为平滑肌,中 1/3 既有骨骼肌又有平滑肌;外膜由疏松结缔组织构成,并富含血管、淋巴管和神经。

四、胃

胃是消化管中最膨大的部分,食物由食管入胃。胃具有收纳食物、分泌胃液、吸收水和酒精以及调和食糜并对食物具有初步消化的作用。

(一)胃的位置与形态

胃属于中空性袋状器官,其大小和形态因充盈程度、体型和体位不同而变化,中等程度充盈时大部分位于左季肋区,小部分位于腹上区。

胃可分为两口、两壁、两弯、两切迹和四部,如图 4-10 所示。两口:入口为贲门,与食管相接,出口为幽门,与十二指肠相通。两壁:胃前壁朝向前方,胃后壁朝向后下方。两弯:左侧为胃大弯,右侧为胃小弯。两切迹:贲门与胃底相交接处为贲门切迹,胃大弯与幽门部相交接处为角切迹。通常将胃分为四部:贲门附近的部分称贲门部,界域不明显;贲门平面以上,向左上方膨出的部分为胃底;自胃底向下至角切迹处的中间广大部分为胃体;近幽门部分为幽门部(由幽门管和幽门窦组成)。

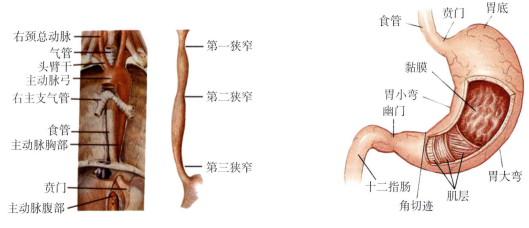

图 4-9 食管的位置及狭窄　　图 4-10 胃的形态和分布

(二)胃壁的组织结构

胃壁具有典型的中空性器官管壁的四层结构,由内向外依次为黏膜、黏膜下层、肌层和外膜。

1. 黏膜

新鲜的胃黏膜为淡红色,胃内空虚时,黏膜形成许多皱襞,当胃充满食物扩张时,则皱襞消失。用放大镜观察胃黏膜表面可见有许多小凹,称为胃小凹,它是胃腺的开口处(见图4-11)。在胃幽门处,黏膜形成环形皱襞,称为幽门瓣。

胃黏膜的上皮为单层柱状上皮,可分泌黏液,保护黏膜。上皮向下凹陷形成管状的胃腺,伸入由结缔组织构成的固有膜中。胃腺按部位可分为贲门腺、幽门腺和胃底腺,在胃底和胃体部的腺体称为胃底腺,是胃腺的主要腺体,由主细胞(胃酶细胞)、壁细胞(盐酸细胞)和颈黏液细胞组成。主细胞分布于腺的体部和底部,分泌胃蛋白酶原。胃蛋白酶原在盐酸的作用下,转变为胃蛋白酶,消化蛋白质。壁细胞分布于腺的上段,分泌盐酸。颈黏液细胞分布于腺的颈部,分泌黏液,有中和、防蚀和保护胃壁的作用。胃腺分泌的各种成分混合成为胃液。

2. 黏膜下层

黏膜下层由疏松结缔组织构成,并有丰富的血管、淋巴管和神经丛分布。

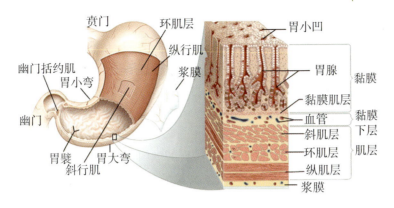

图 4-11 胃的黏膜

3. 肌层

胃的肌层发达,由三层平滑肌构成,形成了胃的动力装置。肌层收缩使胃产生蠕动,促进消化。内层为斜行肌,中层为环行肌,外层为纵行肌。环形平滑肌在幽门处特别增厚,形成幽门括约肌。

4. 外膜

外膜由浆膜组成。

【实践应用】

为什么一定要吃早餐?

早餐是每天的第一餐,很多人没有吃早餐的习惯。但是这样是不好的,早餐是最重要的一餐。那么,为什么早餐一定要吃呢?据营养专家分析,早餐是一日中最重要的一餐。身体在经过睡眠休息后已做好充分准备迎接一天的工作、学习,这时需要摄取丰富的营养,来应付整日的消耗。如果不吃早餐将会带来什么危害呢?

第一,不吃早餐会造成低血糖,使人精神不振。经过一夜的睡眠,人体内的营养已消耗殆尽,此时血糖浓度处于偏低状态,如不吃早餐,就会使血糖浓度继续下降,出现面色苍白、四肢无力、精神不振的现象,有时甚至出现低血糖休克。

第二,会严重影响记忆力。据专家解释,大脑的能量来源于葡萄糖,这种糖只能聚集在肝脏和肾脏中,而且只能储存 8 小时。早晨如不进餐,会使大脑出现能量不足引起记忆力衰退。

第三,不吃早餐易患胃炎、溃疡病等慢性疾病。

第四,诱发胆结石。人在早晨空腹时,体内胆汁中胆固醇的饱和度较高,吃早餐有利于胆囊中胆汁的排出;反之,容易使胆汁中的胆固醇析出而产生结石。英国学者对患胆结石的妇女的调查发现,患胆结石者与长期不吃早餐有关。

所以不仅要吃早餐,而且还要高度重视早餐的质量。有人认为:"早餐是金,午餐是银,晚餐是铜。"每天坚持用早餐,则是延年益寿的要素之一。

(三)胃的功能

胃可暂时储存食物;胃壁平滑肌的收缩可对食物进行搅拌和磨碎;胃腺分泌的胃液可分解食物中的蛋白质,同时可吸收部分水、无机盐、葡萄糖和酒精;胃可产生并分泌激素,对胃液分泌起调节作用。

五、小肠

小肠是消化管中最长最弯曲的部分,上端接胃的幽门,下端通大肠的盲肠,全长5～7米,是消化食物和吸收营养的最重要部位。

(一)小肠的位置与分段

小肠位于腹腔内,被大肠的结肠围绕,可分为十二指肠、空肠和回肠三段(见图4-12)。

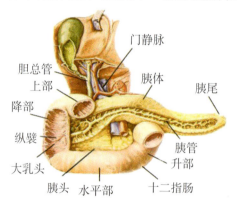

图4-12 胆道、十二指肠和胰

1. 十二指肠

十二指肠为小肠的起始段,位于腹后壁第1～3腰椎高度,呈"C"字形包绕胰头,可分为十二指肠上部、降部、水平部和升部。在降部肠腔左后壁上有一纵行的黏膜皱襞,下端为十二指肠大乳头,有胆总管和胰管的共同开口,胆汁和胰液由十二指肠大乳头孔流入肠腔内。

2. 空肠和回肠

空肠上接十二指肠,经回肠并与盲肠相通,除十二指肠外,空肠约占小肠的2/5,回肠约占小肠的3/5,周围被结肠包围,空肠位于腹腔左上部,回肠位于右下部。空肠与回肠比较,空肠管腔较大,环状皱襞较密集而高大,绒毛丰富,管壁较厚,血供丰富且色红。回肠则相反。

(二)小肠壁的组织结构

小肠壁为典型的中空性器官管壁,由内向外依次为黏膜、黏膜下层、肌层和外膜四层结构。

1. 黏膜

黏膜由单层柱状上皮、黏膜固有层和黏膜肌层构成。柱状上皮由柱状细胞(又称吸收细胞)和杯状细胞组成,柱状细胞具有吸收营养物质的功能,杯状细胞具有分泌黏液的功能,起着润滑肠腔和保护黏膜的作用。小肠黏膜上皮和黏膜固有层向肠腔内凸起形成了小肠绒毛,长约1毫米,为小肠特有的结构。由于小肠绒毛的柱状上皮具有吸收功能,并有微绒毛分布于柱状上皮细胞的游离面,所以,微绒毛和小肠绒毛具有扩大小肠腔内面积和吸收营养物质的功能。小肠绒毛的中轴为黏膜固有层,其内有乳糜管和丰富的毛细血管分布。乳糜管属于毛细淋巴管,具有吸收脂肪等大分子物质的功能;毛细血管吸收葡萄糖和氨基酸等物质经毛细血管静脉端随肠的静脉经门静脉回流入肝。黏膜内还有肠腺分布,分泌小肠液(含有多种消化酶)。小肠绒毛以黏膜肌层为界(见图4-13)。

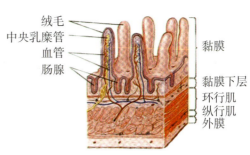

图 4-13　小肠绒毛模式图

2. 黏膜下层

黏膜下层由疏松结缔组织构成,内含丰富的血管、淋巴管和神经丛等。黏膜下层连同黏膜层向肠腔凸起形成了环状皱襞,故环状皱襞的中轴为黏膜下层,其上有丰富的小肠绒毛分布。环状皱襞、小肠绒毛和微绒毛把小肠吸收面积扩大了。环状皱襞以肌层为界。

3. 肌层

肌层由内环、外纵两层平滑肌构成,并有肌间神经丛分布。肌层为肠的动力装置,其收缩产生肠的蠕动。在回肠末端环行肌增厚,形成回盲括约肌,它可控制回肠内容物进入盲肠的速度和防止盲肠内容物的倒流。

4. 外膜

除十二指肠外,其余均被浆膜覆盖,浆膜在肠的一侧延续为小肠系膜。饭后激烈运动,牵扯了肠系膜,会有疼痛感觉。

(三)小肠的功能

小肠是消化食物和吸收营养物质的主要场所。来自胃的食糜在小肠内与胆汁、胰液混合后,其中的大分子糖可分解为葡萄糖;蛋白质可分解为氨基酸;脂肪可分解为脂肪酸和甘油(经中央乳糜管由淋巴系统回流),最后由小肠绒毛将这些小分子营养物质、维生素和水吸收进入小肠绒毛内的毛细血管静脉端,经肠静脉回流入肝,并把食物残渣推送到大肠。

六、大肠

大肠位于腹腔内,是消化管的末段,全长1.5米左右,分布于空肠和回肠的周围。

(一)大肠的位置与分段

大肠分为盲肠、结肠、直肠和肛管4段,其中结肠包括升结肠、横结肠、降结肠和乙状结肠。

1. 盲肠

盲肠是大肠与回肠相接处的一段盲端部分,位于右髂窝内,左接回肠,上续升结肠,下端为一盲囊。回肠末端突入盲肠形成两个半月形的皱襞,称回盲瓣,起到防止小肠内容物过快进入大肠,以及大肠内容物逆流到小肠的作用。盲肠的后内壁有一长6~8厘米的细长盲管,称阑尾(见图4-14)。一般常见阑尾根部的体表标志是投影在右髂前上棘与脐连线的中、外1/3交界处,阑尾发炎时,此处常有明显压痛。阑尾具有免疫功能。

2. 结肠

结肠为盲肠和直肠之间的部分,呈大写的"M"字形包绕在空、回肠的周围,分为升结肠、横结肠、降结肠和乙状结肠4部分。升结肠是盲肠向上延续的部分,自右髂窝沿腹后壁右侧上升至肝下方向左弯,移行为横结肠。横结肠呈弓形向左行于肝和胃下方至脾下端转弯向下,移行为降结肠。降结肠沿腹后壁左侧下降至左髂嵴处移行为乙状结肠。乙状结肠位于左髂窝内,呈"乙"字形弯曲,至第3骶椎处移行为直肠。

3. 直肠

直肠位于盆腔内,上接乙状结肠,下端终于肛管,全长15～20厘米。

4. 肛管

肛管长3～4厘米,下端终于肛门。肛管内有6～10条纵行的黏膜皱襞,内有血管和肌肉通过,称肛柱。其下端与半月形的黏膜皱襞(又称肛瓣)相连,肛柱下端与肛瓣边缘连成的锯齿状环形线,称齿状线(见图4-15)。肛门周围有内、外括约肌围绕。肛门内括约肌由直肠的环形平滑肌层特别增厚而成;肛门外括约肌是位于肛门内括约肌周围的环形骨骼肌,可随意括约肛门。

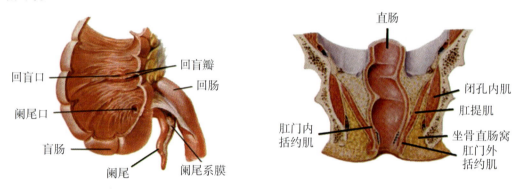

图4-14 阑尾　　　　　图4-15 齿状线分界示意图

(二)大肠壁的组织结构特点

大肠壁由内向外依次为黏膜(无绒毛结构)、黏膜下层、肌层(外层的纵行肌形式三条结肠带)和外膜(为浆膜,在间皮下的结缔组织中常有脂肪细胞结成肠脂垂)四层结构(见图4-16)。大肠壁内含有大肠腺,其分泌液呈黏液状(不含消化酶),润滑肠腔,便于粪便排出。

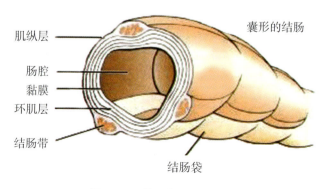

图4-16 结肠的结构图

第三节 消化腺

消化腺由大消化腺和小消化腺组成。小消化腺分布于各段消化管壁内,如食管腺、胃腺、肠腺等。大消化腺包括唾液腺、肝和胰。

一、唾液腺

唾液腺又称口腔腺,分为小腺和大腺两类,小腺分布于口腔黏膜或黏膜下层,大腺包括腮腺、下颌下腺和舌下腺三对(见图4-17)。

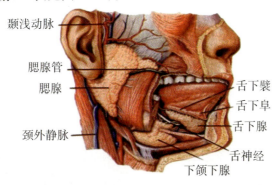

图4-17 腮腺、下颌下腺和舌下腺

(一)腮腺

腮腺是唾液腺中最大的一对,略呈三角形,位于耳郭前下方。从腮腺前缘发出腮腺管,向前行走,穿过颊部的肌肉,在平对上颌第二磨牙冠处开口于颊部黏膜上。

(二)下颌下腺

下颌下腺呈卵圆形,位于下颌下三角内,下颌骨体和舌骨舌肌之间。其腺管自腺的内侧面发出,沿着口腔底黏膜深面前行,开口于舌下阜。

(三)舌下腺

舌下腺是最小的唾液腺,位于口腔底的舌下襞的深面。舌下腺导管有大、小两种,小管有4～15条,短而细,直接开口于舌下襞黏膜表面;大管有1条,常与下颌下腺管汇合开口于舌下阜。

唾液腺分泌液有湿润口腔黏膜、调和食物、便于吞咽、抗菌灭菌和清洗口腔的作用。

二、肝

肝是人体内最大的消化腺,我国成年人肝的重量男性为1230～1450克,女性为1100～1300克,占体重的1/40～1/50。肝的血液供应十分丰富,故活体的肝呈棕红色。肝的质地柔软而脆弱,易受外力冲击而破裂,从而引起腹腔内大出血。

(一)肝的位置与形态

肝大部分位于右季肋区和腹上区,小部分位于左季肋区。肝的膈面前部分被肋所掩盖,仅在腹上区的左、右肋弓之间有一小部分露出于剑突之下,直接与腹前壁相接触。当腹上区和右季肋区遭到暴力冲击或肋骨骨折时,肝就有可能被损伤而破裂。

肝呈不规则的楔形,可分为上、下两面,前、后、左、右四缘。肝上面膨隆,与膈相接触,故又称膈面(见图4-18)。肝膈面有矢状位的镰状韧带附着,借此将肝分为左、右两叶。肝左叶小而薄,肝右叶大而厚。肝膈面后部没有腹膜被覆的部分称裸区,裸区的左侧部分有一较宽的沟,称为腔静脉沟,内有下腔静脉通过。肝下面凹凸不平,邻接一些腹腔器官,又称脏面。肝脏面中部有略呈"H"形的三条沟。其中横行的沟位于肝脏面正中,有肝左、右管,肝固有动脉左、右支,肝门静脉左、右支和肝的神经、淋巴管等由此出入,故称肝门。出入肝门的这些结构被结缔组织包绕,构成肝蒂。左侧的纵沟较窄而深,沟的前部内有肝圆韧带通过,称肝圆韧带裂;沟的后部容纳静脉韧带,称静脉韧带裂。肝圆韧带由胎儿时期的脐静脉闭锁而成,经肝镰状韧带的游离缘下行至脐。静脉韧带由胎儿时期的静脉导管闭锁而成。右侧的纵沟较宽而浅,沟的前部为一浅窝,容纳胆囊,故称胆囊窝;后部为腔静脉沟,容纳下腔静脉。

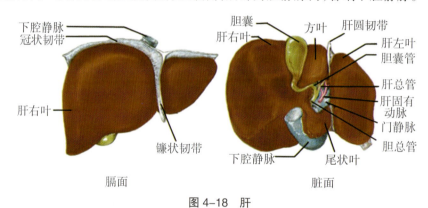

图4-18 肝

(二)肝的组织结构

肝属于实质性器官,其表面有结缔组织被膜,肝门处的结缔组织随门静脉、肝固有动脉和肝管等分别伸入肝实质,将实质分隔成许多肝小叶。

肝小叶是肝的基本结构和功能单位,成人为50万~100万个。每个肝小叶呈多角棱柱体,小叶间以少量的结缔组织分隔。肝小叶中轴贯穿一条静脉,称中央静脉。中央静脉的周围有略呈放射状排列的干细胞(又称肝板),肝板之间的间隙称肝血窦,门静脉和肝动脉入肝后反复分支为小叶间静脉和小叶间动脉,最终开口于肝血窦。

肝细胞呈多面体形状,有6~8个面,由于肝细胞相互连结成肝板,肝板之间为肝血窦,同时肝板内有胆小管形成,所以肝细胞有三个不同的面:血窦面、细胞连结面和胆小管面。血窦面有许多微绒毛伸入血窦内皮与肝细胞之间的窦间隙内。血窦内有肝巨噬细胞(曾称枯否细胞),具有吞噬异物的功能。肝细胞连结面通过细胞间连结方式紧密连结起来。胆小管面位于细胞连结面的中部,也有微绒毛伸入到胆小管腔内。

(三)肝的血液循环

肝的血液供应丰富,其来源有门静脉和肝固有动脉。

1. 门静脉

门静脉是肝脏的功能血管,主要汇集来自消化管道的静脉。血液内含有丰富的营养物质,输入肝内供肝细胞进行加工和储存。门静脉经肝门入肝后多次分支形成小叶间静脉,小叶间静脉又不断分支后汇入肝血窦,肝血窦的血液与肝细胞进行物质交换后,汇入中央静脉。中央静脉再汇入小叶下静脉,小叶下静脉合成肝静脉出肝门后注入下腔静脉。

2. 肝固有动脉

肝固有动脉是肝的营养动脉,随门静脉入肝后,反复分支,形成小叶间动脉。小叶间动脉的血液一部分供应小叶间组织的营养,另一部分则与门静脉血液共同进入肝血窦,故肝血窦的血液是混合性的。

(四)肝的功能

肝的功能极为复杂,它是机体新陈代谢最活跃的器官,主要有下列五个方面的功能。

1. 分泌胆汁

胆汁是消化液的重要成分之一,可乳化脂肪,有利于脂肪的消化和吸收。

2. 参与物质代谢

体内的糖、脂肪和蛋白质的分解与合成都在肝细胞内进行,将营养物质转变成为人体自身的成分。如肝细胞可将过多的血糖转化为肝糖原,当身体需要时,可将这些物质再释放到血液中去,以供利用。

3. 解毒作用

代谢产物中或外界进入机体的有毒物质,经肝细胞的氧化、还原、水解和结合等过程,转化为无毒或毒性较低或溶于水的物质排出体外,对机体起保护作用。

4. 防御作用

肝血窦内的肝巨噬细胞有吞噬和吞饮能力,可清除由消化管进入门静脉血内的病毒、细菌和异物,以及处理抗原,参与免疫作用。

5. 造血功能

胚胎期肝是主要的造血器官,成人肝有储存血液、调节循环血量的作用。

此外,肝还有内分泌功能,肝细胞的某些产物可直接释放入血液对机体代谢起重要调节作用。

(五)肝外胆道系统

肝外胆道系统包括胆囊和输胆管道(见图4-19)。

1. 胆囊

(1)位置和形态:胆囊略呈鸭梨形,位于肝下面的胆囊窝内,上面借结缔组织与肝结合,下面由腹膜覆被。

(2)作用:胆囊有储存、浓缩和输出胆汁的作用。

(3)分部:胆囊从前向后可分为胆囊底、胆囊体、胆囊颈和胆囊管。

(4)胆囊底的体表投影:胆囊底为突向前下的膨大盲端,常在肝下缘处露出,其体表投影相当于右侧腹直肌外缘与右肋弓相交处,当胆囊发炎时,此处可有压痛。

2. 输胆管道

输胆管道包括左肝管、右肝管、肝总管、胆囊管和胆总

图4-19 胆囊和输胆管道

管。肝细胞分泌的胆汁经胆小管汇集流出肝小叶,汇入门管区的小叶间胆管,再逐渐汇合成左肝管和右肝管,并合成肝总管,经胆囊管储入胆囊。肝总管与胆囊管汇合向下形成胆总管,经十二指肠上部后方至胰头处进入十二指肠降部左后壁,与胰管汇合,开口于十二指肠大乳头。

> **【实践应用】**
>
> 　　肝是人体最大的实质性器官,体积较大,固定性较差,加之肝内血运丰富,接收肝动脉和门静脉的双重血液供应,且肝本身质地柔软脆弱,缺少弹性;此外,肝下界右侧与右肋弓一致,中部位于剑突下,位置表浅,这些特点使得肝极易在外界暴力作用下破裂出血,尤其在对抗性较强的体育运动中,如足球和拳击项目,以拳、脚等暴力打击右上腹,肝可因强烈的震荡、牵拉、扭转而破裂,也可因骨折的肋骨断端刺伤肝造成破裂。肝破裂后因腹腔大出血可引起失血性休克,严重时可危及生命;同时,较慢的内出血因其较隐蔽,又常被人们忽视。因此,一方面,在上述易发生损伤的运动项目中严禁不道德的恶意犯规动作;另一方面,在胸腹部挫伤发生后,要注意观察伤者症状,避免忽视肝脏损伤的可能。

三、胰

(一)胰的位置与形态

胰是一条长扁形的腺体,位于十二指肠和脾之间,贴近腹后壁,约平第1腰椎,全长14~20厘米。胰分为胰头、胰体和胰尾三部分,胰尾贴近脾脏,胰头接十二指肠,如图4-20所示。

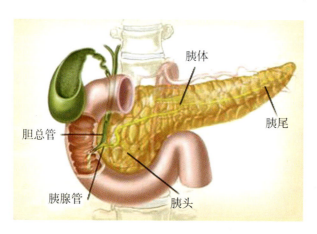

图 4-20　胰

(1)胰头:上、下及右侧被十二指肠包绕,其下部向左后方突起。
(2)胰体:横过第1腰椎之前,胰体与胰头之间狭窄部分称胰颈。
(3)胰尾:较细,达脾门。
另外,胰管位于胰实质内,贯穿胰全长,在十二指肠降部壁内与胆总管汇合成肝胰壶腹,开口于十二指肠大乳头。

(二)胰的构造和功能

胰属于实质性器官,是人体第二大消化腺,其实质部分由外分泌部和内分泌部组成。

1. 外分泌部

外分泌部为胰的主体部分,由腺泡和导管组成。腺泡分泌胰液,导管由小到大,逐级会合,形成胰管,并贯穿胰实质的全长。胰管与胆总管会合,开口于十二指肠。胰液内含有胰脂肪酶、胰蛋白酶和胰淀粉酶等物质,这些酶可促使三大营养物质的分解。

2. 内分泌部

内分泌部又称胰岛,散在外分泌部的腺泡之间,呈大小不一的细胞团,没有导管。细胞团内细胞常呈索状排列,细胞索之间有丰富的毛细血管。其功能是分泌胰岛素,调节体内糖的代谢。胰岛素分泌不足时,血糖过高,会产生糖尿病。

第四节 体育运动对消化系统的影响

科学地进行体育运动对促进消化系统的发展具有良好的作用;反之,会带来不良影响。

(1)经常参加体育运动,体内物质能量消耗较多,运动后必须靠加强消化、吸收活动来补充营养物质和能量。这时消化腺分泌消化液增多,消化管道蠕动也加强,因此提高了胃肠的消化吸收功能。

(2)运动时,呼吸加深加快,膈肌大幅度的升降活动以及腹肌的收缩和舒张活动,对胃肠起到按摩作用,改善消化系统的血液循环,也能增强胃肠的消化功能。

(3)适宜的体育运动能使人的食欲增加,消化能力提高。

(4)如果运动时间安排不当(如饭后剧烈运动),血液重新分配,胃肠道血液就减少,这样对消化系统的消化和吸收功能就会产生不良影响。

(5)体育运动时,如果运动量和运动强度等掌握不合适,出现过度疲劳,那么就有可能影响肝的正常功能。

> **【拓展材料】**
> **体育锻炼对肝脏形态结构的影响**
>
> 运动负荷过大或运动时间过长,出现过度疲劳,则有可能影响肝的正常功能。有研究发现:训练时间较长的鼠,肝细胞的粗面内质网减少,出现不规则扩张或断裂;肝糖原颗粒明显减少,而脂滴增多,体积增大;线粒体肿胀呈空泡状,从而导致肝细胞肿胀、脂变、破裂和坏死。这些都说明,机体由于间歇时间不够,导致疲劳积累而引起了过度疲劳。研究进一步表明,肝细胞在训练中所出现的一系列病理变化,经过一段时间的训练会逐渐恢复正常。而且运动时间短,运动量小,恢复所需时间较短;相反,运动时间长,运动量大,则恢复所需时间较长。在体育运动中,有些国家的运动员为了在激烈的竞争中战胜对手,服用类固醇等有害药物。运动实验证明,服用类固醇对肝脏结构会产

生不良影响,服用类固醇后抑制了胆汁的形成和排出,使肝细胞内胆汁滞留,导致肝细胞变性,正常结构破坏,肝小叶内白细胞浸润,肝脏内局部出现结缔组织增生,进而使肝脏发生纤维样变。

【实践应用】

不要在饭后立即进行剧烈活动,有两个原因:一是胃内容物在运动过程中震荡颠簸牵拉肠系膜,引起腹痛;二是运动时血液主要供应肌肉,消化器官血流量减少,不利于消化活动的进行。

运动后不宜立即进食,有两个原因:一是运动时主管骨骼肌、心肌运动的大脑皮质中枢处于一种相对的兴奋状态,而其他部位则处于一种相对的抑制状态,胃肠蠕动减弱,消化液分泌减少;二是运动时,大量血液分布在运动系统,消化系统的血液减少,功能下降,即便停止了运动,在短时间内仍会保持以上状况,所以运动后立即进食会影响食物的消化吸收,对身体不利,久而久之还会引起消化不良、慢性胃炎等肠胃疾病。

【思考题】

1. 阐述消化系统的组成。
2. 试述胃的位置、形态、构造与功能。
3. 叙述肝的位置、构造与功能。
4. 为什么吃饭后不能马上进行剧烈运动?

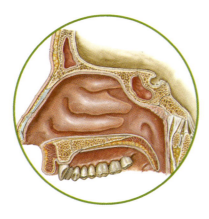

第五章
呼吸系统

Sport Anatomy

[学习目标]
(1) 了解呼吸系统的组成。
(2) 了解肺的形态、位置和结构。
(3) 掌握肺泡的气体交换和气—血屏障的概念。
(4) 掌握运动过程中的合理呼吸方式。

呼吸系统包括鼻、咽、喉、气管、各级支气管和肺（见图5-1）。呼吸系统的主要功能是进行气体交换，即吸入氧气排出二氧化碳，此外，还有发音、嗅觉、内分泌等功能。

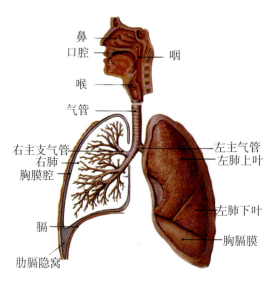

图 5-1　呼吸系统全图

鼻、咽、喉、气管、支气管和肺内到终末细支气管的多级支气管主要起导气的作用，称为导气部。肺内的呼吸性支气管、肺泡管、肺泡囊和肺泡是气体交换的部位，称为呼吸部。

机体在进行新陈代谢的过程中，不断从外界吸入氧，并将代谢过程中所产生的二氧化碳排出体外，这一过程称为呼吸。呼吸是生命活动的重要特征之一。

一、呼吸道

呼吸道由鼻、咽、喉、气管和支气管组成。通常将鼻、咽、喉称为上呼吸道，喉以下的导气部分称为下呼吸道。

（一）鼻

鼻分三部分，即外鼻、鼻腔和鼻旁窦。它是呼吸道的起始部分，是气体出入人体的主要通道。它能净化和调节吸入的空气温度、湿度，并且具有嗅觉以及对发音起共鸣等作用。

1. 外鼻

外鼻由鼻骨和鼻软骨做支架，外包皮肤，内覆黏膜。外鼻位于面部中央，呈锥体形，与额相连结的狭窄部称鼻根，向下延续为鼻背，末端为鼻尖，鼻尖两侧膨大称为鼻翼，如图5-2所示。剧烈运动之后，可见鼻翼扇动。

2. 鼻腔

鼻腔是由骨和软骨及表面被覆的皮肤与黏膜围成的。鼻中隔将鼻腔分为左、右两部分，向前与外界相通处称鼻孔，向后与鼻咽相通处称鼻后孔。单侧鼻腔前后又分为鼻前庭和固有鼻腔。

图5-3所示为鼻腔外侧图。

鼻前庭为鼻翼所包围的空间，上方隆起的鼻阈为鼻前庭与固有鼻腔的分界。鼻前庭内面被覆以皮肤，长有鼻毛，可过滤和净化空气。由于该处缺乏皮下组织，皮肤与软骨膜直接相

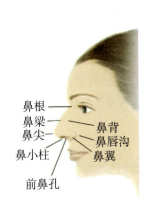

图 5-2 外鼻

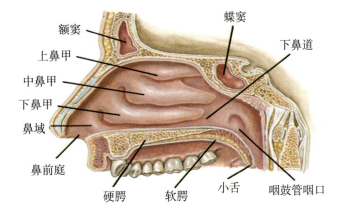

图 5-3 鼻腔外侧图

连,富有皮脂腺与汗腺,不但是好发疖肿的部位,而且发病时疼痛较剧烈。

固有鼻腔是鼻腔的主要部分,其形态与骨性鼻腔大致相同,在外侧壁上有上、中、下鼻甲将鼻腔分隔出上、中、下三个鼻道。鼻泪管位于下鼻道的前上方。固有鼻腔内面覆以黏膜,黏膜因结构和机能不同,分为嗅区和呼吸区。嗅区为上鼻甲及与其相对的鼻中隔及二者上方鼻腔顶部的鼻黏膜区域,在活体上呈苍白色或淡黄色,富含感觉嗅觉刺激的嗅细胞。鼻腔其余部分黏膜区统称为呼吸区,在活体上呈红色,黏膜内含有丰富的血管和黏液腺,黏膜上皮为假复层柱状纤毛上皮,纤毛定向摆动可使黏液向咽部移动,冲刷黏膜表面。

3. 鼻旁窦

鼻旁窦又称副鼻窦,是位于鼻腔周围颅骨内的含气腔,有孔与鼻腔相通。鼻旁窦有 4 对,左右相对分布,包括额窦、筛窦、蝶窦和上颌窦,如图 5-4 所示。鼻旁窦的黏膜与鼻腔黏膜连续,因此,鼻旁窦与鼻腔共同温暖、湿润吸入的空气,并对发音起共鸣作用。

"面部危险三角"

鼻唇沟是上唇和颊部分界的体表标志,从鼻梁的根部到两口角之间的三角形区域构成"面部危险三角"(见图 5-4)。其危险性在于:颜面部的浅静脉没有静脉瓣,血液可以上下流通,如果面部发生炎症,尤其是该三角区域内感染时,细菌很容易沿着血管网扩散入颅内,引起颅内感染而危及生命。对于处于青春发育期的青少年,应杜绝经常拔鼻毛、

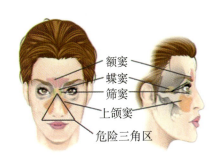

图 5-4 鼻旁窦及面部危险三角区

捏挤以及用不洁器具挑刺鼻尖及周围粉刺等不良习惯,以减少皮肤感染的机会,避免严重的情况出现。

(二)咽

咽详见消化系统。

(三)喉

喉既是呼吸通道,又是发音器官。

1. 喉的位置

喉位于颈前部正中,上界平对第4、5颈椎之间,下界平对第6颈椎下缘。喉向上开口于咽部,向下与气管相通,喉的位置高低随性别、年龄有所差异,一般女子比男子的位置稍高,小儿比成人的位置高,老年人的位置较低。当吞咽、发音时,喉可上下移动。喉的两侧有颈部的血管、神经和甲状腺的侧叶。

2. 喉的构造

喉主要由喉软骨、韧带和肌肉构成。它既是呼吸管道,又是发音器官。喉软骨主要有甲状软骨、环状软骨、会厌软骨和杓状软骨等,如图5-5所示。其中甲状软骨为最大的一块软骨,其前角上端向前突出,称为喉结,成年男子显著。环状软骨位于甲状软骨下方,是喉软骨中唯一完整的软骨环,具有支撑呼吸道,保持其畅通的作用。会厌软骨位于舌骨体后方,呈叶片状,借韧带连于甲状软骨前角内面上部,吞咽时软腭和悬雍垂上提,封住鼻腔,会厌软骨盖住喉口,防止食物误入鼻腔或气管。杓状软骨成对,位于环状软骨板上缘两侧。在各软骨内面和会厌软骨的前后两面被覆有黏膜。

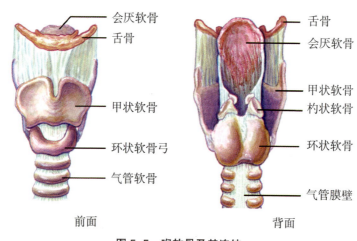

图 5-5 喉软骨及其连结

3. 喉腔

喉腔是由喉软骨、韧带、喉肌、纤维膜、喉黏膜等围成的管腔。喉腔上起自喉口与咽腔相通,下连气管与肺相通。喉腔侧壁黏膜形成两对皱襞(见图5-6):上为前庭襞,又叫假声带;下为声襞,又叫声带。两对皱襞将喉腔分为三个部分:前庭襞以上的腔叫喉前庭;声襞以下的腔叫声门下腔;前庭襞和襞之间的腔为喉中间室。左、右声带间的裂隙叫声门裂。当气体通过声门裂时,声带发生震动而发声。

4. 喉肌

喉肌是发音的动器官。喉肌紧张或松弛声带、缩小或扩大声门裂以及缩小喉口,以便控制声音的大小与强弱。当憋气或屏息时,声门裂关闭。喉黏膜很薄,与深部组织的结合很疏松,故在炎症或过敏反应情况下,容易发生水肿,使声音嘶哑,严重时可产生呼吸困难。

(四)气管和支气管

气管和支气管(见图5-7)是连结喉与肺之间的管道。气管起于环状软骨下缘,平于第6颈椎椎体下缘,向下至胸骨角平面,与第4胸椎椎体下缘齐平,分叉形成左、右支气管。左支气管细长,斜行入左肺;右支气管粗短,向下较直地行入右肺,故异物易落入右支气管。

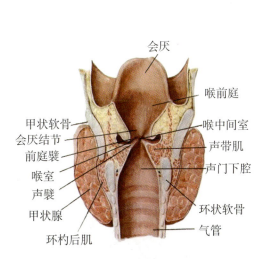

图5-6 喉内部结构(冠状切面)

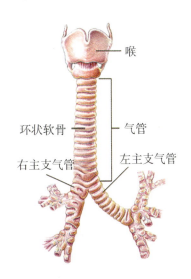

图5-7 气管和支气管

成人男性气管平均长10.31厘米,女性气管平均长9.71厘米,由14～17个"C"字形透明软骨及平滑肌和结缔组织构成。气管软骨使管腔保持开放状态,以维持呼吸机能的正常进行,具有支架作用。气管软骨环的缺口朝后,平滑肌纤维和结缔组织构成的膜性壁将缺口封闭,膜性壁较柔软,具有一定舒缩性,适合于后方的食管腔扩张,有助于食物顺利下行。平滑肌收缩时可使气管口径缩小。气管黏膜为假复层柱状纤毛上皮,黏膜内还有一些杯状细胞,可分泌黏液。纤毛的规律性摆动,可将粘有尘埃的黏液推向喉部,以咳出体外。黏膜下组织是含有气管腺的疏松结缔组织,开口于黏膜表面,可分泌黏液。外膜由透明软骨和结缔组织构成。

支气管在形状和构造上是气管的延续。支气管的软骨为连续的软骨片,支气管进入肺后,反复分支,越分越细,软骨结构逐渐减少,平滑肌逐渐增多,至细支气管时,软骨消失,直至仅有平滑肌。

二、肺

肺是呼吸系统的呼吸部,是人体进行气体交换的重要器官。

(一)肺的位置与外形

肺(见图5-8)位于胸腔内,在膈肌上方,纵隔两侧。两肺外形不同,右肺宽而短,左肺狭而长。肺呈圆锥形,包括一尖、一底、三面、三缘。上端突向胸廓上口称为肺尖。下面与膈肌相贴称为肺底,即膈面。外侧面隆凸,邻接肋骨和肋间肌,称肋面。内侧面与纵隔相邻,称纵隔面,其中央有椭圆形凹陷,称肺门。进入肺门的血管、支气管、淋巴管和神经被结缔组织包裹,统称肺根。在三个面的移行交界处为前、后、下三缘。肋面与纵隔面在前方移行处为前缘,左肺前缘下部有一弧形凹陷为心切迹;肋面与纵隔面在后方移行处为后缘,位于脊柱两侧的肺沟中;膈面与肋面、纵隔面的移行处为下缘。

肺因叶间裂分叶,左肺的叶间裂为斜裂,将肺分为上、下两叶。右肺除斜裂外,还有一水平裂,将右肺分为上、中、下三叶。左、右主支气管在肺门处分出次级支气管,称为肺叶支气管。右侧为三支,分别进入右肺的上、中、下三叶;左侧为两支,分别进入左肺的上、下两叶。肺叶支气管入肺后继续分出再次级支气管,即肺段支气管。全部各级支气管在肺叶内的繁复分支形成树状,称支气管树(见图5-9)。

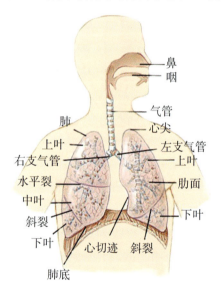

图5-8 肺的前面

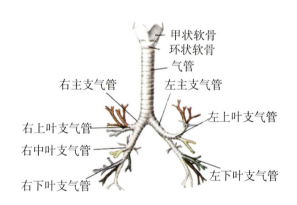

图5-9 支气管在肺内的分支

(二)肺的构造

肺由肺内支气管及其分支形成的支气管树和无数肺泡及围绕肺泡外的毛细血管网组成。支气管分支在直径1毫米以下的称为细支气管。每一细支气管及其分支与所连肺泡等合起来,叫肺小叶。肺小叶是肺的结构和功能单位。每个肺含有50~80个肺小叶,在小叶之间夹有小叶间隔。小叶间隔由结缔组织、血管、淋巴管和神经纤维等构成。

1. 肺的导气部

支气管在肺内反复分支(见图5-9),达细支气管后,再分支为终末细支气管等。分支到终末细支气管(管径在0.35~0.05毫米之间)为止,只输送气体而无气体交换作用,故称为肺的导气部。肺内支气管的结构基本上与肺外支气管相似,也分黏膜、黏膜下组织和外膜三层。管径会随支气管的反复分支而逐渐变小,管壁变薄,壁的结构也发生相应的变化,如上皮由假复层柱状纤毛上皮逐渐变为单层柱状纤毛上皮。

2. 肺的呼吸部

能进行气体交换的呼吸性细支气管与肺泡,统称为肺的呼吸部。呼吸性细支气管是终末细支气管末端的再分支。呼吸性细支气管再行分支,称为肺泡管,管壁更薄,同时出现较多肺泡开口。肺泡管再分支,即为肺泡囊,在肺泡囊上出现更多的肺泡开口。

作为支气管树的终末部分,肺泡为半球形的囊泡(见图5-10),是气体交换的主要场所。成年人有3亿~4亿个,平均直径约为0.2毫米,总面积约为100平方米。相邻肺泡间的组织称肺泡隔。隔内有丰富的毛细血管、弹性纤维、胶原纤维和巨噬细胞等。肺泡隔中的毛细血管保证了血液和肺泡内的气体交换;弹性纤维使肺泡具有良好的扩张性和弹性;巨噬细胞又称尘细胞,具有很强的吞噬功能,可吞噬吸入的尘埃、细菌、异物和渗出的红细胞等物。肺泡壁薄,仅0.2微米厚。图5-11所示为肺泡及表面毛细血管网。

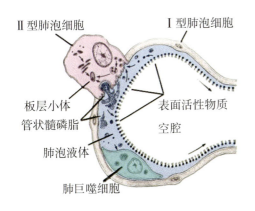

图5-10 肺泡结构模式图

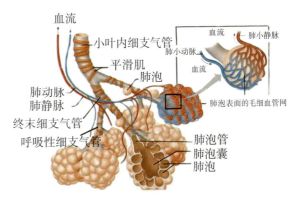

图5-11 肺泡及表面毛细血管网

肺泡壁有两种上皮细胞:一种为扁平细胞,又称Ⅰ型细胞,在肺泡表面形成一层连续性上皮;另一种为分泌细胞,又称Ⅱ型细胞,数量少,呈立方形,在细胞游离面散有微绒毛,细胞两侧与邻近的扁平细胞紧密相连,连结处可见连结复合体。

分泌细胞的分泌物在肺泡表面形成液膜,称为表面活性物质,能降低肺表面张力及维持肺泡壁的稳定性,使肺泡呼气后不致塌陷。此外,分泌细胞还具有不断分化、增殖和修补肺泡上皮的作用。在电子显微镜下观

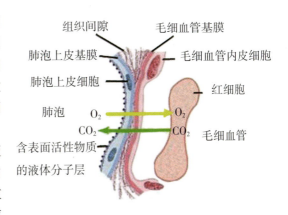

图5-12 气-血屏障

察,能清晰地见到肺泡上皮表面及肺泡隔毛细血管内皮表面各有一层基膜。在部分区域,两层基膜之间有少量结缔组织。因此,肺泡和毛细血管之间的气体交换需要经过肺泡上皮细胞、肺泡上皮基膜、毛细血管基膜和毛细血管内皮细胞,这些结构被称为气-血屏障(见图5-12)。

(三)肺的血液循环

肺动脉和肺静脉组成的完成气体交换的肺循环血管,是肺的机能血管;由体循环发出的

支气管动脉,是肺的营养血管。

肺动脉从右心室出发,经肺门入肺,随支气管反复分支,最后形成毛细血管网,包绕在肺泡壁上,在此进行气体交换,排出二氧化碳,吸入氧气,使静脉血变成动脉血,经肺静脉出肺流入左心房。

支气管动脉发自主动脉胸部或肋间后动脉,左右各两条,经肺门入肺,与支气管伴行,沿途形成毛细血管网,营养各级支气管。毛细血管网一部分连通肺静脉,一部分汇集成支气管静脉,出肺门经上腔静脉回右心房。关于支气管动脉是否分布到肺泡管和肺泡壁的问题,目前仍有不同的看法。

三、憋气与屏息

憋气是在较深或深吸气之后,声门紧闭,腹肌和呼气肌收缩,使胸廓向内压缩,胸腹腔内压急剧上升,而肺内气体又无法呼出的一种特殊动作。憋气在许多运动项目中时有发生,有助于动作的顺利完成。例如,举重时提起杠铃和将杠铃举过头顶,在吊环上做十字支撑,掷铅球时的最后发力,以及排球跳起扣球等,都会伴有憋气现象。否则,动作无法圆满完成。

憋气是人体从事体育活动、重体力劳动或进行排便、分娩等生理活动不可缺少的反射性动作。但长时间的憋气会导致血液循环障碍引起大脑缺氧,出现头晕症状。为了避免此类状况的发生,可在参加体育活动时循序渐进,让身体逐渐适应憋气。

正常呼吸时,有意识地关闭声门裂,暂停呼吸,这种现象叫作屏息。不同于憋气的是,屏息是依靠喉部许多小块肌肉的收缩来紧闭声门裂。例如,射击手扣扳机的瞬间需要屏息。憋气则是用力吸气后关闭声门裂,憋气后再用力呼气。此时的胸膜腔内压和腹内压都明显升高。

在运动过程中选择正确的时机,善于运用憋气和屏息配合运动动作,对于运动员提高运动成绩非常关键。

四、体育运动对呼吸系统的影响

经常参加体育运动的人群主要表现为:

(1)骨性胸廓发达,胸围增大,为肺容量提供了空间;

(2)呼吸肌力量增强,肺活量和肺通气量相应增加,肺泡的弹性和通透性加大,有利于气体交换;

(3)呼吸与运动的协调配合较好,能够适应和满足大强度运动时对呼吸系统的要求。但随着运动强度的增加,呼吸膜厚度从正常到增厚,再变薄,有出现破裂的可能。例如当呼吸道出现炎症时,呼吸膜的作用减弱。

【思考题】

1. 名词解释:气-血屏障、呼吸道、胸膜腔。
2. 简述呼吸系统的组成和主要功能。
3. 简述肺的血管分布。

第六章
泌尿系统

[学习目标]
(1)掌握泌尿系统的组成与功能。
(2)掌握肾的位置、形态、结构与功能。
(3)了解尿的生成与排出肾的过程。

泌尿系统由肾、输尿管、膀胱和尿道组成(见图6-1)。肾是产尿器官;输尿管是输送尿液入膀胱的管道;膀胱是暂时储存尿液的器官;尿道是将尿液排出体外的管道。

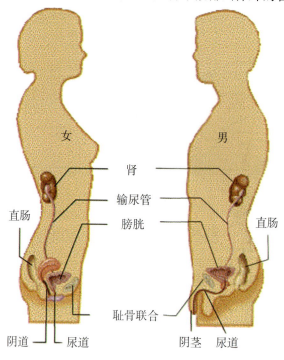

图6-1 泌尿系统

泌尿系统的基本功能是生成尿液,并排出体外,从而排出人体在新陈代谢过程中所产生的废物和多余的水,调节机体内环境的平衡和稳定,保证新陈代谢的正常进行。此外,肾还有内分泌功能。

第一节 肾

一、肾的位置与外形

肾是成对的实质性器官,左右各一,位于脊柱两侧,第11胸椎至第3腰椎之间,右肾略低(见图6-2)。新鲜肾呈红褐色,形似蚕豆。成年男性肾长约11厘米,宽6厘米,厚3厘米,重150克。一般女性肾略小于男性。肾可分为上下两端、前后两面、内外两缘。其前后略扁,外缘隆凸,内缘中部凹陷为肾门,是肾的血管、淋巴管、神经和肾盂等结构出入的门户。

二、肾的结构

通过肾门将肾做冠状切(见图6-3),可见由肾门进入肾内扩大的腔,为肾窦,内有肾小盏、肾大盏、肾盂、肾血管、肾淋巴管和神经等通过,并有疏松结缔组织和脂肪组织填充。肾窦

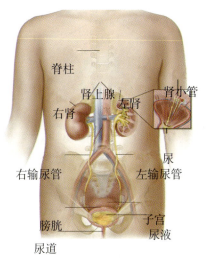

图 6-2　肾的形态和位置

周围则是肾实质部分,分为表层的肾皮质和深层的肾髓质。肾皮质主要位于肾被膜下,呈红褐色,内有许多肉眼可见的小红点状颗粒,为肾小体。部分突入肾髓质,构成肾柱。肾髓质是位于皮质深部的15~20个分散的肾锥体。肾锥体为圆锥形,切面呈条纹状,其底朝外与皮质相连,尖向肾窦,称为肾乳头,上有10~25个开口,称乳头孔。肾产生的尿液由此流入漏斗形的肾小盏,每个肾小盏围绕1~3个肾乳头。相互临近的2~3个肾小盏合成一个肾大盏,2~3个肾大盏汇合成漏斗状的肾盂。肾盂在肾门处变窄移行为输尿管。

肾表面由外而内有肾筋膜、脂肪囊及纤维囊包裹,能将肾固定于正常的位置。

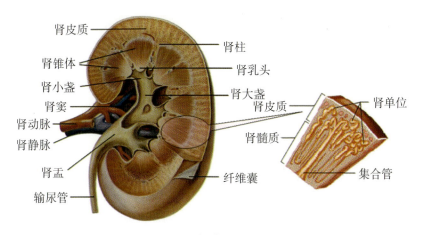

图 6-3　肾脏冠状切面

三、肾的血液循环

肾实质内血管丰富(见图6-4),血液循环量很大。粗大的肾动脉直接从主动脉腹部发出,入肾门后分为肾段动脉,每支肾段动脉分布到一定区域的肾实质,为一个肾段。

在显微镜下观察,肾实质主要由许多泌尿小管构成,其间有少量的结缔组织、血管、淋巴管和神经等构成间质。泌尿小管起始部膨大,与血管球共同构成肾小体,末端连于集合小管。

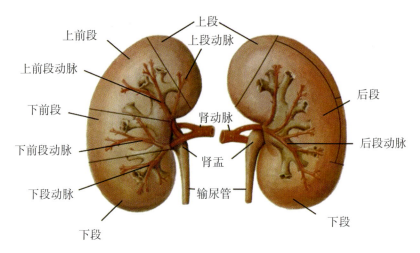

图 6-4 肾段与肾段动脉

泌尿小管的组成情况如下。

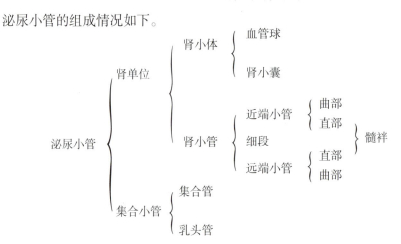

(一)肾单位

肾单位是肾的结构和功能单位。每个肾约有 200 万个肾单位。肾单位可分为肾小体和肾小管两部分(见图 6-5)。

1. 肾小体

肾小管是肾单位的起始部,位于肾的皮质以及肾锥体之间,呈球形,平均直径为 200 微米,由毛细血管球和肾小囊组成。

血管球位于肾小囊内,是入球小动脉和出球小动脉之间的一团盘曲成球状的毛细血管,被肾小囊所包裹。一条入球小动脉进入肾小囊反复分支盘曲成肾小球,而后再汇合成一条出球小动脉,离开肾小囊。入球小动脉比出球小动脉粗短,所以肾小球内血压较高。此外,毛细血管内皮细胞之间存在孔隙,当血液流经此处时,大量的水和小分子物质易于到达肾小囊腔内,形成原尿。

2. 肾小囊

肾小囊是肾小管起始部膨大而又凹陷的杯状双层囊,两层囊壁之间的腔隙称肾小囊腔。其脏层由多突起的足细胞组成,足细胞紧包在肾小球的毛细血管球内皮基膜的外面,从胞体上伸出大量突起，突起之间的间隙覆盖有一层薄膜，即裂孔膜。血液经血管球向肾小囊腔滤过形成的液体为原尿，所经过的结构为滤过膜或滤过屏障，包括有孔的毛细血管内皮细胞和基膜、足细胞的裂孔膜。由于滤过膜对大分子物质的限制作用，因此，原尿中除不含高分子蛋白质、脂类和有形成分外，其余成分与血浆相同。

3. 肾小管

肾小管是与肾小囊壁层相连的细长上皮性管道，长30～50毫米。根据肾小管各段结构的特征，肾小管可分为近端小管、细段和远端小管等3部分。肾小管与尿液的形成与浓缩有关，具有重吸收、分泌和排泄功能。

4. 集合小管

集合小管可分为集合管和乳头管两段，有进一步重吸收水和离子交换的功能，从而控制尿液的浓度。

正常人每天产生原尿150～200升，经肾小管和集合小管重吸收和离子交换后，其中约99%的水分和许多有用的物质均被吸收入血液循环，最后形成的终尿有1～2升。

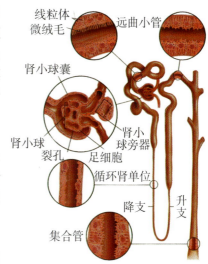

图6-5 肾单位和集合小管示意图

第二节 输尿管道

一、输尿管

输尿管是一对输送尿液的细长肌性管道，长20～30厘米。输尿管约平第2腰椎上缘起于肾盂，沿腰大肌前面下行，终于膀胱。因输尿管的走行经过腹腔、盆腔和膀胱，可将其分为3部：腹部、盆部和壁内部。

输尿管全长有3处狭窄：第一处在输尿管起始处；第二处在小骨盆入口处；第三处在穿膀胱壁处。尿路结石常停留在这些部位，引起疼痛和输尿障碍。

二、膀胱

膀胱是储存尿液的肌性囊状器官，其形状、大小、位置和壁的厚薄均随其所储存的尿量及年龄、性别等而发生变化。正常成人容量为350～500毫升。

(一)膀胱的位置与形态

成人膀胱位于小骨盆腔内，居耻骨联合后面。空虚时其顶端不超过耻骨联合上缘。膀胱空虚时呈锥体形，分尖、体、底和颈4部(见图6-6)。顶端细小，向前上方，称膀胱尖；底部膨大，向后下方，称为膀胱底；尖、底之间为膀胱体。膀胱的最下部称膀胱颈。膀胱充盈时呈卵圆形。老年人由于膀胱肌张力低，所以膀胱的大小和容积都略有增大。

(二)膀胱的结构

膀胱的壁由内到外分为黏膜、黏膜下组织、肌织膜和外膜4层，如图6-7所示。膀胱收缩

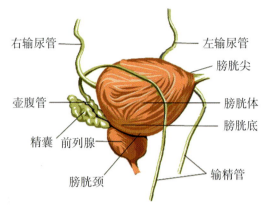

图 6-6 膀胱外形

时,黏膜聚集成许多皱襞,为膀胱襞;膀胱膨胀时,皱襞即消失。肌织膜很发达,且伸展性好,由内纵行、中环行和外纵行 3 层平滑肌构成,各层相互交错分界不清。外膜顶部为浆膜,其余均为疏松结缔组织构成的纤维膜。两输尿管口与尿道内口之间的区域,为膀胱三角,是膀胱结核及肿瘤的好发部位。

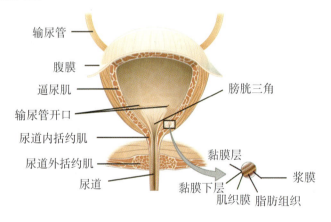

图 6-7 膀胱的结构(女)

三、尿道

尿道是把膀胱内储存的尿液排出体外的通道。男女尿道的形态和机能均不大相同。男性尿道既是排尿通道,又是排精通道,起自膀胱的尿道内口,止于阴茎头的尿道外口,长 16~20 厘米。女性尿道起于膀胱的尿道内口,止于阴道前庭的尿道外口,长 3~4 厘米。

【思考题】
1. 简述原尿的形成。
2. 简述肾的构成。

第七章
生殖系统

[学习目标]
(1)掌握男性和女性生殖系统的结构和功能。
(2)掌握运动对于生殖系统的影响。
(3)了解阴阳人的鉴别。

生殖系统由内生殖器和外生殖器组成。内生殖器包括产生生殖细胞和激素的生殖腺、输送生殖细胞的管道和附属腺。外生殖器是裸露于体表,显示性别差异和实现两性生殖细胞结合的器官。生殖系统的主要功能是产生生殖细胞、繁殖后代和分泌性激素。

第一节 男性生殖系统

男性内生殖器包括生殖腺(睾丸)、输精管道(包括附睾、输精管、射精管和尿道)和附属腺(包括精囊腺、前列腺和尿道球腺),如图7-1所示。睾丸是产生精子和分泌男性激素的器官,产生的精子先存储于附睾内,当射精时,经输精管、射精管和尿道排出体外。精囊腺、前列腺和尿道球腺等分泌的液体参与组成精液,供给精子营养并促进精子活动。男性外生殖器包括阴茎和阴囊。

一、男性内生殖器

(一)睾丸

睾丸是男性生殖腺,位于阴囊内,呈扁卵圆形,左右各一。睾丸表面有一层坚厚的致密结缔组织膜,称为白膜。白膜在睾丸后缘增厚,并伸入睾丸实质形成睾丸纵隔,从纵隔发出许多扇形结缔组织小隔,将睾丸实质分成100~200个睾丸小叶。每个睾丸小叶内有2~4条盘曲的精曲小管。精曲小管上皮由4~8层生精细胞构成,靠近小管浅层的细胞不断分裂增殖,并发生形态变化同时向管腔移动。近管腔的细胞形成很长的尾,称为精子。精子沿精曲小管进入睾丸网。在精曲小管之间有睾丸间质细胞,该细胞属内分泌细胞,具有合成雄激素的作用。雄激素的主要成分是睾酮,属类固醇物质,可促进精子发生和男性生殖器官发育,以及维持第二性征及性功能。

图7-2所示为睾丸构造图。

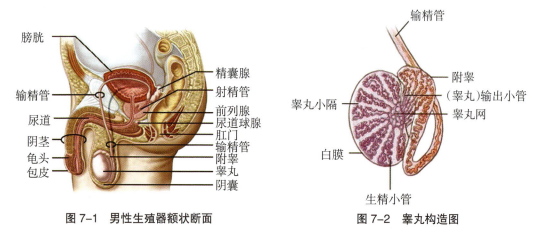

图7-1 男性生殖器额状断面 图7-2 睾丸构造图

(二)输精管道

输精管道包括附睾、输精管、射精管和尿道。除尿道外,均为成对器官,它们互相接续,形成一条完整的输送精液的通道。

1. 附睾

附睾是紧接睾丸的排精管道,位于睾丸的后方,分为头、体和尾三部分。睾丸输出小管进入附睾后,盘旋形成附睾头,末端汇合形成一条附睾管。附睾管弯曲盘绕形成附睾体和附睾尾,尾部向上移行为输精管。附睾有储存和运输精子的作用。

2. 输精管

输精管是一条管壁很厚且细长的肌性管道,是附睾管的直接延续,起于附睾尾并与血管、神经和提睾肌共同组成精索,上行通过腹股沟管入腹腔。输精管末端膨大形成输精管壶腹,壶腹末端管径变小,穿入前列腺,与精囊腺的导管汇合成射精管(见图7-3)。

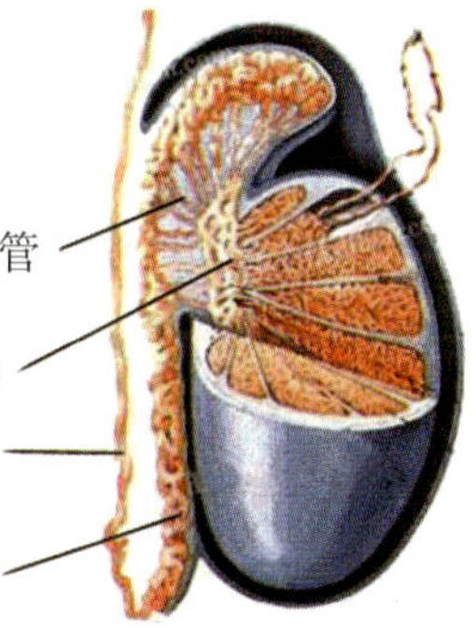

3. 射精管

射精管是输精管的延续,它穿入前列腺底,开口于尿道的前列腺部。

图 7-3 输精管道

(三)附属腺体

附属腺体包括精囊腺、前列腺和尿道球腺,它们的分泌物参与组成精液。

1. 精囊腺

精囊腺是位于膀胱后方的一对弯曲长囊状腺,可分泌淡黄色黏滞的弱碱性液体,与精子混合成精液。

2. 前列腺

前列腺(见图7-4)是不成对的实质性器官,形如板栗,位于膀胱下方,包绕尿道起始段,有许多导管开口于尿道。前列腺的分泌物是精液的主要组成部分。

3. 尿道球腺

尿道球腺是一对豌豆大的球状腺体,开口于尿道球部,其分泌物参与精液的组成,有利于精子的活动。

图 7-5 所示为男性生殖器。

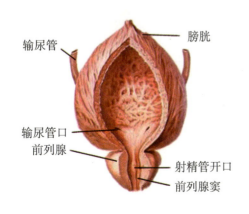

图 7-4 前列腺

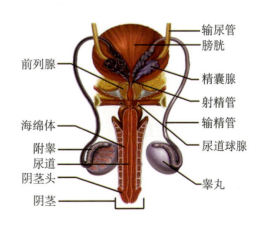

图 7-5 男性生殖器前面观

二、男性外生殖器

（一）阴茎

阴茎（见图7-6）是位于阴囊之前，分为头、体、根三部。阴茎根隐藏在阴囊和会阴部皮肤的深面。阴茎中部为呈圆柱状、可动的阴茎体。阴茎前端膨大为阴茎头，头部有尿道外口。

阴茎外部包以筋膜和皮肤，具有伸展性，阴茎皮肤向前延伸，然后向内后方反折，形成包绕阴茎头的双层皮肤皱襞，称为阴茎包皮。包皮借包皮系带连于阴茎头尿道外口的腹侧。如包皮过长易引起炎症，可诱发阴茎癌。

阴茎内部主要由三个海绵体构成，其中两个阴茎海绵体并列于背侧，一个尿道海绵体位于腹侧，有尿道贯穿其全长，海绵体内部由许多海绵体小梁和腔隙组成，腔隙与血管相通，当这些腔隙充满血液时，阴茎勃起。

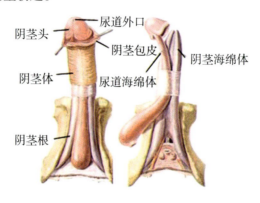

图7-6　阴茎

（二）阴囊

阴囊位于阴茎的后方，耻骨联合下方，向下突出的皮肤囊，其内有睾丸、附睾和精索下部。阴囊壁由皮肤和肉膜构成。肉膜是阴囊的浅筋膜，含平滑肌纤维，可调节阴囊内的温度，有利于精子的发育。

第二节　女性生殖系统

女性内生殖器包括卵巢和生殖管道（包括输卵管、子宫、阴道和前庭大腺）；外生殖器又称外阴部，包括阴阜、大阴唇、小阴唇、阴蒂和阴道前庭等（见图7-7）。

一、女性内生殖器

（一）卵巢

卵巢（见图7-8）位于盆腔侧壁，呈卵圆形，左右各一，大小随年龄而异。卵巢一端靠近输卵管伞，另一端由卵巢固有韧带系于子宫两侧。卵巢前面有血管、淋巴管和神经出入之处称卵巢门。卵巢既是生殖腺，又是内分泌腺。它能产生卵细胞和一系列女性激素。

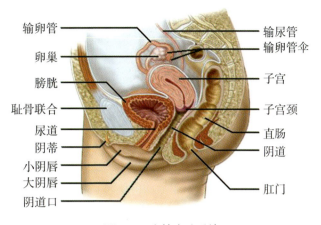

图 7-7 女性生殖系统

卵巢表面有生殖上皮，上皮下有致密结缔组织组成的白膜，白膜深部为卵巢实质。实质分为皮质和髓质两部。皮质是四周较宽的部分，内含许多不同发育阶段的卵泡。髓质是卵巢中心部分，内含血管、淋巴管和神经以及结缔组织。

卵泡是胚胎早期由卵巢生殖上皮形成的细胞团，至出生时每个卵巢有30万~100万个原始卵泡。但是，女子一生仅有400~500个原始卵泡经初级卵泡和次级卵泡时期，最后发育为成熟卵泡并排卵，其余原始卵泡均先后退化。正常发育成熟女性每月排一个卵细胞。每个成熟卵泡内有一个卵细胞，其余为卵泡细胞。成熟卵泡内有卵泡腔，充满卵泡细胞分泌的卵泡液，卵泡液内含雌激素。成熟卵子突破卵巢表面至腹膜腔，再经输卵管腹腔口进入输卵管，在管内受精后移植到子宫内膜发育成长。成熟的胎儿在分娩时出子宫口经阴道娩出。排卵后的卵泡转变为富有血管并呈黄色的内分泌腺，称为黄体，可分泌黄体酮和少量雌激素。排出的卵如未受精，黄体逐渐萎缩，退化为结缔组织，称为白体，随后消失。

(二)生殖管道

图 7-9 所示为女性内生殖器。

1. 输卵管

输卵管是输送卵细胞至子宫的肌性管道，左右各一，长10~12厘米。输卵管分为四个部分：输卵管子宫部、输卵管峡、输卵管壶腹和输卵管漏斗。输卵管壶腹粗而长，壁薄腔大，血供丰富，卵细胞多在此受精。输卵管的入口靠近卵巢，呈漏斗形，开口于腹腔，卵巢排出的卵细胞由此进入输卵管。输卵管末端的口缘有菊花瓣状突起，称为输卵管伞。

输卵管黏膜上皮为单层柱状上皮，上皮的细胞有纤毛。纤毛向着子宫方向摆动及管壁平滑肌的节律性收缩，可促使卵细胞向子宫方向输送。

2. 子宫

子宫是孕育胎儿的肌性囊状器官，壁厚，腔小。子宫位于盆腔中央，在膀胱与直肠之间，下端连结阴道，两侧有输卵管和卵巢。子宫有较大的活动性，膀胱和直肠的充盈程度都可影响子宫的位置。成年未孕的子宫呈前后稍扁的倒置梨形，为轻度前倾前屈位。

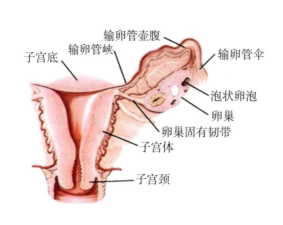
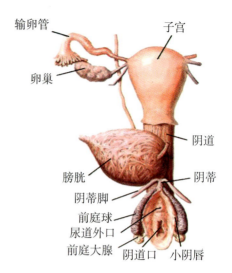

图 7-8 卵巢　　　　图 7-9 女性内生殖器

子宫分为底、体、颈三部分。子宫底为输卵管子宫口水平以上的宽而圆凸的部分,两侧与输卵管相通。下端长而狭细的部分为子宫颈,末端突入阴道,其下口通阴道,称为子宫口。子宫底与子宫颈之间的部分为子宫体,子宫体内的空腔称为子宫腔。

子宫壁厚,伸展性大,分为三层,内层为黏膜层,又称子宫内膜,是受精卵种植和胚胎发育的场所。子宫内膜的结构从青春期开始有周期性变化,其变化的主要特点是每隔约 28 天发生一次子宫内膜剥脱和出血的现象,称为月经,故将其周期性变化称为月经周期。中层为很厚的肌层,由大量平滑肌和少量结缔组织组成,妊娠期子宫肌层增生,肌纤维长度比平时增长 10 倍,达 500 微米,更富有伸展性。外层是浆膜,是腹膜的脏层。浆膜在子宫内侧形成的皱襞,叫子宫阔韧带。其余部分是纤维膜。

3. 阴道

阴道是一个扁形肌性管道,连结子宫和外生殖器。阴道位于子宫颈的下方,尿道与直肠之间,下部开口于外阴部,是月经排出和胎儿娩出的管道。

4. 前庭大腺

前庭大腺位于阴道口两侧,形如豌豆,其导管开口于阴道前庭,分泌液有润滑阴道的作用。

二、女性外生殖器

女性外生殖器包括阴阜、大阴唇、小阴唇、阴蒂及阴道前庭等,如图 7-10 所示。

(一)阴阜

阴阜为耻骨联合前方的皮肤隆起,皮下富有脂肪。性成熟后,生有阴毛。

(二)大阴唇

大阴唇为一对纵长隆起的皮肤皱襞。大阴唇的前端和后端左右互相联合,形成唇前联合和唇后联合。

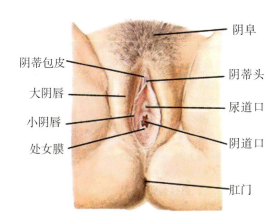

图 7-10 女性外生殖器

（三）小阴唇

小阴唇位于大阴唇内侧，为一对较薄的皮肤皱襞，表面光滑无毛。

（四）阴蒂

阴蒂由两个阴蒂海绵体组成，后者相当于男性的阴茎海绵体。阴蒂以阴蒂脚附着于耻骨和坐骨上，表面覆以阴蒂包皮，露于表面的为阴蒂头，含有丰富的神经末梢，感觉敏锐。

（五）阴道前庭

阴道前庭是位于两侧小阴唇之间的裂隙。前部有尿道外口，后部有阴道口。

三、乳房

乳房为哺乳类动物特有的结构。人的乳房，男性不发达，女性于青春期后开始发育生长，妊娠和哺乳期的乳房有分泌活动。

（一）乳房的位置与形态

乳房位于胸大肌浅面，第 3～6 肋之间的皮下组织中。成年未产女子的乳房呈半球形，紧张而有弹性。中央的突起称乳头，约平第 5 肋间隙，周围色素较深的皮肤称乳晕。乳晕表面有许多小突起，为乳晕腺，可分泌脂状物润滑乳头。

（二）乳房的结构

乳房（见图 7-11）由皮肤、乳腺和脂肪组织构成。脂肪组织向深面发出许多小隔，将乳腺分成 15～20 个乳腺叶，以乳头为中心呈放射状排列。每叶有一排泄管开口于乳头。

女性乳腺在青春期增生，月经开始后，逐渐发育成熟。至 20 岁前后发育到最高程度，40 岁左右开始萎缩。妊娠期乳腺增生，授乳期分泌旺盛。乳腺的年龄和功能变化，是神经和激素调节的结果。

四、体育运动对女性生殖系统的影响

适宜的运动可促进身体发育，对女性的妊娠和分娩都有利。但是，过量运动对人体不利，

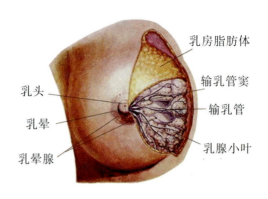

图 7-11 乳房

会造成月经失调等症状。女性青春期开始有月经来潮,月经期适量的运动可以提高、改善腹肌和盆底肌的收缩和放松,有利于子宫经血的排出。但是不宜从事剧烈的运动,尤其是震动强烈、增加腹压的动作或负荷过大的力量性训练,以免造成经血量过多或影响子宫的正常位置。

女运动员在长期激烈的运动训练中容易影响激素水平的正常代谢,引起运动性月经失调,如月经初潮推迟、月经不规律,甚至闭经等现象。正常女性的月经初潮在 12~14 岁,但是在初潮前进行运动项目训练的运动员,其月经初潮可比正常情况推迟 1~2 年,有的甚至推迟至 17 岁左右。运动负荷安排不当,训练和比赛环境的改变,都可能使女运动员出现月经紊乱的现象,经调整后一般皆可恢复正常,如不能恢复需进一步去医院检查治疗。

第三节 阴阳人(参考内容)

在发育过程中生殖器官发生变异,出现与正常的男女生殖器官不同的器官,这种人称为阴阳人。在运动员选材中应加以重视。

一、假性半阴阳

假性半阴阳有两种情况:一种为男子假性半阴阳,另一种为女子假性半阴阳。

(一)男子假性半阴阳

这种人(男子假性半阴阳,如图 7-12 所示)因尿道沟在某种程度上未愈合而形成尿道下裂。最轻度的尿道下裂,阴茎一般发育正常,仅尿道外口具有较正常人大的矢状裂,裂缝亦可能沿阴茎作一定距离的延伸,此为阴茎尿道下裂。此时阴茎为原始状态,尿道完全未形成,仅于茎根部有一孔。在这种情况下,阴茎通常由一深沟分为对称的两半,假如睾丸也同时于腹腔内,则该人的生殖器即与女性有些类似,即发育不全的阴茎伴作阴蒂,变形囊伴作大阴唇,阴茎根部的裂口伴作阴道前庭。

(二)女子假性半阴阳

这种人(女子假性半阴阳,如图 7-13 所示)的阴蒂在大小和形状上大致类似阴茎,但有严重的尿道下裂。阴道阴蒂包皮较小。假如卵巢经腹股沟管向外至大阴唇内,则大阴唇

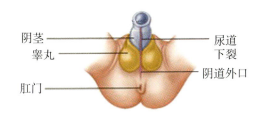

图 7-12 男子假性半阴阳　　　图 7-13 女子假性半阴阳

便类似发育不全的阴囊。

男子半阴阳较多,女子半阴阳较少。

二、真性半阴阳

真性半阴阳是指在同一机体内兼有男、女两种生殖器。这种人有的是男性生殖器在外,女性生殖器在内,表现为男性;有的是女性生殖器在外,男性生殖器在内,表现为女性。

三、第二性征倒错

第二性征倒错是指具有女性内生殖器的人可能有完全的男性体征,即具有男性毛(胡须等)、男声、男性体格等;或者是具有男性内生殖器的人,却有女性的外貌,即缺乏胡须、乳房发达、女性骨盆、女性声音等。

四、阴阳人与体育运动

男性女外阴半阴阳自幼常被当作女孩抚养。这种孩子实际上是男性,但易被选为女运动员。真性半阴阳中男性腺占优势者,若伴有外阴异常混合发达,自幼被认为是女性者,选材时也易被选为女运动员。这两种人大多要到青春发育期或发育后期才可发现有不正常现象。因此,对阴阳人需要做性别鉴定,这在运动员选材中非常重要。性别鉴定的方法很多,通常采用的方法有下列几种。

(1)"X"小体检查法:查染色后的体细胞,通常用口腔黏膜刮片。女性在靠近核膜附近可见到"X"小体。

(2)"Y"小体检查法:用特定的荧光染色法,男性的"Y"小体呈明亮的小颗粒。近年国际奥委会决定采用"丹容检测法"。其原理是将性染色体 Y 与 X 分开,没有 Y 染色体的为女性。

【思考题】

1. 试述生殖系统的组成。
2. 体育运动对女性生殖系统有何影响?
3. 什么是阴阳人?如何鉴别阴阳人?

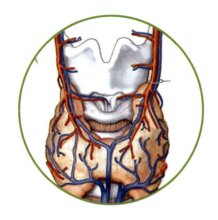

第八章
内分泌系统

Sport Anatomy

[学习目标]
(1) 掌握人体内分泌系统的构成。
(2) 掌握垂体的位置及功能。
(3) 掌握甲状腺的位置及功能。
(4) 掌握肾上腺的位置及功能。
(5) 掌握胰腺的位置及功能。

内分泌系统是人体的重要调节系统,其主要由内分泌腺和内分泌组织组成。内分泌腺(见图8-1)包括垂体、松果体、甲状腺、甲状旁腺、胸腺和肾上腺。内分泌组织包括胰脏、睾丸、卵巢及胎盘等。这些腺体合成并分泌的一些激素调节人的代谢、生长、发育及生殖等功能。

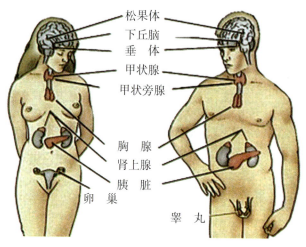

图8-1 内分泌系统

内分泌系统与神经系统一样,也调节着身体各部的机能,但内分泌系统的调节功能是在神经系统的主导支配下完成的,内分泌系统作用又可反馈调节神经系统,两者之间相互协调来完成对人体重要的生命活动的调控。神经系统是利用快速沿神经纤维传导的神经冲动传导信息,因而反应速度快;内分泌系统的反应较慢,因其需要消耗一定的时间将激素转运至靶器官,但是其作用可持续较久。

内分泌腺是由上皮细胞内陷或外突形成无导管结构的腺体,其分泌的激素直接入血或淋巴。所有的激素经由血液运输至全身各处,但每种激素只作用于机体的一个或几个特定部位,即靶器官。激素可以影响机体的代谢,可通过控制血液的血量、电解质及葡萄糖在正常范围内,以维持机体的稳态。

第一节 垂 体

垂体腺很小,直径大约为1厘米,成人垂体约为0.6克重,女性略大于男性,妊娠期显著增大,可达1克重。垂体(见图8-2)位于下丘脑前部,颅底中央,蝶骨体背面的垂体窝内。垂体(见图8-3)分为垂体前叶(或称腺垂体)和垂体后叶(或称神经垂体)两部分。腺垂体包括远侧部、结节部和中间部;神经垂体包括神经部、漏斗部和正中隆起。

一、腺垂体

腺垂体通常又称为垂体前叶,主要是指垂体的远侧部(约占垂体总重的3/4),由大量呈团索状排列的腺细胞组成。腺垂体能够产生多种不同的激素。

(1)生长激素,由腺垂体分泌,由于它决定了个人的体型和身高,因此它影响个人的外部

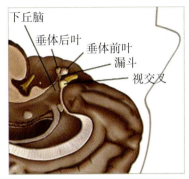

图 8-2 垂体

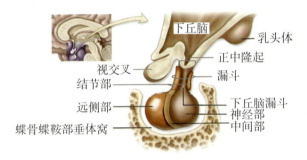

图 8-3 垂体各部

表现。如果在儿童时期,很少甚至没有生长激素分泌,那么他会成为身体各部比例正常,但体型很小的侏儒儿;如果生长激素分泌过多,那很可能会成为巨人症患者。儿童和青少年时期,是生长激素分泌最为旺盛的时期,这时身体各部处于生长活跃阶段。成人体内仍有生长激素的分泌,它用于维持体内蛋白的合成和正常细胞的分裂与更新。若成人身高停止生长之后,生长激素仍然增多,则仅有下巴、眉梁、鼻子、手指和足趾等处的骨对生长激素发生反应,继续生长。一旦这些骨骼继续生长,患者将发生奇怪的外貌变化以及手、足指头的增大,该现象称为肢端肥大症。

(2)催乳素是母亲在胎儿出生以后,由腺垂体分泌的。它会促使乳腺的发育和乳汁的形成。

(3)腺垂体也分泌如下的激素:促甲状腺激素(刺激甲状腺分泌甲状腺素)、促肾上腺皮质激素(刺激肾上腺皮质生长并且释放激素)、促性腺激素(刺激生殖器官——男性的睾丸和女性的卵巢分泌性激素),这些激素会对其他内分泌腺产生作用,故腺垂体又称作主管腺体。

二、神经垂体

神经垂体通常又称为垂体后叶,它在发生、结构、功能上均不同于腺垂体。神经垂体主要是由神经胶质细胞、神经纤维和少量的结缔组织构成的,神经纤维为无髓鞘纤维,是下丘脑内视上核、室旁核细胞发出的轴突终止于垂体后叶。垂体后叶通过茎状垂体柄与下丘脑连结。神经垂体并无合成和分泌激素的腺细胞,但可将下丘脑中某些核团产生的神经分泌物质,经神经轴突转运至垂体后叶进行释放。

神经垂体释放的激素有以下两种。

(1)抗利尿激素又称为加压素,它可以促进肾脏对水的重吸收,从而防止脱水。下丘脑有一种细胞,对血液中钠离子浓度很敏感。当这些细胞检测到血液中水分缺乏时,特定的神经分泌细胞便合成抗利尿激素,由其神经纤维转运至垂体后叶,并在该处得以释放。当血液得到稀释时,该激素停止合成和释放。没有能力产生抗利尿激素的人,容易罹患尿崩症(即水尿),罹患该病的人产生大量的尿,导致血液中大量的电解质丢失。若给予抗利尿激素进行治疗,该症状则可以消除。

(2)催产素是由下丘脑合成经垂体分泌的另外一种激素。它可促使子宫收缩并可人为地诱导分娩。当哺育婴儿的时候,催产素能够刺激乳房分泌乳汁。

三、下丘脑与垂体的关系

下丘脑是内脏活动的主要调控中枢,它内部有许多具有分泌激素功能的核团,这些核团内的细胞具有保持神经系统功能的特性,它们不仅可以直接接收来自大脑及其他中枢神经系统传送的信息,而且还能将这些信息转化为内分泌激素信息。下丘脑是人体神经调节与体液调节的最佳中继站,下丘脑与垂体轴系之间相互的调节对机体代谢、生长发育等重要的生命活动起着重要的作用。下丘脑与腺垂体间无直接的神经联系,下丘脑内部神经内分泌细胞合成的激素通过垂体门静脉系统经血液转运至垂体前叶,并促使垂体前叶释放或停止释放特定的激素。下丘脑与神经垂体有着直接的神经联系,下丘脑的视上核、室旁核细胞合成的激素,通过视上垂体束和室旁垂体束的神经纤维直接运送到神经垂体进行储存或释放,再经血循环送达相应的靶器官而发挥生理调节作用。

第二节 甲状腺和甲状旁腺

一、甲状腺

甲状腺(见图 8-4 和图 8-5)是人体最大的内分泌腺,男性约 27 克重,女性约 25 克重,女性在月经期和妊娠期,甲状腺偏大。甲状腺位于颈部,附着于气管,位于喉下。

甲状腺由大量的腺泡组成,每个小的圆形结构构成一个甲状腺细胞,里面充满了甲状腺激素(即甲状腺素)。甲状腺素是一种由甲状腺分泌的激素,它以两种形式存在。通常情况下,它以 T4(四碘甲腺原氨酸)形式被分泌出来,T4 包括 4 个碘原子,但是 T4 最终转化成 T3(三碘甲腺原氨酸),T3 才是甲状腺素的活化形式。碘是合成甲状腺素的必需成分,它被大量地转运至甲状腺,甲状腺中碘的浓度是血液中碘的浓度的 25 倍。如果食物中缺乏碘,甲状腺腺体会变大,出现单纯性甲状腺肿大;食用含碘盐会避免此种情况的发生。甲状腺素能增强机体的物质代谢率,它没有靶器官,但是,它能促使机体大部分细胞处于较高的代谢水平,例如,它会促使较多的葡萄糖分解。

甲状腺功能减退会导致罹患呆小症。呆小症患者的身材矮胖,他们从儿童或者婴儿阶段开始,甲状腺素分泌量就很少,注入甲状腺激素能促进生长,但是这种治疗必须要从出生的两周内开始,否则患者会出现智力低下。成人时期出现甲状腺功能减退会引起黏性水肿,表

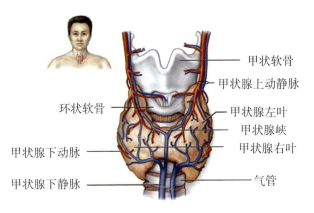

图 8-4　甲状腺（前面）

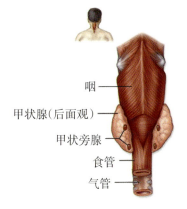

图 8-5　甲状腺和甲状旁腺（后面）

现特征为嗜睡，体重增加，头发脱落，心率和体温降低以及皮肤增厚、松弛等现象，注射甲状腺激素会恢复其正常的生理功能和外部表现。

一旦罹患甲状腺功能亢进，或者称为格雷夫斯病，其甲状腺肥大并且活性增强，造成甲状腺肿大和眼球突出。这是由眼眶软组织的水肿和眼外肌肉的肿胀造成的，故被称为眼球突出性甲状腺肥大，患者通常变得异常兴奋，神经质并且易激怒，常伴有失眠。

除了甲状腺素以外，甲状腺亦能分泌降钙素，它与甲状旁腺素的作用相反，共同调节血钙水平。降钙素通过增加骨的形成来降低血钙浓度。

腺垂体能够分泌促甲状腺激素，刺激甲状腺分泌甲状腺素。甲状腺素能够提高机体代谢率，影响整个机体机能，甲状腺激素分泌失衡，会导致呆小症和黏性水肿。

二、甲状旁腺

甲状旁腺（见图 8-5）为扁椭圆形小体，如黄豆大小，通常有 4 个，位于甲状腺叶后缘。

甲状旁腺分泌的激素为甲状旁腺激素，其主要功能是促使血中钙离子浓度升高和磷酸氢根离子浓度下降。甲状旁腺激素能促进骨的降解和肾内钙的滞留，激活维生素 D，同时，维生素 D 又刺激肠，增加钙的吸收，它还可以促进肾内磷酸盐随尿排出。甲状旁腺激素抑制成骨细胞活动，激活破骨细胞，致使血钙升高。降钙素的作用恰与其相反，两个激素的共同作用使血钙达到平衡。如果甲状旁腺激素分泌过少，血钙下降，则可导致"搐搦症"。"搐搦症"患者，因肌肉的持续性收缩导致身体不断震颤，这是由神经自发的不间断的高强度的兴奋所致。甲状旁腺激素通过增加肠内钙的吸收、肾内钙的潴留以及增加骨的降解，使血中钙离子的浓度维持在较高水平；而由甲状腺分泌的降钙素则会使血中钙离子浓度下降，其作用机制恰与甲状旁腺激素的相反。

第三节　肾　上　腺

肾上腺位于脊柱两旁、肾的内上方，每侧重约 8 克，右肾上腺呈三角形，左肾上腺呈半月

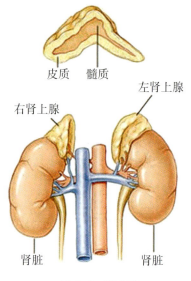

图 8-6 肾上腺

形,比右侧略高(见图 8-6)。肾上腺由内、外两层组成,外层为皮质,起源于中胚层,内层为髓质,起源于外胚层,它同垂体前叶与垂体后叶关系一样,两层之间没有直接的联系。

肾上腺皮质(见图 8-7)内含有大量腺细胞,据其形态和排列不同,由浅入深分别为球状带、束状带和网状带。球状带约占皮质的 15%,此带细胞主要分泌盐皮质激素,调节血液中电解质水平;束状带位于球状带深层,约占皮质的 78%,此带细胞主要分泌糖皮质激素,促进糖和蛋白质的代谢,还有降低免疫应答和抗炎作用,此带受垂体促肾上腺皮质激素的影响;网状带约占皮质的 7%,位于皮质最深层,此带细胞主要分泌固醇类激素,以雄激素为主,也有少量的雌激素和糖皮质激素。

肾上腺髓质位于腺体的中央,与网状带相连,它主要分泌肾上腺素和去甲肾上腺素,可引起血糖浓度升高,代谢率提高,细支气管扩张,呼吸频率加快,消化道血管收缩,骨骼肌血管扩张,心肌收缩更加有力,心率加快等生理反应。肾上腺髓质释放的肾上腺素和去甲肾上腺素入血所引起的机体生理反应能帮助机体应对各种危险环境。

下丘脑控制着肾上腺的皮质和髓质的分泌活动。它产生的神经冲动经由脑干、脊髓和交感神经纤维到达肾上腺髓质,刺激其释放激素。下丘脑通过促肾上腺皮质激素释放激素,控制腺垂体释放促肾上腺皮质激素,促肾上腺皮质激素再作用于肾上腺皮质。各种压力,包括精神创伤和身体创伤,都可促使下丘脑刺激肾上腺释放激素。

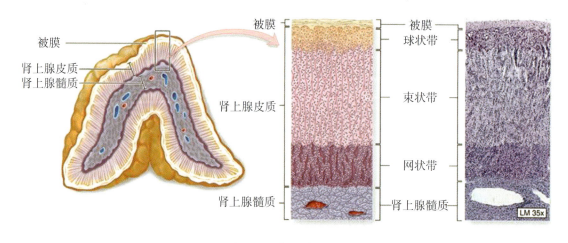

图 8-7 肾上腺结构

第四节 胰 脏

胰脏(见图 8-8)是一形状扁长质软的器官,它横卧于上腹,位于两肾之间,并靠近小肠的十二指肠端。胰脏由两种组织构成:一种组织可以合成和分泌消化液,经导管送入小肠;另一种组织叫胰岛(又叫作朗格汉岛,属于朗格汉细胞),它可以合成并分泌胰岛素和胰高血糖素,并直接进入血液循环。胰岛素由 B 细胞分泌,胰高血糖素则由 A 细胞分泌。

当血糖含量升高时会引起胰岛素分泌,通常发生在饭后即刻。胰岛素有三种功能:
(1)刺激所有细胞对葡萄糖的吸收和代谢,尤其是脂肪细胞、肝细胞和肌细胞;
(2)刺激肝脏和骨骼肌把葡萄糖转化为糖原并储存;
(3)促进脂肪和蛋白质的合成,阻止它们作为能源物质,以备能量不足时所需。
胰岛素的上述功能最终导致血糖含量下降。

胰高血糖素主要在两餐之间分泌,其功能与胰岛素恰好相反,主要是刺激机体内糖原的分解代谢,提高血糖水平。

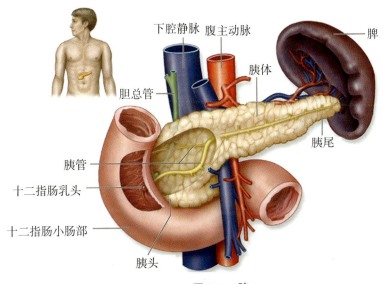

图 8-8　胰

第五节　睾丸和卵巢

生殖器官包括男性阴囊中的睾丸和女性盆腔中的卵巢。睾丸合成雄性激素(如睾酮),即男性性激素;卵巢分泌雌激素和孕酮(黄体酮),即女性性激素。下丘脑和垂体控制着这两个器官激素的分泌。

男性性激素——睾酮,是维持男性正常生长发育和性器官功能的必需激素,也是精子成熟所必需的激素。在青春期,机体分泌大量睾酮以刺激阴茎和睾丸的生长发育。睾酮还可以引起并维持青春期男性第二性征,例如胡须、腋毛、阴毛。它还促使喉结和声带增大,引起声音变粗。睾酮对男性肌肉力量的增加非常重要。某些运动员服用大量同化类固醇药物,其主要成分就是睾酮或类似睾酮的化学物质。睾酮也可促使长骨骺板闭合,从而阻止其生长(长长)。睾酮还能引起皮肤内皮脂腺和汗腺的分泌,因而它与皮肤表面粉刺和狐臭有很大的关系。睾酮还能引起秃顶(脱发),秃顶基因可以通过两性遗传,但是秃顶在男性中最常见,其原因就是男性体内存在睾酮。睾酮与性欲有很大的关系,它甚至还是男性攻击行为的主要原因。

雌激素和黄体酮是女性性激素,具有多种作用,尤其是青春期分泌的雌激素能够刺激子宫和阴道生长。雌激素可以促使卵细胞成熟和女性第二性征的发育,如女性体毛、体脂分配等。一般来讲,与男性相比,女性体型偏圆一些,这是由于女性皮下有较多的脂肪堆积。雌激素同样也能促使长骨骺板闭合,从而使其生长停止。雌激素和黄体酮共同作用促进乳房的生长发育和调控女性子宫周期。

第六节 松 果 体

松果体近似圆锥形,位于大脑第三脑室的顶部。松果体长约1厘米,宽约0.6厘米,重约0.2克,女性大于男性。松果体在儿童时期比较发达,且随着年龄的增加而逐渐减小,7岁以后开始退化,成年以后的松果体逐渐钙化而形成一个厚厚的纤维组织束。

松果体分泌褪黑素,尤以夜间居多。它可以抑制幼年时期垂体前叶促性腺激素的分泌,以致7岁以前的儿童性别差异并不明显,但随着松果体的退化与钙化,两性特征逐渐显现。若松果体早期受损,则可出现性早熟或生殖器过度发育的现象。褪黑素也可以调节人的日常节律活动,过量的褪黑素可以抑制子宫卵巢周期。松果体内主细胞对光的刺激比较敏感,长时间的光照可抑制其分泌活动。

第七节 胸 腺

胸腺位于胸腔的上部,呈小叶状、不对称的两叶腺体,上方为尖,有时可达颈部。胸腺的形态和功能在青春期达到最大,随着年龄的增加,它逐渐变小并脂肪化。成年人胸腺重量为25~40克,男性比女性略大,60岁以后老年人仅为10克左右。胸腺在胚胎时期是造血器官,出生后生长较快,青春期后逐渐萎缩,体积缩小,最终形成结缔组织。

胸腺具有内分泌功能,又具有淋巴器官的特性。作为内分泌腺,它主要分泌胸腺素和促胸腺生成素;作为淋巴器官,它可产生参与机体细胞免疫反应的T淋巴细胞,来源于骨髓内的T淋巴细胞(一种白细胞)必须经过胸腺才能发育成熟。它可以辅助T淋巴细胞的分化,对免疫细胞也有一定刺激作用。

【思考题】
1. 简述内分泌系统的组成和功能。
2. 简述垂体的组成和功能。

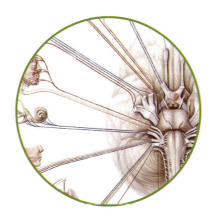

第九章 神经系统

Sport Anatomy

[**学习目标**]
(1)掌握神经系统的分类及常用术语。
(2)掌握脊神经的组成及分布概况。
(3)掌握脑神经的组成、性质分类及分布概况。
(4)掌握脑的组成与功能。
(5)了解并掌握神经系统的传导通路。
(6)了解体育运动对神经系统的影响。

神经系统是由脑和脊髓以及与它们相连并遍布全身各处的周围神经组成的。神经系统在人体各个器官系统中居于主导地位，它控制和协调各个器官系统的活动，使人体成为一个有机整体以适应内外环境的变化。例如，在从事体育活动时，除了骨骼肌的强烈收缩外，同时还出现呼吸加深加快、心跳加速、汗腺分泌加强、消化和泌尿活动受抑制等一系列变化，以适应机体代谢活动的需要。神经系统维持机体与外环境的统一。例如，运动环境是复杂多变的，对体位变化、各种信号刺激，都随时需要运动员去适应它、利用它或抑制它，所有这些也都是在神经系统的调控下完成的。思维和意识是人类神经系统长期进化而获得的特有功能，高级神经活动如情感、语言、学习、记忆、思考和音乐等诸多意识和行为方面，使人类远远超越一般动物的范畴。

第一节 总 论

一、神经系统的区分

神经系统分为中枢部和周围部，如图9-1所示。

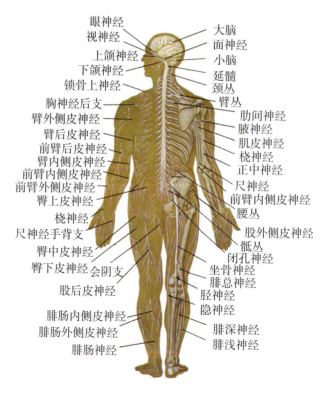

图9-1 人体神经

（一）中枢部

中枢部又称中枢神经系统，由位于颅腔内的脑和位于椎管内的脊髓组成，含有大多数神经元胞体。

(二)周围部

周围部又称周围神经系统,由脑神经和脊神经组成,一端连结脑和脊髓,另一端连结它们所分布的器官。脑神经共12对,脊神经共31对。

周围神经系统按在各器官、系统中的不同分布对象可分为躯体神经和内脏神经两部分。躯体神经分布于体表、骨、关节和骨骼肌;内脏神经分布于内脏、心血管、平滑肌和腺体。

躯体神经和内脏神经均由感觉神经纤维和运动神经纤维组成;而内脏神经中的运动神经纤维又组成内脏运动神经,进一步分为交感神经和副交感神经两部分。

二、神经系统的基本结构

神经系统的基本结构内容详见神经组织。

三、神经系统的常用术语

在神经系统不同部位的细胞体和突起因组合和编排方式不同而具有不同的术语。

(一)灰质

在中枢部,神经元胞体及其树突的集聚部位为灰质,由于富含血管而在新鲜标本中呈粉灰色,如脊髓内的灰质。

(二)白质

在中枢部,由许多功能不同的有髓鞘神经纤维束聚集而成的结构,因髓鞘在新鲜标本中呈亮白色,为白质。

(三)皮质

大脑和小脑表面的灰质,称为皮质。

(四)髓质

大脑和小脑内的白质因被皮质包绕而位于深部,称为髓质。

(五)神经核

在中枢部皮质以外,由功能相同的神经元胞体和树突集结成的团块,为神经核。

(六)神经节

在周围部,由功能相同的神经元细胞体集成的团块,为神经节。

(七)纤维束

在白质中,由许多起止、行程和功能相同的神经纤维集合成束,为纤维束。

(八)神经

神经纤维在周围部集聚在一起称为神经。

四、神经系统活动的基本方式

神经系统活动的基本方式是反射。反射是指神经系统在调节机体的活动中,对内、外环境的刺激做出适宜的反应。反射的形态学基础是反射弧。反射弧包括 5 个环节,即感受器、传入神经、中枢、传出神经、效应器。

第二节 周围神经系统

根据周围神经与中枢相连的部位和分布区域不同,把周围神经系统分为脊神经、脑神经和内脏神经。

一、脊神经

(一)脊神经的结构概况

脊神经是指与脊髓相连的周围神经,共 31 对,自上而下分别为 8 对颈神经、12 对胸神经、5 对腰神经、5 对骶神经和 1 对尾神经(见图 9-2)。每对脊神经借前根连结于脊髓前外侧沟,含运动神经纤维;借后根连结于脊髓后外侧沟,含感觉神经纤维。前、后根穿出椎间孔前结合成脊神经干,出椎间孔后分为 4 支:前支、后支、脊膜支和交通支。脊膜支细小,经椎间孔返回椎管,分布于脊髓的被膜和脊柱的韧带。交通支为连于脊神经与交感干之间的细支。后支分布于项、背、腰、骶部的深层肌肉和枕、项、背、腰、骶、臀部的皮肤,其分布有明显的节段性。

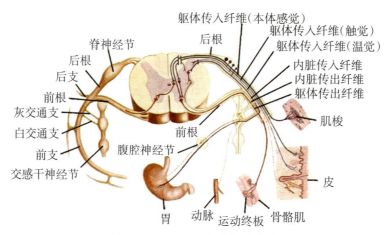

图 9-2 脊神经的组成和分布模式图

(二)脊神经前支的分布概况

脊神经前支较后支粗大,为混合性神经,分布于躯干前外侧和四肢的肌肉及皮肤。人类的胸神经前支节段性比较明显,其余的前支分别交织成丛,形成颈丛、臂丛、腰丛和骶丛,再由丛再分支分布于相应的区域。

1. 颈丛的组成及主要分支

颈丛由第 1~4 颈神经前支吻合而成(见图 9-3)。位于胸锁乳突肌上部深面,发出一些肌支和皮支,其中最重要的是膈神经(见图 9-4)。膈神经由第 3~5 颈神经组成,自颈侧下降,穿

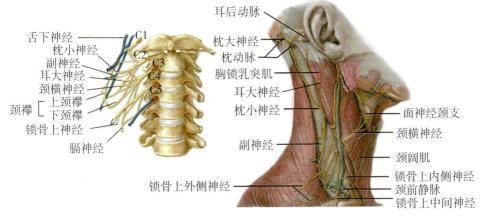

图 9-3 颈丛

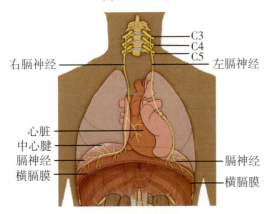

图 9-4 膈神经

胸廓上口进入胸腔至膈肌,支配膈肌活动。膈神经损伤主要表现为同侧膈肌瘫痪,腹式呼吸减弱或消失,严重者可有窒息感。膈神经受刺激时可发生呃逆。

2. 臂丛的组成及主要分支

臂丛(见图 9-5)由第 5~8 颈神经和第 1 胸神经前支吻合而成。臂丛位于锁骨上窝,分布于上肢的肌肉和皮肤。它发出的主要神经如下。

(1)肌皮神经:肌支支配肱二头肌、肱肌和喙肱肌的运动;皮支支配前臂桡侧皮肤的感觉。

(2)正中神经:肌支支配除肱桡肌、尺侧腕屈肌和指深屈肌尺侧半外的前臂前群肌和除拇收肌外的鱼际肌的运动;皮支支配手掌心、桡侧三个半指掌面及其中节和远节指背面皮肤的感觉。

在腕管内正中神经受压易形成腕管综合征,表现为鱼际肌萎缩,手掌平坦,称"猿掌",拇指、示指、中指掌面感觉障碍。

(3)尺神经:肌支支配除正中神经支配以外的前臂前群肌、手肌的运动;皮支支配手掌、手背尺侧半和尺侧一个半指掌、背面皮肤的感觉。

尺神经受损出现小鱼际萎缩,拇指不能内收,各指不能互相靠拢,第 4、5 指的指间关节弯曲,出现"爪形手"。

(4)桡神经:肌支支配整个上肢后群肌的运动;皮支支配上肢后面及手背桡侧半和桡侧

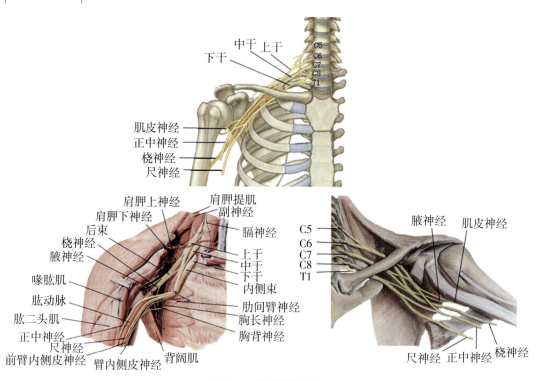

图 9-5 右臂丛及分支

三个指背面的(中节和远节除外)皮肤的感觉。

桡神经受损出现前臂伸肌瘫痪,抬前臂时呈"垂腕"状态。

(5)腋神经:肌支支配三角肌及小圆肌的运动。

腋神经受损出现三角肌瘫痪,臂不能外展,三角肌皮肤感觉丧失,肩部失去圆隆的外观。

图 9-6 所示为桡、尺、正中神经损伤时的手形及感觉丧失。

3. 胸神经前支

胸神经前支共 12 对,除第 1 胸神经前支的大部分参加臂丛,第 12 胸神经前支的小部分参加腰丛外,其余第 1~11 对胸神经前支各自位于相应的肋间隙,为肋间神经,支配肋间内、

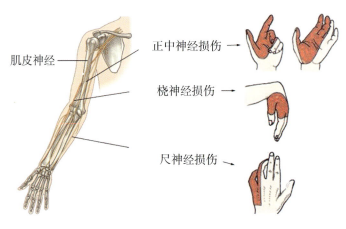

图 9-6 桡、尺、正中神经损伤时的手形及感觉丧失

外肌和腹肌外侧群,第12对胸神经前支位于第12肋下方,为肋下神经。

4. 腰丛的组成及主要分支

腰丛由第12胸神经前支的一部分,第1～3腰神经前支和第4腰神经前支的一部分组成(见图9-7)。腰丛位于腰大肌深面,除支配髂腰肌、腰方肌外,还发出的主要神经有以下几个部分。

(1)股神经:肌支支配股四头肌、耻骨肌和缝匠肌的运动;皮支支配股前区、小腿内侧、足

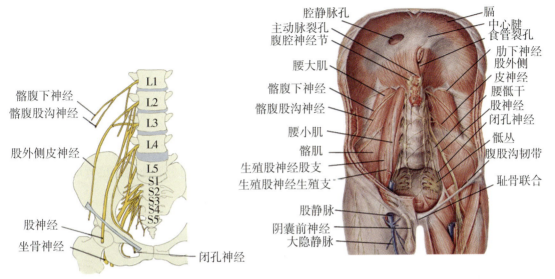

图9-7 腰骶丛神经组成模式图

内侧缘皮肤的感觉,最长皮支为隐神经。

(2)闭孔神经:肌支主要支配大腿内收肌群的运动;皮支支配大腿内侧皮肤的感觉。

5. 骶丛的组成及主要分支

骶丛(见图9-7)由第4腰神经前支的小部分,第5腰神经前支和全部骶神经、尾神经前支吻合而成。骶丛位于骶骨前外侧和梨状肌前面,分布于盆壁、臀部、会阴、股后部、小腿及足的肌肉和皮肤;骶丛直接发出短支分布于梨状肌、闭孔内肌、股方肌等。其他主要分支如下。

1)臀上神经

臀上神经支配臀中、小肌和阔筋膜张肌的运动。

2)臀下神经

臀下神经支配臀大肌的运动。

3)坐骨神经

坐骨神经如图9-8所示,是身体中最粗大的神经,从梨状肌下缘出骨盆,经坐骨结节和股骨大转子之间到大腿后面。肌支支配股后肌群、全部小腿肌和足肌的运动;皮支支配股后部、小腿、足的皮肤的感觉。坐骨神经于股后行至腘窝上角分为胫神经和腓总神经两个终支。从坐骨结节与股骨大转子之间的中点到股骨内、外踝之间中点连线的上2/3段为坐骨神经的体表投影,坐骨神经痛时,常在此投影线上出现压痛。

(1)胫神经:肌支支配小腿后群肌和足底肌的运动;皮支支配小腿后面和足底皮肤的感觉。胫神经受损出现足不能跖屈,呈"钩状足"畸形,足底感觉障碍。

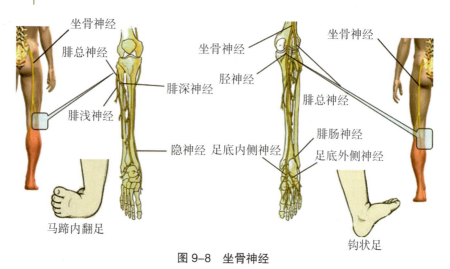

图 9-8 坐骨神经

（2）腓总神经：自腘窝上方分出后，绕腓骨颈下方穿腓骨长肌到腓骨颈前面，分为腓浅神经和腓深神经。前者的肌支支配小腿外侧群肌运动，皮支支配小腿外侧及足背皮肤的感觉。后者支配小腿前群肌运动。

腓总神经受损出现足不能背屈，呈"马蹄"内翻足畸形。

二、脑神经

（一）脑神经的概况

脑神经是与脑相连的周围神经，共12对（见图9-9）。脑神经自颅侧向尾侧排列的顺序分别是（其序号通常用罗马字符表示）：Ⅰ嗅神经，Ⅱ视神经，Ⅲ动眼神经，Ⅳ滑车神经，Ⅴ三叉神经，Ⅵ展神经，Ⅶ面神经，Ⅷ位听神经，Ⅸ舌咽神经，Ⅹ迷走神经，Ⅺ副神经，Ⅻ舌下神经。

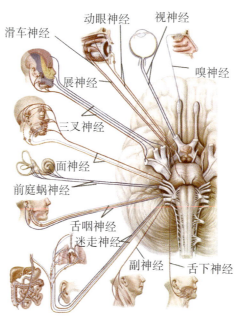

图 9-9 脑神经

各脑神经连结的脑部和进出颅腔的部位,如表 9-1 所示。

表 9-1　各脑神经连结的脑部和进出颅腔的部位

顺序及名称	性　质	连结脑的部位	进出颅腔的部位
Ⅰ 嗅神经	感觉性	端脑	筛孔
Ⅱ 视神经	感觉性	间脑	视神经管
Ⅲ 动眼神经	运动性	中脑	眶上裂
Ⅳ 滑车神经	运动性	中脑	眶上裂
Ⅴ 三叉神经	混合性	脑桥	第Ⅰ支眼神经为眶上裂 第Ⅱ支上颌神经为圆孔 第Ⅲ支下颌神经为卵圆孔
Ⅵ 展神经	运动性	脑桥	眶上裂
Ⅶ 面神经	混合性	脑桥	内耳门→茎乳孔
Ⅷ 位听神经	感觉性	脑桥	内耳门
Ⅸ 舌咽神经	混合性	延髓	颈静脉孔
Ⅹ 迷走神经	混合性	延髓	颈静脉孔
Ⅺ 副神经	运动性	延髓	颈静脉孔
Ⅻ 舌下神经	运动性	延髓	舌下神经管

(二)脑神经的性质分类和分布概况

脑神经的纤维成分较脊神经复杂。根据脑神经所含主要的纤维成分及功能,可分为以下三类。

1. **感觉性脑神经(共 3 对)**

(1)嗅神经:分布于鼻腔顶部的嗅黏膜,主管嗅觉。

(2)视神经:分布于眼球的视网膜上,主管视觉。

(3)位听神经:分布于内耳的壶腹嵴、椭圆囊斑和球囊斑、螺旋器上,主管位觉和听觉。

2. **运动性脑神经(共 5 对)**

(1)动眼神经、滑车神经、展神经:分布于眼球外面的肌肉,支配眼球的运动,其中动眼神经还支配瞳孔括约肌。

(2)副神经:支配胸锁乳突肌、斜方肌和咽喉肌运动。

(3)舌下神经:支配舌肌运动。

3. **混合性脑神经(共 4 对)**

(1)三叉神经:支配咀嚼肌运动和头面部一般感觉,如鼻腔、牙、眼、皮肤等。

(2)面神经:支配面部表情肌运动;泪腺、下颌下腺和舌下腺的分泌以及舌前 2/3 的味觉。

(3)舌咽神经:支配咽肌运动和腮腺的分泌;咽部感觉、颈动脉窦和颈动脉体的感觉及舌后 1/3 的味觉。

(4)迷走神经:是脑神经中行程最长、分布范围最广的神经,是自主神经系副交感部的主要组成成分。运动神经纤维分布到胸腹腔内脏的平滑肌、腺体、心肌和咽喉的横纹肌上，支配其运动和分泌；感觉神经纤维分布于胸腹腔脏器、咽喉(会厌)黏膜、硬脑膜、耳郭和外耳皮肤。

三、内脏神经

周围神经系统按照分布和功能可细分为躯体神经和内脏神经两部分。内脏神经是指分布于内脏、心血管、平滑肌和腺体的神经，包含有感觉和运动两种神经纤维，调节内脏、心血管的运动和腺体的分泌。内脏运动神经一般不受人的意志控制，是不随意的，因此又称自主神经或植物性神经。

(一)内脏运动神经的概况

1. 内脏运动神经与躯体运动神经

内脏运动神经活动受大脑皮质和皮质下中枢的控制和调节，在形态结构以及功能上均与躯体运动神经有较大差别，简述如下。

(1)支配的器官不同：内脏运动神经支配心肌、平滑肌和腺体；躯体运动神经支配骨骼肌。

(2)神经纤维的成分不同：内脏运动神经有交感和副交感两种纤维成分，并且多数内脏器官同时接受交感和副交感神经的双重支配；躯体运动神经只有一种纤维成分。

(3)神经元数目不同：内脏运动神经从低级中枢到达所支配的器官前，必须先在内脏神经节交换神经元，第一个神经元称节前神经元，其轴突为节前纤维，第二个神经元称节后神经元，其轴突为节后纤维；躯体运动神经自低级中枢发出后到骨骼肌只有一个神经元。

(4)纤维的结构不同：内脏运动神经的节前纤维是较细的有髓神经纤维，节后纤维是无髓神经纤维，传导冲动较慢；躯体运动神经一般为较粗的有髓神经纤维，传导冲动快。

(5)纤维的分布不同：内脏运动神经的节后纤维须先在脏器和血管表面形成神经丛，然后由丛再发出分支到效应器；躯体运动神经以神经干的形式分布。

(6)受意志的控制不同：内脏运动神经一般不受意志的直接控制；躯体运动神经一般受意志的直接控制。

(7)中枢来源不同：内脏运动神经只发自脑干及脊髓的胸腰段和骶段；躯体运动神经发自脑和脊髓全长。

2. 内脏运动神经的形态结构概况

图 9-10 所示为内脏运动神经概况。

内脏运动神经分为交感和副交感两部分，在形态结构和机能上，交感与副交感神经又各有自身的特点，如表 9-2 所示。

(二)内脏感觉神经的概况

人体各内脏器官除有交感和副交感神经支配外，也有感觉神经分布。内脏感觉神经由内感受器接受来自内脏的刺激，并将内脏感觉性冲动传到中枢，中枢可直接通过内脏运动神经或体液调节各内脏活动。

内脏感觉神经和躯体感觉神经一样，其初级神经元的胞体也在脑神经节和脊神经节内，为假单极神经元。周围突可以是粗细不等的有髓或无髓纤维分布于内脏器官及血管等处；中

表 9-2　交感神经和副交感神经的主要区别

结构与功能	交 感 神 经	副交感神经
中枢部位不同	位于脊髓胸腰段	位于脑干和脊髓的骶段
神经节位置不同	位于脊柱两旁和椎体前方，节前纤维短，节后纤维长	位于器官附近和器官壁内，节前纤维长，节后纤维短
分布范围不同	分布广泛，几乎遍及全身各个部位	汗腺、竖毛肌、肾上腺髓质和大部分血管中无副交感神经分布
对同一器官的功能不同	机体为了应付环境急剧变化，动员心跳加快，血压升高，血糖上升，呼吸加深加快，瞳孔开大，消化系统活动受抑制等，以适应机体代谢活动的需要	维持机体安静状态的活动需要，使心跳减缓，血压下降，瞳孔缩小，消化系统活动增强等，以保存能量和恢复体力

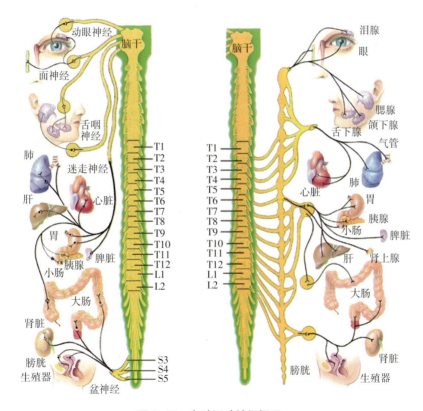

图 9-10　内脏运动神经概况

枢突进入脑和脊髓的中枢。在中枢内，内脏感觉纤维借中间神经元一方面与内脏运动神经元联系，以完成内脏反射；或与躯体运动神经元联系，形成内脏-躯体反射。同时，可通过一定的传导途径，将冲动传导到大脑皮质，产生内脏感觉。

内脏感觉神经虽然在结构上与躯体感觉神经大致相同，但也有自己的某些固有的特点。

（1）痛阈较高。内脏感觉纤维的数量少，其中细纤维占多数，痛阈较高，对于一般强度的刺激不产生主观感觉；但在内脏器官进行比较强烈的活动、充盈和病理等条件下，皆可因刺激神经末梢而产生内脏疼痛感觉，如胃的饥饿收缩引起的饥饿感。在病理条件下或极强烈刺激下可产生痛觉。如内脏器官过度膨胀而受到牵张，或平滑肌痉挛皆可因刺激神经末梢产生内脏痛。

（2）弥散的内脏痛。脏器的感觉纤维可经多个节段的脊神经进入中枢，而一条脊神经又可包含来自几个脏器的感觉纤维。因此，内脏疼痛往往是弥散的，而且定位亦不准确。当某些脏器发生病变时，常在体表有一定区域产生感觉过敏或痛觉，即为牵涉性痛。如：心绞痛时，常在胸前区及左臂内侧皮肤感到疼痛；肝胆疾病时，常在右肩部感到疼痛等。

第三节　中枢神经系统

中枢神经系统由脊髓和脑组成，是神经系统的重要组成部分。中枢神经系统接收和处理由周围神经传入的各种自身和外界信息，并经周围神经传出系统将指令传达到身体各部效应器。

一、脊髓

脊髓起源于胚胎时期神经管的后部。与脑相比，脊髓分化较少，且仍保持着明显的节段性。脊髓以31对脊神经与躯干四肢相联系，内部又以神经束与脑的各级中枢之间广泛联系。脊髓的很多生理活动是在脑的调控下完成的，但脊髓本身也能够完成许多反射活动。

（一）脊髓的位置与外形

脊髓（见图9-11）位于椎管内，呈前后稍扁的圆柱形，外包被膜。脊髓上端平齐枕骨大孔处，与延髓相连，下端在成人平齐第1腰椎下缘，长42～45厘米。脊髓的全长粗细不等，有两个梭形膨大：颈膨大，位于颈髓第4节至胸髓第1节；腰骶膨大，位于腰髓第2节至骶髓第3节。两个膨大的形成与四肢的出现及该节段内神经元和神经纤维增多有关。颈膨大相当于臂丛发出的节段，支配上肢；腰骶膨大相当于发出腰骶丛的节段，支配下肢。脊髓的末端变细，称为脊髓圆锥，自脊髓圆锥向下延续为细长的终丝，是无神经组织的细丝，终止于尾骨背面。

脊髓表面有数条平行的纵沟。前、后两条纵沟将脊髓分为左、右对称的两半，前面的裂隙明显，称前正中裂，后面的沟较浅，称为后正中沟，两侧各有一条前外侧沟和后外侧沟。前外侧沟是脊神经前根从脊髓发出的位置，后外侧沟则是脊神经后根进入脊髓的地方。每条后根在与前根汇合之前，有一膨大的脊神经节。腰、骶、尾部的前后根在通过相应的椎间孔之前，围绕终丝在椎管内向下行走一段较长距离，它们共同形成马尾。

脊髓可按每对脊神经根的出入范围划分为31个节段，即8个颈节（C）、12个胸节（T）、5个腰节（L）、5个骶节（S）和1个尾节（C0）。从胚胎第四个月开始，脊髓的生长速度慢于脊柱，导致脊髓的节段与脊柱的节段并不完全对应。在成人，如图9-12所示，一般粗略的推算方法：上颈髓（C1～C4）大致与同序数椎骨相对应；下颈髓（C5～C8）和上胸髓（T1～T4）相应高

第九章 神经系统

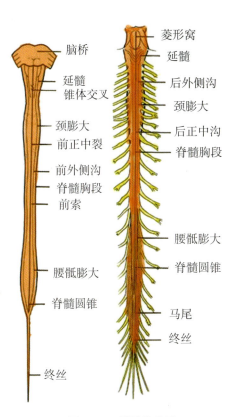

图 9-11 脊髓的外形

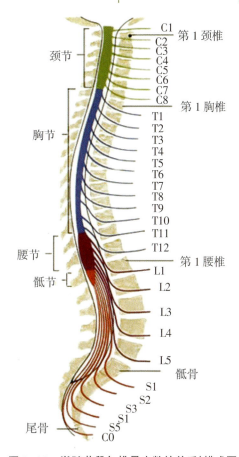

图 9-12 脊髓节段与椎骨序数的关系（模式图）

出同序数椎骨1个椎体数；中胸部(T5~T8)的脊髓约高出同序数椎骨2个椎体数；下胸部(T9~T12)的脊髓约高于同序数椎骨3个椎体数；腰髓约平对第11及第12胸椎范围，骶髓和尾髓约平对第1腰椎。可见，成人椎管内在相当第1腰椎以下已无脊髓而只有马尾。因此为安全起见，临床上常选择第3、4或第4、5腰椎棘突之间进针行脊髓蛛网膜下隙穿刺或注射麻醉药物。在创伤中，可凭借受伤的椎骨位置来推测脊髓可能受损的节段。

（二）脊髓的内部结构

脊髓由灰质和白质两大部分构成，各节段中内部结构的特点虽不尽相同，但总的特征是一致的，如图9-13所示。在脊髓的横切面上，中央管位于断面中心，其周围是"H"形的灰质，灰质的外面是白质。每侧的灰质，前部膨大为前角，后部狭细形成后角，前、后角之间的宽阔区域称为中间带，在全部胸髓和上部腰髓(L1~L3)中间带向外伸出一个侧角。中央管前、后的灰质分别称灰质前联合和灰质后联合。白质借脊髓的纵沟分为三个索，即前正中裂与前外侧沟之间的前索，前、后外侧沟之间的外侧索，后外侧沟与后正中沟之间的后索。在后角基部外侧与白质之间，灰、白质混合交织，称为网状结构，在颈髓特别明显。

1. 灰质

灰质由大量大小形态不同的多极神经元和纵横交织的神经纤维组成，含丰富的小血管。

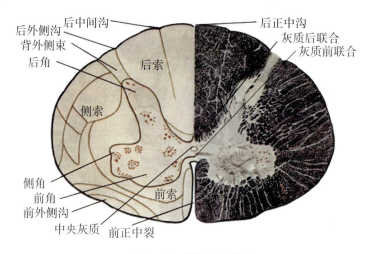

图 9-13　脊髓内部结构

1）前角

前角中有成群排列的大型前角运动神经元,可分内、外两大群。内群位于前角腹内侧部,支配躯干肌;外群支配四肢肌。二者是躯干、四肢骨骼肌反射的初级中枢,是运动传导通路的下运动神经元,也是脊髓内各种反射弧(不包括内脏运动)的终止处。前角运动神经元受损,可造成其所支配的骨骼肌瘫痪并发生萎缩,该肌的肌张力和腱反射也会减退或消失。

2）后角

后角细胞分群较多,主要有后角固有核,传导痛、温、触觉的脊髓丘脑束部分纤维即由此发出;后角基部内侧的背核,传导非意识性本体感觉的脊髓小脑后束。

3）中间带

中间带含有大量中间神经元,与前、后角及高级中枢形成广泛联系。

2. 白质

脊髓白质主要是由脊髓神经纤维组成的上行和下行纤维束。上行纤维束起自脊髓神经节或脊髓灰质,将各种感觉信息自脊髓传达到脑;下行纤维束起自脑的不同部位,止于脊髓。除上述长距离的上、下行纤维束外,紧贴灰质边缘还有一层短距离纤维,它们起于脊髓,止于脊髓,称固有束,主要完成脊髓节段内或节段间的反射活动。

1）上行纤维束

(1)薄束、楔束(见图9-14):此两束占据白质后索,内侧的为薄束,由同侧第5胸节以下脊髓神经节细胞的中枢突组成;外侧的为楔束,由同侧第4胸节以上的脊髓神经节细胞的中枢突组成。薄束和楔束上行止于延髓的薄束核和楔束核,传导同侧本体感觉(肌、腱、关节的位置和运动觉及震动觉)和精细触觉(辨别两点距离和物体纹理粗细)。

(2)脊髓小脑束:位于脊髓外侧索的边缘,后方为脊髓小脑后束,前方为脊髓小脑前束,是传导非意识性本体感觉到小脑的纤维束。前束传导的信息与整个肢体的运动和姿势有关;后束传导的信息可能与肢体个别肌的精细运动和姿势的协调有关。

(3)脊髓丘脑束:位于脊髓外侧索前部、脊髓小脑束内侧,传导对侧痛、温、粗触、压觉。

2）下行纤维束

(1)皮质脊髓束(见图9-15):是人类脊髓中最大的下行束,又称锥体束。起于大脑皮质中央前回和其他一些皮质区域,下行到延髓形成锥体束后,大部分纤维交叉到对侧,形成锥体交叉,在脊髓小脑后束内侧下行,叫皮质脊髓侧束;未交叉的小部分纤维沿同侧前索正中裂两侧下行,叫皮质脊髓前束。皮质脊髓束的主要机能是控制同侧骨骼肌的随意运动。

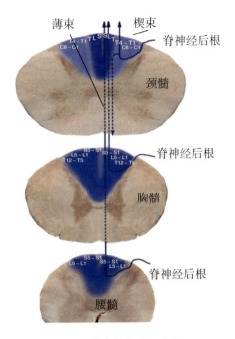

图 9-14 薄束与楔束示意图

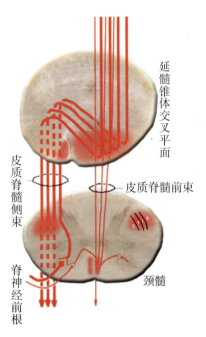

图 9-15 皮质脊髓束示意图

（2）红核脊髓束:位于皮质脊髓侧束的腹外侧,兴奋对侧屈肌运动神经元,同时抑制伸肌运动神经元。

（3）前庭脊髓束:位于前索。刺激此束的起始核时,兴奋同侧伸肌运动神经元,抑制屈肌运动神经元,并在调节身体平衡中起重要作用。

此外,在前索和外侧索前方还有顶盖脊髓束、内侧纵束和网状脊髓束等,它们与头颈和眼外肌的反射活动、躯干和肢体肌肉的运动有关。

(三)脊髓的功能

1. 传导功能

来自四肢、躯干的躯体感觉和大部分内脏感觉,都通过脊髓的上行纤维束向上传到大脑皮质进行分析与综合;大脑皮质和皮质下中枢的神经冲动,大部分都通过下行纤维束传到脊髓,然后由脊髓发出的前根到达效应器,实现对全身骨骼肌和大部分内脏活动的调节控制。

2. 反射功能

脊髓灰质内有许多躯体和内脏反射的低级中枢,借脊神经前、后根和固有束,可实现以脊髓为中心的初级的躯体或内脏非条件反射,包括节间和节内反射。脊髓内最简单的反射弧只有两个神经元组成,如膝反射(见图 9-16),其第一级神经元为脊神经节,第二级神经元为脊髓前角运动细胞。

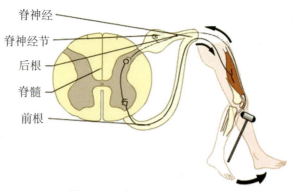

图 9-16 膝反射示意图

髌腱感受到的刺激经感觉神经传至脊神经节,脊神经节对此刺激做出判断后直接将冲动传到脊髓前角运动细胞,后者发出冲动到运动神经支配股四头肌,从而引起伸膝动作。

1)躯体反射

躯体反射是指效应器为骨骼肌的反射活动。当骨骼肌被牵拉时,肌肉内的感受器受到刺激,产生兴奋,并通过脊髓能反射性地引起该肌收缩,称牵张反射;当四肢远侧端皮肤受到刺激,通过脊髓能反射性地引起受刺激肢体的屈肌收缩,称屈肌反射。

2)内脏反射

内脏反射是指躯体内脏反射、内脏内脏反射和内脏躯体反射,如膀胱排尿反射、竖毛反射、直肠排便反射等。

二、脑

脑位于颅腔内,成人脑的平均重量约为1400克,起源于胚胎时期神经管的前部。一般可将脑分为六部分:端脑、间脑、中脑、脑桥、延髓和小脑。通常将中脑、脑桥、延髓合称为脑干(见图9-17)。

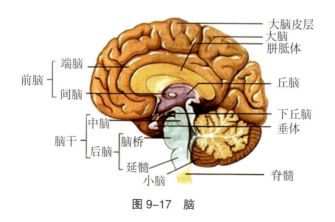

图 9-17 脑

(一)脑干

1. 脑干的位置与外形

脑干(见图9-18)自下而上由延髓、脑桥和中脑组成。延髓和脑桥的背面与小脑相连(见图9-18),它们之间的室腔为第四脑室,此室向下与延髓和脊髓的中央管相续,向上连通中脑

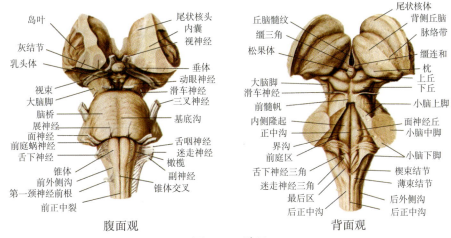

图 9-18 脑干

的中脑水管。

1）延髓

延髓形似倒置的锥体，后上方为小脑，下在枕骨大孔处与脊髓相接。延髓上端与脑桥在腹面以横行的延髓脑桥沟为界隔开。下部与脊髓外形相似，脊髓表面各条纵行沟裂向上延续至延髓。在延髓腹侧面，前正中裂两侧各有一纵行隆起为锥体，是大脑皮质发出的锥体束，在锥体下方绝大多数皮质脊髓束纤维左右交叉，形成锥体交叉，将前正中裂部分截断。延髓上部，锥体外侧左右各有一卵圆形隆起，称橄榄，锥体和橄榄之间的前外侧沟中有舌下神经（Ⅻ）的根丝出脑，橄榄外侧由上向下有舌咽神经（Ⅸ）、迷走神经（Ⅹ）和副神经（Ⅺ）的根丝出脑。

在背面，延髓下部形似脊髓上部中央管敞开为第四脑室，构成菱形窝下部。后正中沟的两侧各有两对突起，内侧一对称薄束结节，外侧一对称楔束结节，它们深面分别有薄束核和楔束核，此两核是薄、楔束终止的核团。在楔束结节的外上方有隆起的小脑下脚，由进入小脑的神经纤维组成。

2）脑桥

脑桥位于中脑与延髓之间，比较宽阔，腹侧为膨隆的基底部，正中线上有一浅沟。基底部向两侧逐渐变窄，移行为小脑中脚，由进入小脑的纤维组成，该处有三叉神经（Ⅴ）根出脑。脑桥下缘与延髓相接的沟内，由内向外有（外）展神经（Ⅵ）、面神经（Ⅶ）和位听神经（Ⅷ）出脑。脑桥背面构成菱形窝的上半部，窝的两侧为小脑上脚，由小脑行向中脑的纤维组成。

3）中脑

中脑位于脑桥和间脑之间，腹侧上界为视束，下界为脑桥的上缘，两侧是由粗大纵行纤维束组成的大脑脚，左、右大脑脚之间的凹窝称脚间窝，动眼神经（Ⅲ）自窝内出脑。背面有四个圆形隆起，叫四叠体，上方一对称为上丘，是视觉皮质下中枢，下方一对称为下丘，是听觉皮质下中枢，分别与间脑的外侧膝状体和内侧膝状体联系。下丘下方有滑车神经（Ⅳ）出脑。

2. 脑干的内部结构

脑干内部结构主要由灰质和白质构成，同时还出现了大面积的网状结构。脑干的灰质分散在的神经核,分脑神经核(直接与第 3~12 对脑神经相连)、中继核(脑干许多纤维束的中继站)和网状核(位于脑干的网状结构)三类(见图 9-19)。其中后两类合称"非脑神经核"。脑干的白质主要有上行纤维束(包括内侧丘系、脊髓丘系、三叉丘系和外侧丘系)和下行纤维束(即锥体束)。

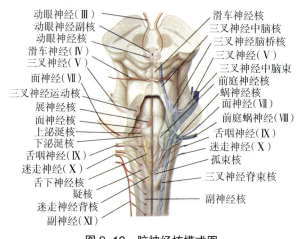

图 9-19　脑神经核模式图

1)延髓的结构

延髓内部由灰质和白质构成,但灰质不连贯成柱,而是功能相同的神经元细胞体集合而成的多个神经核,嵌在白质之中。延髓内主要的神经核有舌咽神经、迷走神经、副神经、舌下神经四对脑神经核和本体感觉传导通路中第二级神经元胞体聚集形成的薄束核、楔束核。由薄束核、楔束核发出的纤维组成弓状纤维,在中央管腹侧左右交叉,称内侧丘系交叉(见图 9-20),交叉后的纤维转而上行,在正中线两侧形成内侧丘系。

腹侧的锥体内聚集着皮质脊髓束的纤维,绝大部分下行纤维交叉到对侧形成锥体交叉,交叉后的纤维组成皮质脊髓侧束,未交叉的纤维垂直下行组成皮质脊髓前束。

此外,在橄榄上部和中部水平内的网状结构里面存在着许多基本生命活动中枢,如血管运动、呼吸、心跳和呕吐中枢等。所以,延髓有"生命中枢"之称。

2)脑桥的结构

脑桥内部有三叉神经、外展神经、面神经和位听神经四对脑神经核。脑桥核是传递大脑皮质向小脑发送信息的最重要的中继站。脑桥被盖部中央是自延髓延续而来的网状结构。

3)中脑的结构

在中脑横切面上可见一细管,称中脑水管,连结第三脑室和第四脑室。灰质内有动眼神经和滑车神经两对脑神经核。

中脑主要有协调躯体运动、维持正常姿势(红核和黑质)、参与视觉和听觉的反射活动(四叠体)以及调节眼球运动和瞳孔大小(动眼神经核和滑车神经核)等机能。

3. 脑干的网状结构

在脑干中,还存在着分布相当广泛、神经细胞体与纤维纵横交织成"网状"的区域,为脑干的网状结构,其间散在有大小不等的神经细胞团块。网状结构能接收来自几乎所有感觉系

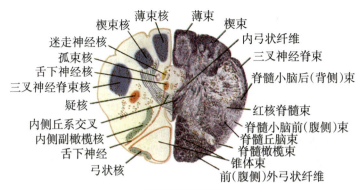

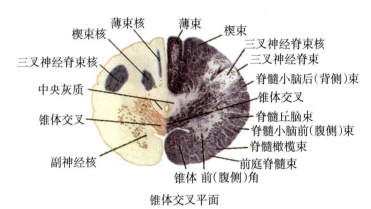

图 9-20　延髓横切面

统的信息，而网状结构的传出联系则直接或间接地可达到中枢神经系统各个地方，从而影响脑和脊髓的活动。

脑干网状结构的功能也是多方面的。

1）与脊髓的联系及调节躯体运动

网状结构的内侧核群发出网状脊髓束，止于脊髓前角，兴奋或抑制骨骼肌的运动。

2）与脑干内部的联系及调节内脏活动

在延髓网状结构中有许多与基本生命体征相关的中枢，如心血管运动、呼吸中枢及与消化有关的调节中枢。

3）与大脑的联系及上行激动系统

网状结构不同于一般感觉传导（即特异性投射系），不引起皮质特定区域对痛、温、触、压觉等的特异感觉，而是把感觉冲动广泛地传到大脑皮质各区（即非特异性投射系），主要作用是保持皮质的意识水平，使皮质对各种传入信息有良好的感知能力，同时在维系人的觉醒和睡眠周期中起重要作用。

三、小脑

小脑占据颅后窝的大部分，两侧膨大部分称为半球，中部狭窄部分为小脑蚓（见图

9-21）。前面邻第四脑室，上面邻端脑枕叶。

小脑主要有三种机能：协调随意运动、调节肌紧张、维持平衡。小脑的损伤不会引起随意运动的丧失（瘫痪），但出现姿势、平衡步态和运动控制失调，以及肌张力下降、肌肉松弛等现象，也会出现发音障碍。

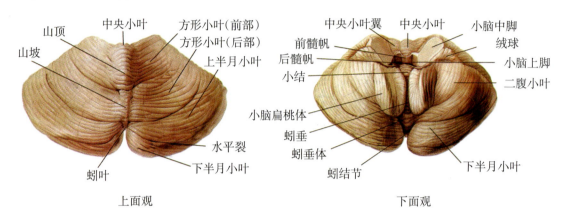

图 9-21 小脑外形

四、间脑

间脑位于脑干和端脑之间，两侧和背面被大脑半球所掩盖。间脑的内腔为位于正中矢状面的窄隙，即第三脑室（见图9-22）。间脑可分为上丘脑、背侧丘脑、后丘脑、下丘脑和底丘脑五个部分。上丘脑位于第三脑室顶部，连有松果体；底丘脑与中脑相连，是间脑和中脑被盖的过渡地区。

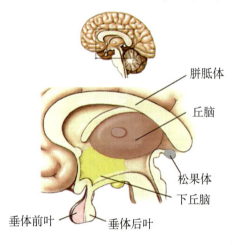

图 9-22 间脑

1. 背侧丘脑

背侧丘脑又称丘脑，占据间脑的大部分，是一对卵圆形灰质团块，左右各一，中间为第三脑室。丘脑内部由一个"Y"字形的白质纤维板分为三部分，即前核、内侧核和外侧核。几乎所有进入大脑的传入纤维在到达大脑皮质之前都要在这里变换神经元，能进行复杂的分析与综合，因此，丘脑是一个重要的皮质下感觉中枢。

2. 后丘脑

后丘脑位于背侧丘脑后下方，包括内侧膝状体和外侧膝状体，两者内部均为灰质团块。内侧膝状体借下丘臂连于四叠体的下丘，是听觉的皮质下中枢；外侧膝状体借上丘臂连于四叠体的上丘，是视觉的皮质下中枢。

3. 下丘脑

下丘脑位于背侧丘脑下方，自前向后所包括的结构有视交叉、灰结节、灰结节下方的漏斗、与漏斗相连的神经垂体以及灰结节后方的乳头体等。下丘脑是神经内分泌的中心,将神经调节和体液调节融为一体;是自主神经活动的高级中枢,对机体体温、摄食、生殖、水盐平衡和内分泌活动等进行广泛的调节;可直接通过血液接收有关信息,能有效地实现其调节;可调节体温、血液成分的变化;调节情绪行为;调节机体昼夜节律的功能。

五、端脑

端脑通常又称大脑,是脑的最高级部位,由两侧大脑半球借胼胝体连结而成。

(一)端脑的外形

在两侧大脑半球之间有大脑纵裂,大脑纵裂将其分开,纵裂的底为连结左、右半球的纤维,即胼胝体(见图9-23)。大脑和小脑之间为大脑横裂。大脑半球表面呈现许多隆起的脑回和深陷的脑沟。每侧半球以3条恒定的沟分为5叶:外侧沟,是半球最深、最明显的沟,起于半球下面,行向后上方,至上外侧面;中央沟,起于半球上缘中点稍后方,斜向前下方,下端与外侧沟隔一脑回,上端延伸至半球内侧面;顶枕沟,位于半球内侧面后部,自下而上,并转至上外侧面。外侧沟上方和中央沟以前的部分为额叶;外侧沟以下的部分为颞叶;枕叶位于半球后部,其前界在内侧面为顶枕沟;顶叶为外侧沟上方、中央沟后方及枕叶以前的部分;岛叶(又称脑岛)呈三角形,位于外侧沟深面,被额、顶、颞叶所掩盖(见图9-24)。

大脑半球背外侧面,中央沟的前方,有与之平行的中央前沟,中央沟与中央前沟之间为中央前回。自中央沟向前有两条与半球上缘平行的沟,为额上沟和额下沟,是额上回、额中回

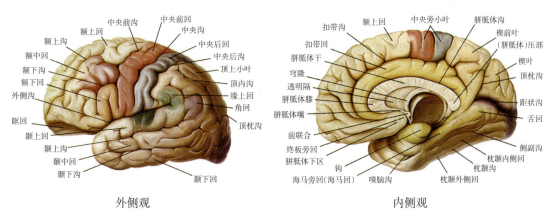

图9-23 端脑

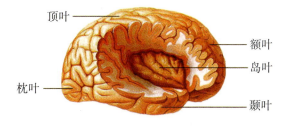

图9-24 端脑的分叶

和额下回的分界线。在中央沟后方有与之平行的中央后沟,此沟与中央沟之间为中央后回。在中央后沟后方,有一条与半球上缘平行的顶内沟,此沟上方为顶上小叶,下方为顶下小叶。顶下小叶又分为包绕外侧沟后端的缘上回和围绕颞上沟末端的角回。在外侧沟的下方,有与之平行的颞上沟和颞下沟。颞上沟的上方为颞上回,在外侧裂内,有几条短的颞横回。颞上沟和颞下沟之间为颞中回,颞下沟的下方为颞下回。在大脑半球的内侧和底面,自中央前、后回背外侧面延伸到内侧面的部分称为中央旁小叶。在中部有前后方向上略呈弓形的胼胝体。在胼胝体后下方,有呈弓形的距状沟向后至枕叶后端,此沟中部与顶枕沟相连。距状沟与顶枕沟之间称楔叶,距状沟下方为舌回。在胼胝体背面有胼胝体沟,此沟绕过胼胝体后方,向前移行于海马沟。在胼胝体沟上方,有与之平行的扣带沟。扣带沟与胼胝体沟之间为扣带回。扣带回向后下转而向前移行的部分称海马回,海马回的末端呈钩状为海马回钩。扣带回、海马回和海马回钩连成一体,围绕在脑干的周边,合称边缘叶。

(二)端脑的结构

大脑半球表面被灰质覆盖,称大脑皮质,深面有大量的白质(髓质)。在端脑底部的白质中藏有基底核。端脑的内腔为侧脑室。

1. 侧脑室

侧脑室是位于两侧大脑半球内的腔隙,内含脑脊液。两侧侧脑室通过室间孔与第三脑室相通,室腔内有脉络丛(见图9-25)。

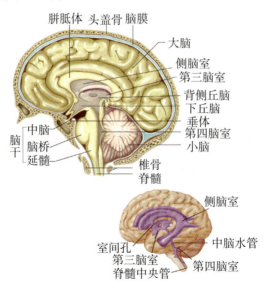

图9-25 大脑正中矢状切

2. 基底核

基底核(见图9-26)为靠近大脑半球的底部,埋在白质中的几个灰质团块,包括尾状核、豆状核、屏状核和杏仁体。

(1)纹状体:由尾状核和豆状核构成。尾状核呈"C"字形弯曲的蝌蚪状,分头、体、尾三部分,其全长都与侧脑室相邻且围绕豆状核和丘脑。豆状核位于岛叶深部、丘脑外侧,借内囊白质纤维与丘脑和尾状核分隔。豆状核水平切面和额状切面上均呈三角形,并被两个白质薄板

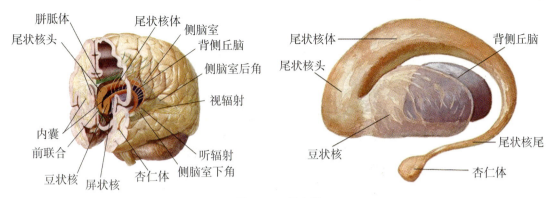

图 9-26 基底核

分为三部分,外侧部最大,称壳,内侧的两部分合称苍白球。尾状核头部与豆状核之间借灰质条索相连,外观呈条纹状,故两者合称纹状体。在种系发生上,苍白球较古老,称旧纹状体,尾状核和壳是较新的结构,合称新纹状体。纹状体是椎体外系的重要组成部分,参与躯体运动调节。苍白球参与机体学习记忆功能。

(2)屏状核:为岛叶与豆状核之间的薄层灰质,其范围与豆状核的壳相当。此核与大脑皮质之间可能有往返联系,其功能尚不明了。

(3)杏仁体:位于侧脑室下角前端深面,与尾状核的尾相连,属边缘系统。杏仁体参与调节内脏活动和情绪的产生。

3. 大脑半球的髓质

大脑半球的髓质由大量神经纤维组成,实现皮质各部之间以及皮质与皮质下结构间的联系,可分为联合系、联络系和投射系三类。

(1)联合系:连结左、右大脑半球皮质的纤维,主要结构是胼胝体、前联合和穹窿。人的胼胝体最发达。胼胝体连结两侧半球广大区域的相应部位,纤维向前、后和两侧放射,联系两半球的额叶、枕叶、顶叶、颞叶。

(2)联络系:联系同侧半球内各部皮质的纤维,如上纵束、下纵束、钩束等。短纤维联系相邻脑回,为弓状纤维。

(3)投射系:联系大脑皮质和皮质下各中枢的上、下行纤维。这些纤维束集中地从丘脑与纹状体之间通过,使该处形成致密的白质板层,称内囊。内囊呈向外开放的"V"字形,其中央的顶点称内囊膝部,前方称内囊前脚,后方称内囊后脚。所有上、下行的纤维均在该处通过,一旦内囊损伤,可导致对侧偏瘫等疾病。

4.大脑皮质

大脑皮质是覆盖在大脑半球表面的灰质,也是中枢神经系统发育最为复杂和完整的部位,是高级神经活动的物质基础。机体各种功能活动的最高中枢在大脑皮质上具有定位关系(见图9-27),形成许多重要的中枢,但这些中枢只是执行某种功能的核心部分,皮质的相邻或其他部分也可有类似的功能。所以,当大脑皮质某一中枢损伤后,并不能使人永远完全丧失该中枢所管理的功能,经过适当的治疗和功能锻炼,常由其他有关脑区来代偿而使功能恢复到一定程度。除此之外,还存在着广泛的脑区,不局限于某种功能,而是对各种信息进行加

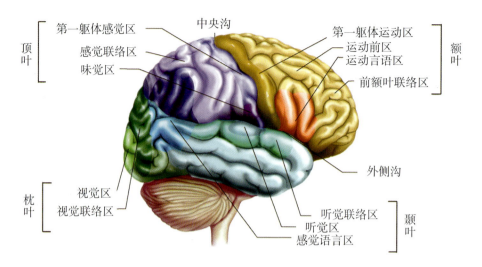

图 9-27 大脑皮质机能定位

工和整合,为联络区。

(1)第一躯体运动区:位于中央前回和中央旁小叶前部。身体各部在此中枢的投影特点为:①上下颠倒,但头部是正的,中央前回最上部和中央旁小叶前部与下肢运动有关,中部与躯干和上肢运动有关,下部与面、舌、咽和喉的运动有关;②左右交叉,即一侧运动中枢支配对侧肢体的运动,但一些与联合运动有关的肌肉则受两侧运动中枢共同支配,如面上部肌、眼球外肌、咽喉肌和呼吸肌等;③身体各部在皮质上投影区的大小与该部在功能上的重要程度和复杂性有关。如手的代表区比足的大得多。这一区域是躯体骨骼肌运动的最高中枢,发出纤维组成锥体束,至脑干一般躯体运动核、特殊内脏运动核和脊髓前角运动神经元。该区域接受中央后回、背侧丘脑腹前核、腹外侧核和腹后核的纤维。

图 9-28 所示为人体各部在第一躯体运动区的定位。

(2)第一躯体感觉区:位于中央后回和中央旁小叶后部,接受背侧丘脑腹后核传来的对侧半身痛、温、触、压以及位置觉和运动觉等躯体感觉。它的特点与运动中枢相似:①上下颠倒,但头是正的;②左右交叉;③身体各部在该区投射范围的大小取决于该部的感觉敏感程度。

图 9-29 所示为人体各部在第一躯体感觉区的定位。

(3)视觉区:位于枕叶内侧面距状沟两侧的皮质,即楔叶和舌叶,接受外侧膝状体的纤维。每侧半球的视觉中枢都与两眼视野的对侧一半联系。损伤一侧视觉中枢,可引起双眼偏盲。

(4)听觉区:位于大脑外侧沟下壁的颞横回,接受内侧膝状体的纤维。每侧听觉中枢均可接受来自双耳的听觉冲动。因此,一侧听觉中枢受损,不致引起全聋。

(5)语言中枢。

①运动性语言中枢(说话中枢):位于额下回的后部,又称 Broca 区。此中枢受损,产生运动性失语症,即丧失了说话能力,但仍能发音。

②听觉性语言中枢:位于颞上回后部。此中枢受损,患者虽听觉正常,但听不懂别人讲话的意思,也不能理解自己讲话的意义,称感觉性失语症。

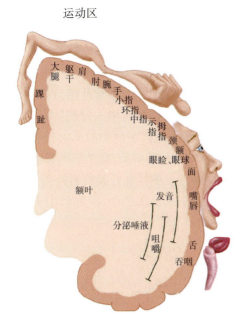
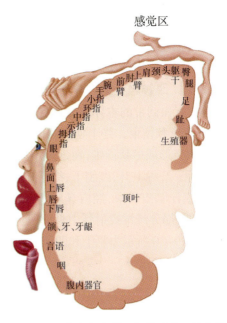

图9-28 人体各部在第一躯体运动区的定位   图9-29 人体各部在第一躯体感觉区的定位

③书写中枢:位于额中回后部,靠近中央前回的上肢代表区。此中枢受损,虽然手部的运动没有障碍,但写字、绘图等精细动作发生障碍,称为失写症。

④视觉性语言中枢:位于角回,靠近视区。此区受损时,视觉正常,但不能理解文字符号的意义,称为失读症。

(6)内脏运动中枢:一般认为在边缘叶,它是自主神经功能调节的高级中枢。

(四)边缘系统

边缘系统位于大脑半球的内侧面,由边缘叶和有关的皮质及皮质下结构组成,如杏仁体、下丘脑、上丘脑、背侧丘脑前核等。边缘系统在进化上是脑的古老部分,神经联系十分复杂,主要参与内脏调节、情绪反应和性活动等,海马还与高级神经活动记忆有关。

第四节 神经系统的传导通路

一方面,人体中各种内外环境刺激,经周围感受器和传入神经元传至中枢神经系统内,最后传到大脑皮质产生感觉;另一方面,大脑皮质发出传出纤维,经脑干和脊髓的运动神经元支配周围躯体和内脏的效应器。因此,在神经系统内存在着两大传导通路:感觉(上行)传导通路和运动(下行)传导通路。传导通路中的感觉和运动传导通路分别是反射弧组成中的传入和传出部分,但只有不经过大脑皮质的上、下行传导通路才为反射通路。

一、感觉传导通路

感觉传导通路是指从身体各部的感受器与脑皮质的神经联系,它包括本体感觉、皮肤感觉、视觉和听觉等传导通路。

（一）躯干和四肢的本体感觉和精细触觉传导通路

本体感觉又称深感觉，是指来自肌、腱、关节等深部的位置觉、运动觉和震动觉。在本体感觉传导通路中除传导深部感觉外，还传导皮肤的精细触觉。该通路由3级神经元组成。

第1级神经元为脊神经元，胞体在脊神经节内，周围突随脊神经的感觉纤维分布到肌、腱、关节和韧带的本体感受器和皮肤的触觉感受器；中枢突经脊神经后根入脊髓后索上升，形成薄束和楔束，终于延髓的薄束核和楔束核。第2级神经元胞体在延髓的薄束核和楔束核。轴突形成弓状纤维，在延髓中央管腹侧交叉至对侧，为内侧丘系交叉，交叉后的纤维称内侧丘系。纤维上升，经脑干，终于丘脑腹后外侧核。第3级神经元胞体在丘脑腹后外侧核。轴突组成丘脑皮质束，经内囊后脚（即枕部），投射到大脑皮质中央后回的中、上部和中央旁小叶后部，部分纤维投射到中央前回。

图9-30所示为躯干和四肢的本体感觉传导通路。

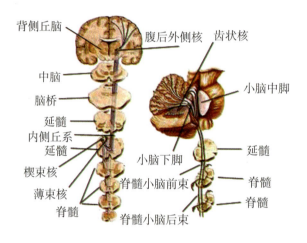

图9-30　躯干和四肢的本体感觉传导通路

（二）躯干和四肢的痛温觉、粗触觉和压觉传导通路

躯干和四肢的痛温觉、粗触觉和压觉传导通路又称浅感觉传导通路（见图9-31），由3级神经元组成。第1级神经元胞体在脊神经节内，周围突分布于躯干、四肢皮肤内的感受器，中枢突组成脊神经后根入脊髓后角，主要终于后角固有核。第2级神经元胞体主要在脊髓后角固有核。轴突经脊髓白质前联合交叉至对侧，组成脊髓丘脑束，在脊髓内上升，经脑干，终于丘脑腹后外侧核。第3级神经元胞体在丘脑腹后外侧核，轴突经内囊后脚，投射到中央后回中、上部和中央旁小叶后部。

（三）视觉传导通路

视觉传导通路（见图9-32）由3级神经元组成。第1级神经元是视网膜的双极细胞。周围突分布于视觉感受器，即视网膜内的视锥细胞和视杆细胞，中枢突与节细胞相突触。第2级神经元是视网膜的节细胞，轴突组成视神经、视交叉、视束，最后终于外侧膝状体。在视交叉处，仅来自两眼视网膜鼻侧半的纤维交叉，而颞侧半纤维不交叉。故左侧的视束中，含有来

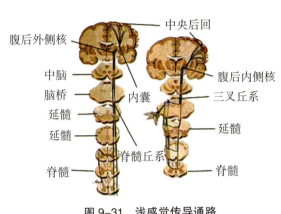

图 9-31 浅感觉传导通路　　　　图 9-32 视觉传导通路

自两眼视网膜左侧半的纤维,右侧视束内含有来自两视网膜右侧半的纤维。第 3 级神经元胞体在外侧膝状体内,轴突组成视辐射,经内囊后脚,投射到大脑皮质距状沟上、下侧(楔叶和舌回)的大脑皮质,产生视觉。

视觉传导通路不同部位受损,引起不同视野缺陷:

(1)视网膜损伤导致受伤部位有暗点,视神经盘损伤,视野中出现较大暗点,黄斑损伤则中央视野有暗点;

(2)一侧视神经损伤,引起该侧视野全盲;

(3)视交叉纤维受损,引起双眼颞侧半偏盲;

(4)视交叉外侧部的不交叉纤维损伤,引起双眼鼻侧视野半偏盲;

(5)一侧视束以上神经受损,导致双眼对侧半视野同向性偏盲。

(四)听觉传导通路

听觉传导通路(见图 9-33)由 3 级神经元组成。第 1 级神经元胞体在蜗轴内的螺旋神经节,周围突分布于内耳的听觉感受器——螺旋器(Corti 氏器);中枢突组成听神经——蜗神经,与前庭神经一起入脑。第 2 级神经元是蜗神经核,轴突大部分在脑桥内交叉,组成斜方体,纤维再转向上行,形成外侧丘系,经下丘终于内侧膝状体。第 3 级神经元胞体在内侧膝状体内,轴突组成听辐射,经内囊后脚止于颞横回。

少数蜗腹侧核和蜗背侧核的纤维不交叉,因此,听觉冲动是双侧传导,一侧通路在外侧丘系以上受损,引起听力降低;若蜗神经受损,则导致听觉障碍。

另有小部分外侧丘系纤维,中途止于四叠体下丘内的下丘核,后者的轴突到上丘,然后交叉至对侧,参加顶盖脊髓束,下降至脊髓前角细胞,完成听反射。

(五)平衡觉传导通路

平衡觉传导通路传导内耳位觉感受器在头部位置变化时所感受的刺激,并与本体感觉、视觉一起参与身体的平衡调节。

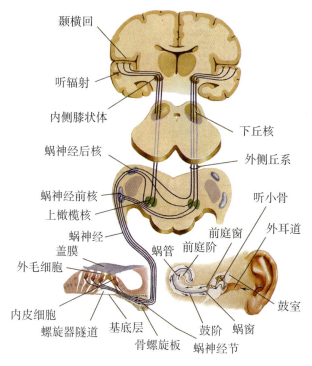

图 9-33 听觉传导通路

二、运动传导通路

运动传导通路是指从大脑皮质至身体各部效应器的神经联系，由上运动神经元和下运动神经元组成。上运动神经元是自大脑皮质至脑神经躯体运动核和脊髓前角的传出神经元。下运动神经元是脑神经躯体运动核和脊髓前角的神经细胞，其胞体和轴突构成传导运动冲动的最后公路。躯体运动传导通路主要为锥体系和锥体外系。

(一)锥体系

锥体系主管躯体骨骼肌的随意运动。其任何部位损伤都可引起瘫痪，可分两类：上运动神经元损伤(表现为痉挛性瘫痪)和下运动神经元损伤(表现为迟缓性瘫痪)。

1.皮质脊髓束

皮质脊髓束(见图 9-34)由中央前回上 2/3 和中央旁小叶前部等处的巨型锥体细胞和其他类型锥体细胞的轴突组成，下行经内囊后脚的前部、中脑大脑脚底中 3/5 的外侧部、脑桥的基底部至延髓的锥体。在锥体下端，75%~90%的纤维交叉，形成锥体交叉，交叉后的纤维继续在对侧脊髓外侧索内下行，称为皮质脊髓侧束，此束沿途发出侧支，逐节止于前角运动细胞，主要支配四肢肌。小部分未交叉的纤维沿本侧脊髓前索内下行，称皮质脊髓前束，此束逐节经白质前联合交叉至对侧(尚有部分纤维始终不交叉)，终止于脊髓前角运动细胞，由脊髓前角运动细胞发出的轴突组成脊髓前根，并随脊神经分布到躯干和四肢骨骼肌，支配其随意运动。因此，躯干肌受两侧大脑皮质支配，而四肢肌仅受对侧大脑皮质支配。

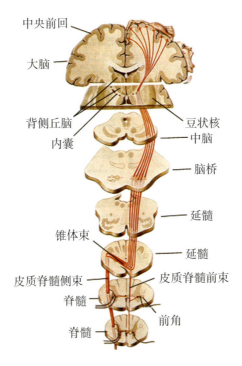

图 9-34 皮质脊髓束

2. 皮质核束

皮质核束(见图 9-35)由中央前回下 1/3 的巨型锥体细胞和其他类型锥体细胞的轴突组

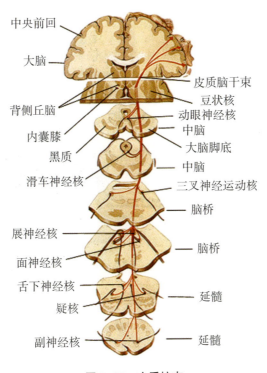

图 9-35 皮质核束

193

成,下行经内囊膝部至大脑脚底中 3/5 的内侧部,陆续发出纤维,大部分终于双侧脑神经运动核(如动眼神经核、滑车神经核等),小部分交叉至对侧,终止于面神经运动核的部分细胞群和舌下神经核。上述神经核的轴突再组成脑神经的运动纤维,分布于头、面、舌、咽和喉等部的肌肉,管理其随意运动。因此,除了支配面下部肌的面神经核和舌下神经核只接受单侧皮质核束支配外,其他脑神经运动核均接受双侧皮质核束的纤维。

(二)锥体外系

锥体外系是指锥体系以外的下行运动传导通路。锥体外系起源广泛,是一个十分复杂的结构,包括大脑皮质、纹状体、红核、黑质、丘脑、网状结构、前庭神经核、小脑和脑干网状结构等。锥体外系的纤维最后经红核脊髓束、网状脊髓束等中继,下行终止于脑神经运动核和脊髓前角细胞。锥体外系在皮质的起点与锥体系存在着重叠,因此,大脑皮质对躯体运动的控制和调节是通过锥体系和锥体外系共同实现的。锥体系和锥体外系在运动功能上是不可分割的统一体。只有在锥体外系使肌张力保持稳定协调的前提下,锥体系才能完成精细的随意动作(如写字),而锥体外系对锥体系也有一定依赖性,有些习惯性动作开始由锥体系发起,然后被锥体外系管理(如骑车)。锥体外系的主要环路是纹状体—苍白球系和皮质—脑桥—小脑系等,主要机能是调节肌张力,协调肌肉运动,维持和调整体态姿势等。

第五节　脑和脊髓的被膜、脑室及脑脊液循环

一、脑和脊髓的被膜

在脑和脊髓表面均包裹着三层被膜,由外向内依次是硬膜、蛛网膜和软膜,它们具有支持、保护、营养脑和脊髓的作用。图 9-36 所示为脊髓的被膜。在硬膜与蛛网膜之间有一腔隙,称硬膜下腔,在蛛网膜与软膜之间有蛛网膜下腔,内含脑脊液。

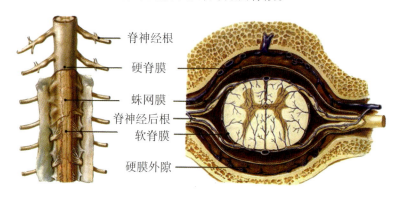

图 9-36　脊髓的被膜

二、脑的血管

脑的动脉(见图 9-37)来源于颈内动脉系和椎-基底动脉系。其分支分为皮质支和中央

支,前者营养大脑皮质及深面的髓质,后者供应基底核、内囊及间脑。脑的静脉无瓣膜,不与动脉伴行。

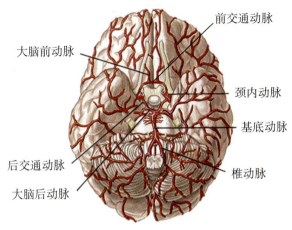

图 9-37 脑底的动脉

三、脑室

脑室是指脑内部的腔隙,包括大脑半球内的侧脑室,两侧间脑之间的第三脑室和位于脑桥、延髓和小脑之间的第四脑室。第三脑室借室间孔与侧脑室相通;第三脑室及第四脑室借中脑水管相沟通;第四脑室向下与脊髓中央管相通,并通过第四脑室的正中孔和外侧孔与蛛网膜下腔相通。

在脑室内有脉络丛,脉络丛由毛细血管、结缔组织和室管膜上皮构成,可分泌脑脊液。

四、脑脊液及其循环

脑脊液是充满于脑室系统、脊髓中央管和蛛网膜下腔的无色透明液体,脑脊液主要由脑室的脉络丛产生。成人脑脊液总量约150毫升。脑脊液形成了脑和脊髓液体垫,可缓冲震荡,具有保护意义,并有营养、运输代谢产物以及维持正常颅内压等作用。

脑脊液的循环(见图9-38)途径:首先,由侧脑室脉络丛产生的脑脊液,经室间孔流至第三脑室,与第三脑室脉络丛产生的脑脊液一起经中脑水管流入第四脑室;然后,再汇合第四脑室脉络丛产生的脑脊液经第四脑室的正中孔和外侧孔流入蛛网膜下腔,使脑、脊髓及脑神经、脊神经根均被脑脊液浸泡;最后,脑脊液再经蛛网膜颗粒,流回到血液循环中。脑脊液在循环途径中若发生阻塞,则将导致脑积水和颅内压升高,甚至出现脑疝而危及生命。

五、脑屏障

中枢神经系统神经细胞的正常机能活动,有赖于其周围的微环境保持一定的稳定性。而维持这种稳定性的结构为脑屏障,其主要功能是选择性地允许某些物质通过,阻止另一些物质通过。脑屏障由三部分组成,它们分别是血-脑屏障、血-脑脊液屏障和脑脊液-脑屏障。

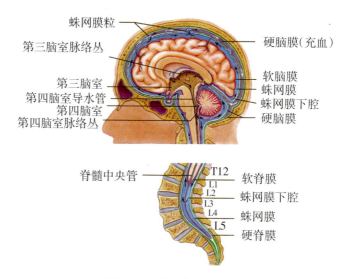

图 9-38 脑脊液循环模式图

以下仅对血-脑屏障做一简介。

血-脑屏障(见图9-39)位于血液与脑和脊髓的神经细胞之间。其结构基础为：

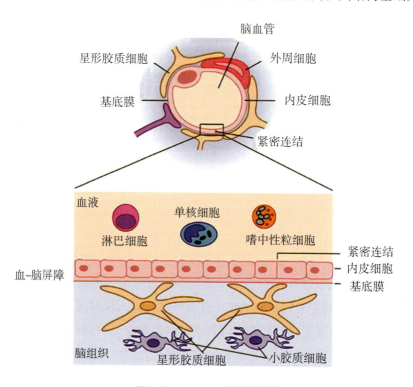

图 9-39 血-脑屏障示意图

（1）脑和脊髓内毛细血管内皮细胞，内皮细胞之间紧密连结，大分子物质难以通过，但水和某些离子可以通过；

（2）连续包裹毛细血管外壁的基膜；

(3)神经胶质细胞突起在毛细血管基膜外贴附。

上述结构的功能虽不尽相同,但必须是三种结构联合起来才能起到屏障的作用。

脑屏障的主要机能有两个方面:一是对血液中异物阻挡,有限度地防止有害物质侵入脑组织,以达到保护脑的目的;二是保持细胞膜正反方向的主动运转,维持脑内环境恒定,保证中枢神经系统的正常活动。

第六节　体育运动对中枢神经系统的影响

由简单到复杂活动的完成,实际上是人体各器官、系统相互协调地进行复杂的功能活动的结果,而这种复杂的功能活动又依赖于神经系统的支配和调节。坚持长期体育锻炼可以提高神经系统的调节能力,改善神经过程的灵活性与均衡性,增强神经系统的功能。神经系统功能的增强必然伴随其形态结构的良好改变。

长期的运动训练不仅能够改善神经细胞的功能,增大线粒体体密度,增大大脑皮质某些锥体细胞核仁,显著增多参与形成突触的树突棘数量,增加神经元之间突触的数量,还能通过对其他系统功能的影响,进一步改善中枢神经的营养状况,使大脑活动更自如,思维更敏捷。因此,儿童少年及老年人进行科学而形式多样的体育锻炼,对增强体质、促进智力发育及预防衰老均有积极意义。

【思考题】

1．简述神经系统的功能与作用。

2．叙述周围神经系统的组成及各部分的结构概况。

3．叙述中枢神经系统的组成及各部分的功能。

4．简述人体本体感觉和浅感觉的传导通路。

5．请结合实际,谈谈体育运动对人体中枢神经系统有什么影响?

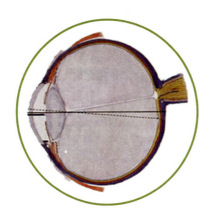

第十章
感觉器官

[学习目标]
(1)掌握感觉器官的组成与分类。
(2)掌握眼球的结构组成,了解眼副器的组成与功能。
(3)掌握耳的结构组成及各部分功能。
(4)掌握内耳骨迷路和膜迷路的组成与功能。
(5)掌握人体皮肤的构造及皮肤的功能。
(6)掌握人体本体感受器的结构与功能。

感觉器官是机体感受刺激的装置,它是由感受器及其附属器官构成的。感受器是指感受机体内、外环境的相应刺激并将其转换为神经冲动的结构,是反射弧的首要结构,广泛分布于身体各处。一般情况下,一种感受器只对某一种适宜的刺激特别敏感,因此种类繁多,形态结构各不相同,根据其特化的程度、所在的部位和所接受刺激的来源,一般分为三类。

(1) 外感受器:又称一般感受器,分布在皮肤、黏膜处。它接受来自外界环境的直接刺激,如触、压、痛、温度等物理和化学刺激。

(2) 内感受器:分布在内脏和心血管等处,它接受来自体内的压力、渗透压、温度、离子及化合物浓度等物理或化学的刺激。如颈动脉窦、颈动脉小球、味蕾等。

(3) 本体感受器:分布在肌腹、肌腱、关节等处,它接受机体运动和平衡中产生的刺激,如肌梭、腱梭。

第一节 视器——眼

感受光波刺激的感觉器官为视器,由眼球和眼副器两部分组成。

一、眼球

眼球是视器的主要部分,位于眼眶内,呈前部稍凸的球形,前面有眼睑保护,周围借筋膜与眶壁相连,后端有视神经连于间脑,周围有眼副器。

眼球由眼球壁和眼球内容物两部分组成,如图 10-1 所示。

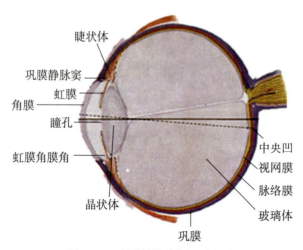

图 10-1 眼球的构造(水平切面)

(一)眼球壁

眼球壁从外向内依次为纤维膜、血管膜和视网膜三层。

1. 纤维膜

纤维膜主要由致密结缔组织所构成,具有支持和保护的作用。纤维膜可分为角膜和巩膜两部分。

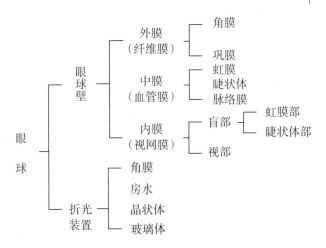

(1)角膜约占纤维膜的前1/6,坚韧而透明,曲度比眼球其他部分较大,有折光作用。角膜无血管,但有丰富的感觉神经末梢,因而感觉灵敏。营养来源于角膜周缘血管、泪液和房水供应。

(2)巩膜约占纤维膜的后5/6,成人呈不透明乳白色,厚而坚韧,有维持眼球形状和保护眼球内部组织的作用。巩膜前接角膜,后方与视神经的鞘膜延续,表面有眼肌附着。在巩膜与角膜交界处的深面有一环行的管道称巩膜静脉窦,是房水的流出通道。图10-2所示为眼球水平切面图。

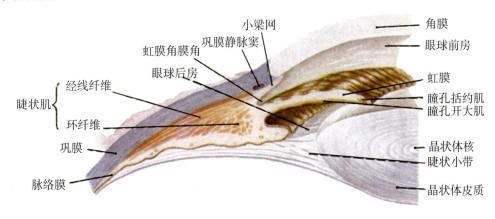

图10-2 眼球水平切面图(局部放大)

2. 血管膜

血管膜由疏松结缔组织构成,含有丰富的色素细胞、血管丛和神经,具有营养球内组织及遮光作用。血管膜由前向后依次为虹膜、睫状体和脉络膜三部分。

虹膜位于血管膜的前部,角膜的后方,呈圆盘状,中央的圆孔称瞳孔。虹膜在晶状体的前方,并将角膜与玻璃体之间的腔隙分为较大的眼球前房和较小的眼球后房,两者之间借瞳孔相通,内含房水。在虹膜内,位于瞳孔周围有呈环行排列的平滑肌纤维称瞳孔括约肌,受副交感神经支配,在强光下或看近处物体时收缩,使瞳孔缩小。在瞳孔括约肌的外侧有呈放射状排列的平滑肌纤维,称瞳孔开大肌,受交感神经支配,在弱光下或看远处物体时收缩,使瞳孔开大。虹膜的颜色有人种差异。

睫状体呈环带状,位于巩膜和角膜移行部的内面,前缘与虹膜相连,后缘连结脉络膜,是血管膜中最肥厚部分。睫状体后部平坦,前部有60～70个向内呈放射状排列的突起,称睫状突。由每一个睫状突发出呈辐射状走向的细丝称睫状小带与晶状体相连结。睫状体内有纵行、放射状和环行排列的平滑肌纤维,称睫状肌,受副交感神经支配。视近处物体时,睫状肌收缩,睫状小带松弛,晶状体周缘受的牵拉力减弱,使晶状体凸度增加。相反,视远处物体时,睫状肌松弛,睫状小带拉紧,晶状体周缘受的牵拉力增加,使晶状体凸度减小。当睫状体内纵行排列的平滑肌收缩和放松时,可开闭巩膜静脉窦,促进房水的循环。因此,睫状体具有调节晶状体曲度和产生房水的作用。

脉络膜位于巩膜和视网膜之间,占血管膜的后2/3,有丰富的血管网和色素细胞,后有视神经穿过;主要功能是营养眼球内的组织,色素细胞有吸收多余光线的作用。

3. 视网膜

视网膜是眼球壁的最内层,由前向后依次为视网膜虹膜部、视网膜睫状体部和视网膜视部三部分。前两部分分别衬于虹膜和睫状体的内面,无感光作用,又称为视网膜盲部。视网膜视部衬于脉络膜的内面,有感光作用。视网膜后端有视神经穿出,该处呈圆盘状隆起,称视神经盘,此处无感光细胞,为生理盲点。在视神经盘的颞侧有一浅黄色的小区称黄斑,黄斑的中心部凹陷,称中央凹,此处无血管,一个视锥细胞和一个双极细胞形成突触,是感光最敏锐处。

视网膜视部主要由4层细胞组成,自外向内依次为:色素上皮细胞、视细胞、双极细胞和节细胞。色素上皮细胞层又称色素部,其余的3个细胞层合称神经部(见图10-3)。

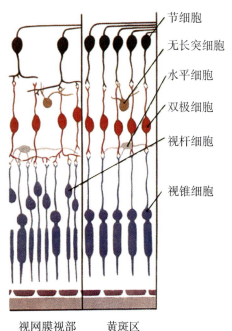

图10-3 视网膜的结构

(1)色素上皮细胞是单层矮柱状的上皮细胞,紧贴脉络膜。色素细胞顶部有许多细长的突起伸向视细胞间,当强光射入时,胞体内的黑色素颗粒移到突起中,吸收过强的光线,保护视细胞。一般所说的视网膜剥离症是指色素细胞层与神经细胞层的分离。

(2)视细胞紧贴色素上皮细胞内面,有视锥细胞和视杆细胞两种。视锥细胞数量多,能感受强光和色光的刺激。视杆细胞的数量相对较少,能感受弱光的刺激,但不能辨颜色。色盲与视锥细胞功能相关,夜盲症与视杆细胞功能相关。

(3)双极细胞的周围突与一个或多个视细胞形成突触,中枢突与节细胞形成突触,是连结视细胞和节细胞的神经元。

(4)节细胞位于视网膜的最内层,是多极神经元,轴突细而长,向视神经盘处汇集,穿出脉络膜和巩膜,形成视神经。

(二)眼球的内容物

1. 眼球的内容物

眼球的内容物包括房水、晶状体和玻璃体。

1)房水

房水是充满于眼房内的无色透明的液体，由睫状体产生的房水自眼球后房经瞳孔到眼球前房，大部分由虹膜角膜角处渗入巩膜静脉窦，汇入眼静脉。房水除有折光作用外，房水循环对角膜、晶状体、玻璃体和视网膜有输送营养和排出代谢废物的作用，房水还能维持眼球内的一定压力。如果房水循环发生障碍，房水聚集过多使眼压升高，将会影响视力，临床上称青光眼。

2)晶状体

晶状体是直径约10毫米呈双凸透镜状的透明体。位于虹膜和瞳孔的后方，玻璃体的前方，周缘借睫状小带悬挂和固定于睫状突上。前面较平坦，后面的曲度较大，无血管和神经分布。晶状体外裹晶状体囊，囊内由许多平行排列的晶状纤维构成，若晶状纤维因疾病或创伤发生变性混浊，变成白色，造成透光障碍，称为白内障。晶状体富有弹性，可依据视物的远近，相应地舒缩，改变晶状体的凸度，调节光线聚焦在视网膜上成像。如果光线聚焦在视网膜前或视网膜后，则造成视物不清，导致远视或近视。

3)玻璃体

玻璃体是无色透明的胶状体，填充在晶状体和视网膜之间，约占眼球内空腔的4/5。本身无血管，代谢能力极低。除有折光作用外，还有保持视网膜的方位、维持眼球形态的作用。如果玻璃体发生混浊，阻碍光线的射入，将影响视力。如果支撑作用减弱，易引起视网膜剥离。

二、眼副器

眼副器包括眼睑、结膜、泪器、眼球外肌、眶脂体和眶筋膜等，对眼球起保护、运动和支持的作用。

(一)眼睑

眼睑位于眼球前方，分上睑、下睑。睑板由致密结缔组织构成，上下各一。上、下睑之间的裂隙为睑裂。睑裂的内外端形成的夹角分别为内眦和外眦；内眦的上、下眼睑缘各有一小孔，为泪点，是泪小管的开口。眼睑的游离缘为睑缘，附着睫毛，睫毛根部有睫毛腺，具有防止异物进入眼内、减弱强光照射和避免角膜干燥的作用；睫毛腺的急性炎症称睑腺炎(曾称麦粒肿)，为眼科常见病。眼睑由浅入深依次为皮肤、皮下组织、肌层、睑板及睑结膜五层。眼睑的皮肤薄而柔软，皮下组织疏松，脂肪很少或无，可因出血或积水而肿胀。肌层主要是眼轮匝肌，该肌收缩可使睑裂关闭。在上睑还另有提上睑肌，受动眼神经支配，收缩时可提上睑。

(二)结膜

结膜是光滑、透明而富有血管的薄层黏膜，分为衬在眼睑内面的睑结膜、衬在眼球表面的球结膜以及睑结膜和球结膜在穹隆部互相移行处的结膜穹窿。睑结膜和球结膜之间的腔隙为结膜腔。结膜富有大量黏液细胞,分泌黏液,润滑眼球,以减少结膜之间及与角膜的摩擦。

(三)泪器

泪器由泪腺和泪道组成(见图10-4)。泪腺位于眼眶内上壁外侧的泪腺窝内。分泌的泪液经10~20条泪腺管排至结膜腔,借眨眼涂抹于眼球表面,有湿润和清洁眼球的作用,因泪液含有溶菌酶,具有灭菌作用。多余的泪液流向内眦,到泪点,经泪小管汇入位于眼眶内侧壁泪囊窝内的泪囊,再经鼻泪管排入下鼻道,因此,泪道包括泪点、泪小管、泪囊和鼻泪管。

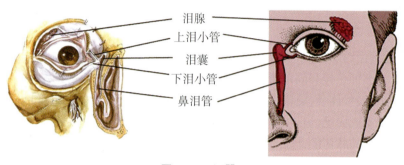

图10-4 泪器

(四)眼球外肌

眼球外肌包括运动眼球和运动眼睑的两组肌肉。运动眼球的肌肉有4条直肌和2条斜肌(见图10-5)。4条直肌即上直肌、下直肌、内直肌和外直肌,共同起自视神经孔周围的总腱环,向前至眼球中纬线的前方,分别止于巩膜的上、下、内、外四方。当其分别收缩时,能使眼球向上、向下、向内、向外转动。2条斜肌即上斜肌和下斜肌,收缩时,分别使瞳孔转向下外方和上外方。运动眼睑的肌肉为提上睑肌,由动眼神经支配,收缩时,可上提上睑,开大眼裂。

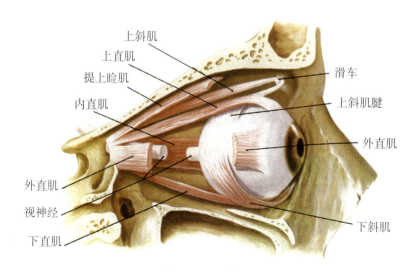

图10-5 眼球外肌

三、物像的形成与视觉传导通路（简介）

当你注视外界的一个目标时，外界物体反射的光线必须依次通过眼球的角膜、房水、晶状体和玻璃体的折射聚焦于视网膜上而成像（视觉传导通路见神经系统）。

第二节 位听器——耳

位听器（或称前庭蜗器）俗称耳，按其位置分为外耳、中耳、内耳三部分。内耳有感受声波刺激的蜗器和感受体位变化的前庭器，外耳和中耳有声波的传导装置。

一、外耳

外耳包括耳郭、外耳道和鼓膜三部分，有收集和传导声波的作用，如图10-6所示。

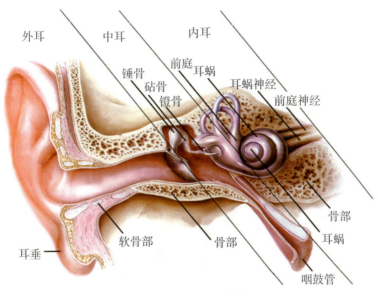

图10-6 前庭蜗器全况模式图

（一）耳郭

耳郭位于头部两侧，形似漏斗状，由弹性软骨作支架，表面覆以皮肤构成。耳郭下端是耳垂，此处没有软骨，是常见的采血部位。

（二）外耳道

外耳道是外耳门至鼓膜之间的弯曲管道，长2.0～2.5厘米。外1/3段是以软骨为支架的软骨部，内2/3段是以颞骨为基础的骨部。外耳道的内表面覆以皮肤，皮肤生有细毛，内有皮脂腺、耵聍腺。耵聍腺分泌耵聍，耵聍除有润滑皮肤的作用外，并和耳毛一起防止异物或小虫进入外耳道深部，有保护鼓膜的作用。外耳道是声波传导的主要通道，可提高声压。

（三）鼓膜

鼓膜是外耳道与鼓室之间椭圆形半透明的纤维组织薄膜，直径约10毫米，厚约0.1毫米。鼓膜周围固定在颞骨上,中心逐渐向内凹陷,与锤骨相连,为鼓膜脐,具有光泽和较强的韧性。鼓膜除了分隔外耳和中耳外,还具有传导声波的作用。鼓膜具有一定的再生能力。

二、中耳

中耳位于外耳和内耳之间,向外借鼓膜与外耳道相隔,向内与内耳相毗邻,向前借咽鼓管通向鼻咽部,由鼓室、咽鼓管、乳突窦和乳突小房构成。中耳是传导声波的主要部分。

(一)鼓室

鼓室是位于颞骨岩部内不规则的含气小腔,表面覆以黏膜,内有听小骨、韧带、肌肉、血管和神经。

鼓室一般分为六个壁。外侧壁为鼓膜;内侧壁即内耳的外壁,称迷路壁,壁的后上方有椭圆形的前庭窗或卵圆窗,由镫骨底所封闭,壁的后下方有圆形的蜗窗或圆窗,由第二鼓膜封闭;前壁有咽鼓管的开口;后壁有乳突小房的开口;上壁以薄的骨板与颅中窝相邻;下壁以薄的骨板与颈内静脉相邻。

鼓室内有三块听小骨,由外向内依次为锤骨、砧骨和镫骨(见图10-7)。锤骨柄附于鼓膜内面,镫骨底借韧带连结于前庭窗的周缘,封闭前庭窗。3块听小骨彼此以关节相连,称为听骨链。当声波引起鼓膜振动时,听骨链也随之运动,使镫骨底在前庭窗上产生振动,再将声波的振动传入内耳。

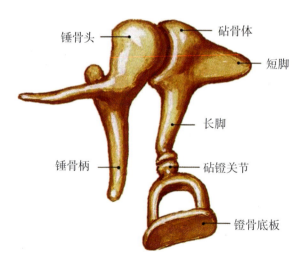

图10-7 听小骨

鼓室内有两块小肌肉:鼓膜张肌和镫骨肌。鼓膜张肌收缩时,能紧张鼓膜;镫骨肌收缩时,能牵拉镫骨稍离开前庭窗,调节迷路内声波的压力不致过高,解除鼓膜紧张状态,起保护作用。

(二)咽鼓管

咽鼓管是连通鼻咽和鼓室之间的管道。咽鼓管咽口平时关闭,当人吞咽或打呵欠时,管道被动开放,使空气经咽鼓管进入鼓室,维持鼓膜内外气压的平衡,保证鼓膜的正常振动,并引流鼓室内的分泌物。

(三)乳突窦和乳突小房

乳突窦位于鼓室上隐窝的后方,开口于前方的鼓室后壁上部,向后下与乳突小房相连,是颞骨乳突内的蜂窝状的含气小腔,开口于鼓室,腔内衬的黏膜与鼓室内的黏膜相连结。具有吸收声波和降低鼓室内压力的作用,可缓解强声或噪声对内耳感受器的损害。当鼓室发炎(中耳炎)时,炎症可蔓延至乳突小房(乳突炎)。

三、内耳

内耳位于颞骨岩部的骨质内,在鼓室内侧壁和内耳道底之间,分为骨迷路和膜迷路两部分。骨迷路是颞骨岩部内的骨性小腔和小管,膜迷路是位于骨迷路内、形态与骨迷路相似的膜性小囊和小管。膜迷路内含有的水样液体称内淋巴,骨迷路和膜迷路之间的水样液体称外淋巴。内、外淋巴互不相通。淋巴有营养内耳和传导声波的作用。

(一)骨迷路

骨迷路由三部分组成,沿着颞骨岩部的纵轴由前内向后外依次为耳蜗、前庭和骨半规管(见图10-8)。

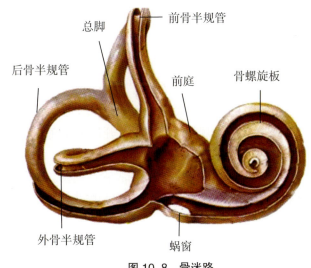

图 10-8 骨迷路

1. 耳蜗

耳蜗位于前庭前方,形似蜗牛壳,由骨质的蜗螺旋管绕蜗轴盘旋约两圈半形成。基底朝向内称蜗底,蜗神经从此穿出。尖端朝向外称蜗顶。螺旋板的基部有蜗轴螺旋管,内藏蜗神经节。将耳蜗自蜗顶至蜗底做一断面,可见从蜗轴发出极薄的骨螺旋板伸入蜗螺旋管中(见图10-9)。骨螺旋板与蜗螺旋管外壁之间由螺旋膜补充。

2. 前庭

前庭是位于耳蜗和骨半规管之间椭圆形的小腔。前庭的外侧壁即鼓室的内侧壁上方有前庭窗,下方有蜗窗。内侧壁是内耳的底,有前庭神经穿出。后上方有5个小孔与3个骨半规管相通。前方有一比较大的孔连通耳蜗。

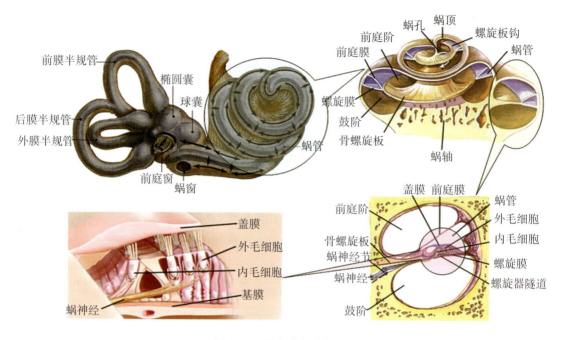

图 10-9 耳蜗内部结构图

3. 骨半规管

骨半规管是 3 个互相垂直排列的，各自呈半圆形的弯曲小管。按其位置分为前骨半规管、后骨半规管和外骨半规管。每个骨半规管有两个骨脚连于前庭，一端开口处不膨大，为单骨脚；另一端开口处称壶腹骨脚，脚上的膨大部为骨壶腹。前骨半规管和后骨半规管的单骨脚合并成一个总骨脚。因此，3 个骨半规管只有 5 个孔开口于前庭。

(二)膜迷路

膜迷路位于骨迷路内，是上皮和结缔组织构成的膜管性结构。膜迷路包括蜗迷路和前庭迷路两部分。蜗迷路即蜗管；前庭迷路包括椭圆囊、球囊和膜半规管。膜迷路各部之间互相交通，腔内充满内淋巴。

1. 蜗管

蜗管是套在蜗螺旋管内的膜性细管，内含内淋巴。蜗顶处的蜗管是盲端，底部借连合管与球囊相通。蜗管的横切面呈三角形。内角连于骨螺旋板缘，上壁以前庭膜为界与前庭阶相隔；下壁以基底膜(螺旋膜)为界与鼓阶相隔；外侧壁是螺旋管增厚的骨膜。基底膜是骨螺旋板的游离缘延续至外侧壁的结缔组织膜。在基底膜上有部分上皮突起，为螺旋器，是听觉感受器。

2. 椭圆囊和球囊

椭圆囊和球囊位于前庭内，是膜迷路的中间部分。椭圆囊较大，呈椭圆形，有 5 个开口与膜半规管相通。球囊呈较小的圆球形，除了有连合管与蜗管相通外，还借助于小管与椭圆囊相通。在椭圆囊和球囊的囊壁上，各有一处局部的黏膜增厚，呈白色，向腔内突出，分别称为椭圆囊斑和球囊斑。椭圆囊斑和球囊斑是位觉感受器，能感受头部的位置变动或直线变速运动的刺激。

3. 膜半规管

膜半规管是位于相应的骨半规管内的膜性细管,形态与骨半规管相似,在骨壶腹内是相应的膜部膨大的膜壶腹。在三个膜壶腹的壁上各有部分黏膜成嵴状突起,为壶腹嵴。壶腹嵴是位觉感受器,能感受头部旋转变速运动的刺激,通过平衡觉传导路传入脑,反射性引起肌张力的变化,以维持身体平衡。

四、声波传导与听觉传导路(简介)

(一)声波在耳内的传导

声波经外耳道振动鼓膜,然后经听骨链的机械振动传递至镫骨底作用于前庭窗,激起前庭阶外淋巴的波动,通过蜗孔,鼓阶的外淋巴也随之波动,波动到达蜗窗后,由于第二鼓膜的振动,缓冲了淋巴波动。外淋巴的波动继而引起蜗管中内淋巴的波动和螺旋膜的振动,使螺旋器的毛细胞受到刺激而兴奋,引起蜗神经末梢的冲动,冲动经听觉传导路传入大脑皮质的听觉中枢,产生听觉。

(二)听觉传导路(见神经系统)

第三节 皮 肤

皮肤覆盖于人体表面,柔软而富有弹性。成人皮肤的总面积约为 1.7 平方米。厚度在身体各部位有所不同,眼睑和腋窝等处的皮肤最薄,足底和手掌等处的皮肤最厚。皮肤是一个多功能的组织。

(1)感觉功能。皮肤内存在极为丰富的感觉神经末梢,能够分别感受压觉、振动觉、冷觉和温觉。

(2)保护功能。皮肤是人体的保护屏障,具有防止体液外渗,防御微生物入侵及阻止各种物理、化学刺激对身体侵害的作用。在表皮内色素细胞所产生的黑色素有保护人体不受过多紫外线损害的作用。

(3)排泄和分泌功能。皮肤表面有汗腺的开口,可在排出汗液的同时排泄废物并调节体温。

一、皮肤的构造

皮肤由表皮和真皮组成。两层紧密结合,其深面为连结皮肤与肌肉的皮下组织或称皮下脂肪、浅筋膜(见图 10-10)。

(一)表皮

表皮位于皮肤的表层,由复层扁平上皮构成,无血管分布。根据角质形成细胞的分化和成熟的不同阶段可分为五层,由深到浅依次为基底层、棘层、颗粒层、透明层和角质层。基底层是一层矮柱状细胞,能不断地分裂,产生新的细胞,并逐渐向浅层推移,以补充不断脱落的浅层角质层细胞。基底层中还有色素细胞,能产生黑色素,可防止紫外线的透入,具有保护体

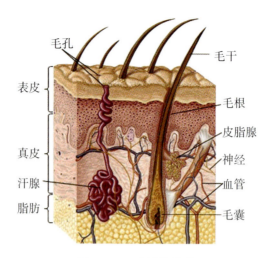

图 10-10　皮肤的构成

内组织的作用。角质层是表皮的最浅层,由多层扁平的角质细胞构成。这是一层完全角化的死细胞,不断地脱落形成皮屑,由深层的细胞不断地补充。

(二)真皮

真皮位于表皮的深层,与皮下组织之间无明显界线,由致密结缔组织构成。根据其形态结构分为浅层的乳头层和深层的网状层。乳头层与表皮的基底层相接,相接处真皮乳头突向表皮,在乳头内有丰富的血管网、淋巴网和感觉神经末梢。网状层位于乳头层深层,两层之间无明显的界线。网状层内有丰富的胶原纤维和弹性纤维,互相交错呈网状,使皮肤具有韧性和弹性。网状层内有血管、淋巴管、神经末梢、汗腺、毛囊、皮脂腺等。

二、皮肤的附属器

皮肤的附属器有毛发、皮脂腺、汗腺和指(趾)甲等,均由表皮衍生而来。

(一)毛发

毛发分布于除手掌、足底等少数部位以外的全身体表。毛根末端膨大,称毛球,该处细胞具有较强的分裂和增殖能力,是毛发的生发点。毛球的底端向内凹陷,有结缔组织突入,称毛乳头,内有丰富的血管供给毛发营养。毛根外裹有毛囊,开口于皮肤表面。在真皮内毛根旁有一斜行的平滑肌束称立毛肌。立毛肌的一端附着于毛囊,另一端止于真皮乳头的浅层。立毛肌受交感神经支配。立毛肌收缩时,毛发竖立,皮肤呈鸡皮皱样。

(二)皮脂腺

皮脂腺位于真皮内毛囊和立毛肌之间,是一种泡状腺。腺细胞的细胞质内充满脂滴,分泌皮脂,导管开口于毛囊。皮脂除有润泽皮肤和毛发的功能外,皮脂中的脂肪酸还有杀菌的作用,立毛肌收缩时有挤压皮脂腺、帮助排出皮脂的作用。

(三)汗腺

汗腺是弯曲的管状腺,分泌部位于真皮和皮下组织内,盘曲呈圆球状,导管部通过表皮,开口于体表的汗孔。汗腺分大汗腺和小汗腺两种,小汗腺几乎遍布于全身,大汗腺分布在腋窝、乳晕、外阴、肛门等处。汗腺分泌汗液,除了排泄水、电解质和代谢产物外,还有湿润皮肤、调节体温的作用。

(四)指(趾)甲

指(趾)甲是由牢固地生长在指(趾)末端背面上的角质板(甲板)及周围组织组成。平时可见的部分称甲体,甲板近侧埋在皮下的部分称甲根,甲板下面的附着部皮肤称甲床,甲体周围皮肤隆起如崤,为甲襞。甲襞皮肤内的微血管排列呈袢状,在显微镜下可以直接观察微循环的情况。

第四节 本体感受器

本体感受器是指位于骨骼肌、肌腱、关节囊、韧带内的一些感受器,能感受骨骼肌、肌腱和韧带在运动中因拉伸而造成的压力、张力变化,并将这些变化的刺激转换为神经冲动,经传入中枢神经系统,使人体感受到身体在空间的位置、姿势、运动的变化等,这对运动中人体精细地感知分析和准确地调节具有重要的意义。

一、肌梭

肌梭分布于全身骨骼肌中(见图10-11),但四肢肌中的肌梭比躯干肌中多,尤其在手肌、足肌内的肌梭特别多。肌梭的表面被结缔组织的被囊所包裹,囊内有6~14条较细小特殊分化了的骨骼肌纤维,为梭内纤维;而肌梭外的骨骼肌纤维为梭外纤维。当肌肉受牵拉或主动收缩时,梭内肌纤维的长度发生变化,梭内的感觉神经末梢均受刺激,并将神经冲动传入中枢产生本体感觉。

肌梭内还有运动神经末梢,它来自脊髓前角的运动神经元,末梢分布于梭内肌纤维的两端。

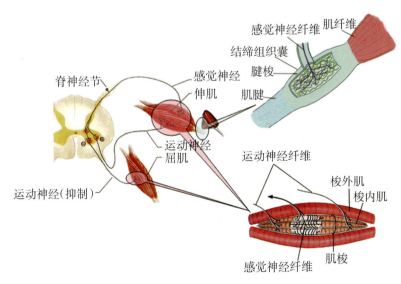

图10-11 肌梭和腱梭

二、腱梭

腱梭分布在肌腹与肌腱的连结处,长轴与腱纤维的纵轴平行排列。腱梭表面也被结缔组织的被囊所包裹,囊内有数根腱纤维束,也有1～2条感觉神经纤维脱髓鞘后进入被囊,反复分支,末梢终止于梭内腱纤维束。当肌肉被拉伸或主动收缩时,腱梭内腱纤维张力发生变化,刺激感觉神经末梢产生冲动,传入中枢产生本体感觉。

【思考题】
1．简述视器的构成。
2．简述位听器的构成。

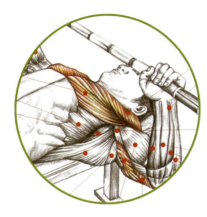

附录
全身主要肌群力量训练动作图谱

Sport Anatomy

一、胸部肌肉力量训练动作

胸部肌群的基本动作是卧推类、双杠臂屈伸、俯卧撑等复合动作和刻画肌肉线条的飞鸟、夹胸、上拉、扩胸等局部动作,使用的器械有杠铃、哑铃、曲柄杠铃、专用训练器械等;体位姿势有卧姿(平卧、斜卧)、站姿、坐姿等;根据练习目的,握法有正握、反握等。

附表1所示为胸部肌群训练主要动作。

附表1 胸部肌群训练主要动作

动作名称		器械选择	主要训练部位
推举类	平卧推举	杠铃哑铃	胸大肌(特别是外侧和上下缘)、三角肌和肱三头肌受到强烈刺激
	上斜卧举		胸大肌中上部
	下斜卧举		胸大肌中下部
飞鸟类	平卧飞鸟	哑铃	胸肌外侧(动作快完成时也刺激胸肌内侧)、三角肌和肱三头肌
	上斜飞鸟		胸肌上部
	下斜飞鸟		主要锻炼胸肌下部,同时锻炼三角肌前头、前锯肌、喙肱肌
	站姿扩胸	哑铃	胸肌
拉力器夹胸	高握把	重锤拉力器	上胸部肌肉(握把相碰的位置高)
	低握把		中、下胸部肌肉(握把相碰的位置低于腹部)
	坐姿夹胸器夹胸	夹胸器	主要锻炼和牵拉胸大肌,对喙肱肌和肱二头肌短头也有锻炼作用
俯卧撑	脚平腰部位置	俯卧撑器	胸大肌两侧翼和下缘沟(两脚位置与腰部水平)
	脚高腰部位置		胸大肌上部、肱三头肌(两脚抬起位置超过腰部)
臂屈伸		双杠	胸大肌下部(特别是其下缘和外侧)、三角肌(前束)和肱三头肌为主,兼练背阔肌、斜方肌、前锯肌等
颈上推举		杠铃、哑铃	胸大肌上部肌肉
仰卧上拉	仰卧直臂上拉	杠铃、哑铃	胸大肌靠人体中线的边沿
	仰卧屈臂上拉	杠铃、哑铃	胸大肌(扩大胸廓)

练习动作详见附图1至附图10。

附录 全身主要肌群力量训练动作图谱

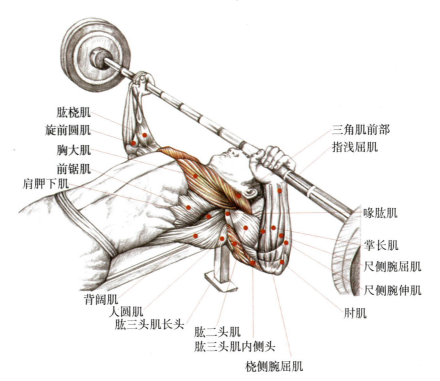

附图 1　平卧杠铃推举

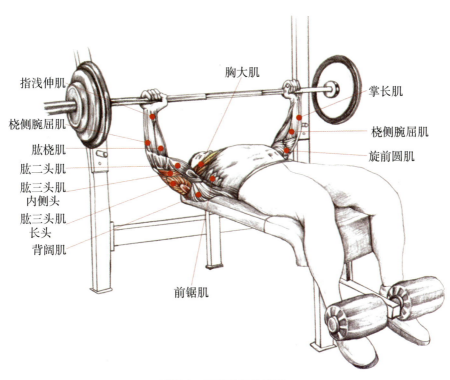

附图 2　下斜卧杠铃推举

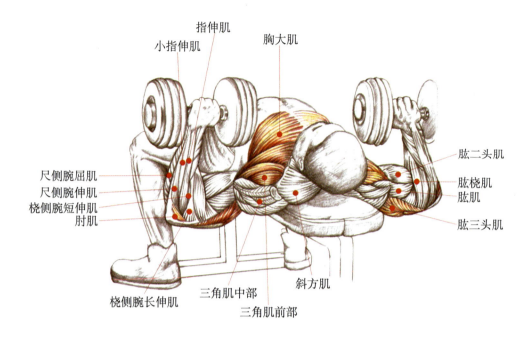

附图 3　平卧哑铃推举

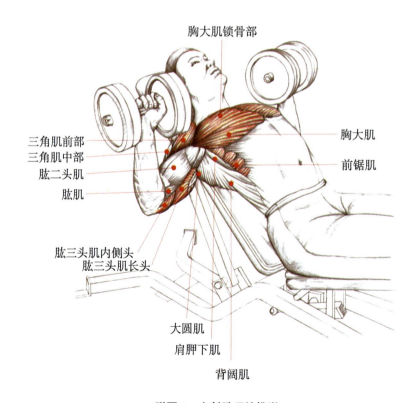

附图 4　上斜卧哑铃推举

附录　全身主要肌群力量训练动作图谱

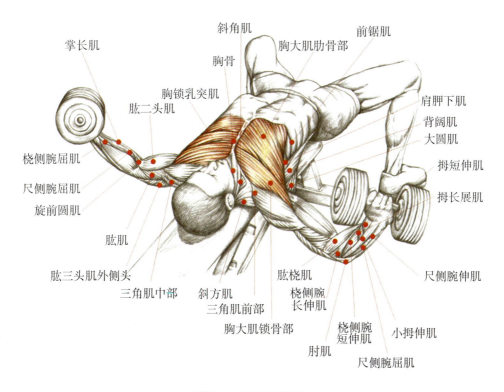

附图 5　平卧哑铃飞鸟

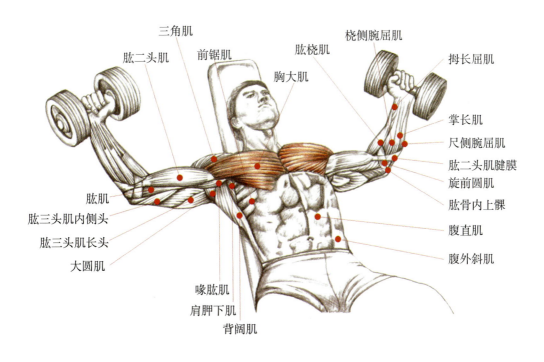

附图 6　上斜卧哑铃飞鸟

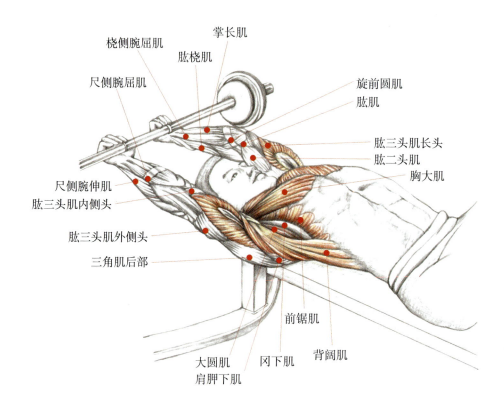

附图 7　仰卧杠铃曲臂上拉

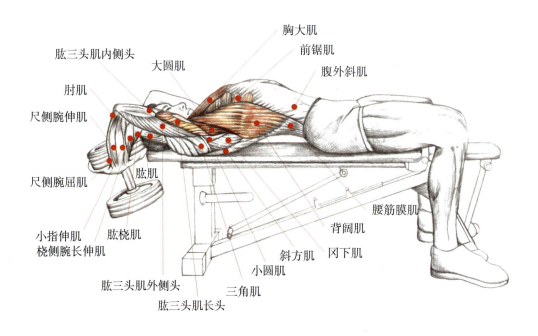

附图 8　仰卧哑铃曲臂上拉

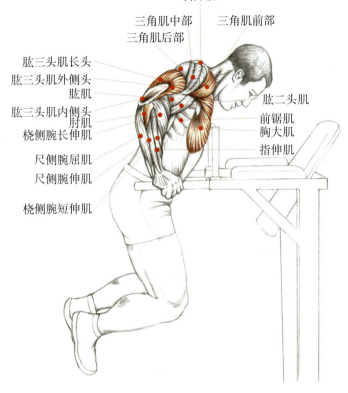

附图 9　双杠臂屈伸

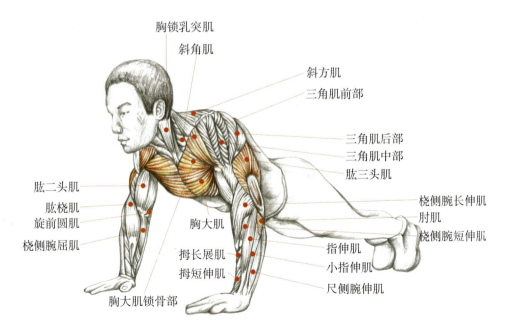

附图 10　俯卧撑

二、背部肌肉力量训练动作

背部肌群训练使用的器械有杠铃、哑铃、曲柄杠铃、专用训练器械等;体位姿势有站姿、坐姿、俯姿、卧姿等;根据练习目的,握法有正握、反握等,握距有宽握距、中握距、窄握距等。上背部肌群训练的基本动作有划船类、引体向上类等;下背部肌群的基本动作有弓身类、硬拉类等。

附表2所示为背部肌群训练主要动作。

附表2 背部肌群训练主要动作

部位	类	动作名称		动作变化	主要锻炼部位
上背部肌群	划船类	站姿划船(杠铃、哑铃)		单手、双手	斜方肌上部、三角肌中后部
		坐姿划船(训练机)			背阔肌、大圆肌、三角肌后部、肱二头肌等
		俯身划船(杠铃、哑铃)		单手、双手	背阔肌、大圆肌、小圆肌
		俯卧杆划船(T形杠铃)			背阔肌、大圆肌、三角肌后部、菱形肌和斜方肌
	引体向上类	单杠引体向上(体前)	正握	宽握距	背阔肌
				窄握距	主要发达背阔肌上部、包括菱形肌冈下肌、大圆肌、小圆肌,使背宽阔
			反握	宽握距	肱二头肌
				中握距	主要发达背阔肌中上部,使背部宽厚
		单杠引体向上(颈后)		中握距	背阔肌
				宽握距	背阔肌中下部
	下拉类	坐姿颈后下拉			背阔肌中部、对斜方肌中下部
		坐姿重锤拉引		颈后正下拉	背阔肌
				颈后斜下拉	小圆肌、背阔肌
				平拉	背阔肌、大圆肌
		站姿直臂下拉			背阔肌、大圆肌和肱三头肌长头
		坐姿单臂下拉			单侧背阔肌,同时对单侧前臂屈肌、肱二头肌等
	耸肩类	站姿杠铃耸肩		曲柄杠铃耸肩	斜方肌
		体后握杠铃耸肩			
		站姿哑铃耸肩		单臂哑铃耸肩	斜方肌的中上部、肩胛提肌和菱形肌
		体后握哑铃耸肩			
	侧举	体前屈两臂侧举(哑铃)			背阔肌、斜方肌、菱形肌、大圆肌
		站姿颈后侧举(哑铃)		杠铃、哑铃	背阔肌、斜方肌和三角肌前群

续表

部位	类	动作名称	动作变化	主要锻炼部位
下背部肌群	弓身类	俯身弯举(杠铃弓身)		发展下背肌(骶棘肌等)
		俯卧挺身(山羊挺身)		骶棘肌
		俯卧转体挺身		
	硬拉类	直腿硬拉(杠铃)	直腿壶铃硬拉	脊柱两侧伸躯干的竖脊肌
		垫木硬拉	正握	
		体后硬拉	反握	
		跨拉	正反握	

练习动作详见附图11至附图20。

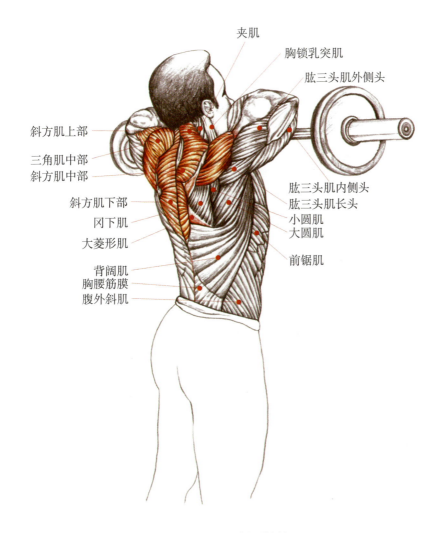

附图11 站姿杠铃划船

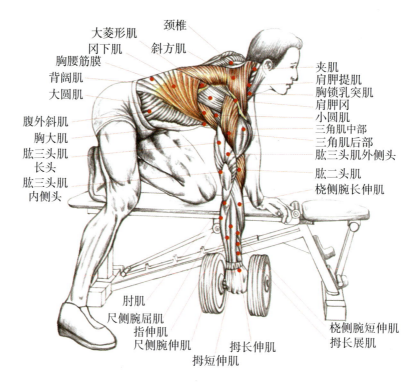

附图 12　跪撑哑铃单臂划船

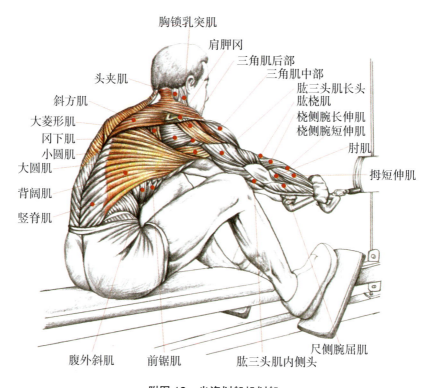

附图 13　坐姿划船机划船

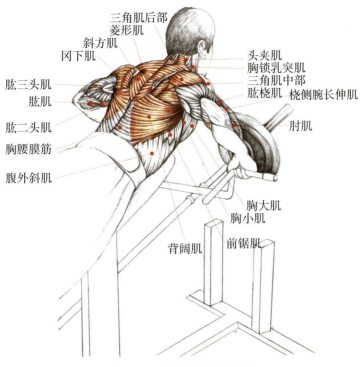

附图 14　腹部支撑"T"杆划船

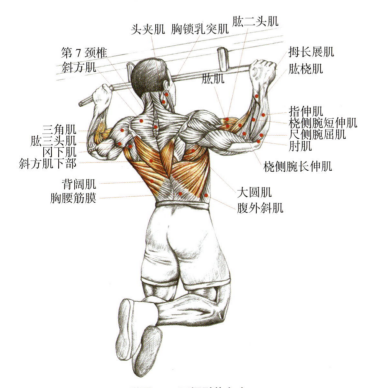

附图 15　正握引体向上

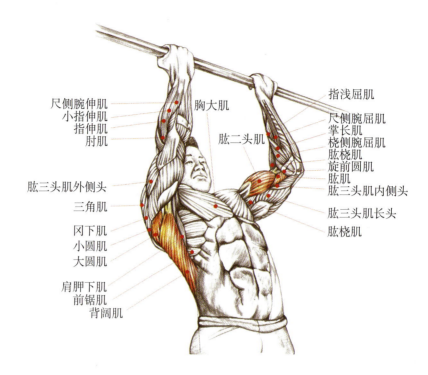

附图 16　反握引体向上

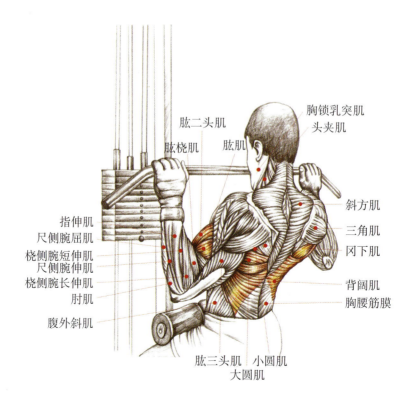

附图 17　坐姿高位下拉机下拉

附录　全身主要肌群力量训练动作图谱

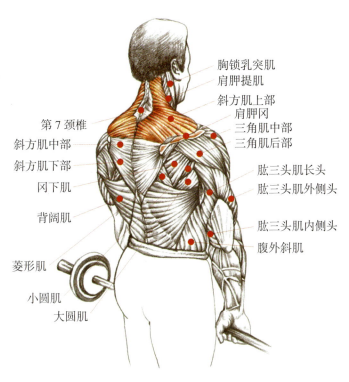

附图 18　站姿杠铃耸肩

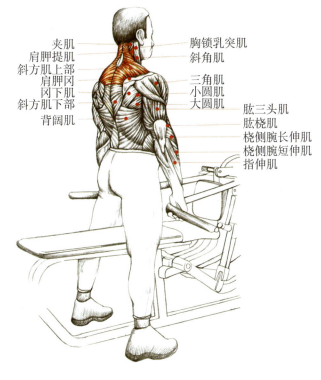

附图 19　站姿器械耸肩

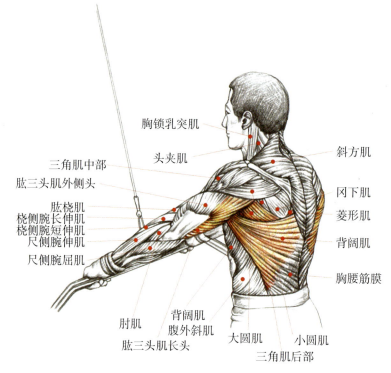

附图20 站姿高位下拉机直臂下拉

三、腹部肌肉力量训练动作

大多数进行训练的人认为,具有坚实的腹部是健美的象征。腹部肌群是重要的稳定肌,有助于保持姿势,尤其是骨盆和下背部的姿势;有助于维持呼吸系统和消化系统的正常位置和结构的完整性。举例来说,腹部肌群松弛可以加剧便秘,呼吸浅可以加剧疲劳。腹部肌群按稳定肌训练,稳定肌一般来说趋于薄弱和松弛,能长时间地进行缓慢运动,它们适于作张力运动或小范围的运动,而不是负责对抗阻力或负重。基于这一原理,在安排腹部肌群训练动作中,主要是仰卧起坐类、腿上举和侧举类以及转体和体侧屈类动作。

附表3所示为腹部肌群训练主要动作。

练习动作详见附图21至附图48。

附表3 腹部肌群训练主要动作

	动作名称	主要发展肌群
仰卧起坐类	平板仰卧起坐	主要发展腹直肌上部肌肉,其次髋关节屈肌和腹部斜肌也得到锻炼
	直臂仰卧起坐	
	双脚固定仰卧起坐	
	半仰卧起坐	腹直肌上部
	直背3/4起坐	腹直肌上部

续表

动作名称		主要发展肌群
仰卧起坐类	蛙式仰卧起坐	腹直肌
	元宝收腹	
	转体仰卧起坐	腹直肌、腹外斜肌和对侧腹内斜肌
	屈腿仰卧起坐	腹直肌
	屈膝仰卧起坐	
	小腿搁凳仰卧起坐	主要发展腹直肌,其次腹斜肌得到锻炼。
	悬空仰卧起坐	
	罗马椅后仰起坐	腹直肌
	斜板仰卧起坐	主要发展腹直肌,其次锻炼屈髋肌群
	斜凳仰卧起坐	主要发展腹直肌,髂腰肌、阔筋膜纸肌和股直肌
腿上举类	悬垂直腿上举	发展下腹部肌肉
	悬垂腿平举(负重)	是锻炼下腹部的最好练习
	悬垂屈膝举腿	有效发展腹直肌、髂腰肌、阔筋膜张肌
	斜板仰卧直腿上举	发展下腹部肌肉
	仰卧直腿上举	
	坐姿屈膝上举	发展屈髋肌,特别是髂腰肌、腹部斜肌和腹直肌
	坐姿直腿上举	
侧举类	直腿侧举	增强腹内外斜肌和肋间肌
	屈膝腿侧举	增强腹内外斜肌和肋间肌
	侧卧前举	增强腹内外斜肌和肋间肌
腿上举类	站姿负重转体	腹外斜肌和对侧腹内斜肌, 对腰直肌和对侧竖脊肌也有锻炼作用
	转体机站姿负重转体	
	坐姿负重转体	右肩转向前时锻炼右侧腹外斜肌、左侧深层腹内斜肌, 其次是右侧的腹直肌、腰直肌和左侧脊柱伸肌
	转体机坐姿转体	
	悬垂屈膝转体	发展腹外斜肌和肋间肌
	负重屈体左右转体	腹外侧肌群、肋间肌
体侧屈类	哑铃体侧屈(哑铃躯干侧屈)	集中锻炼侧面腹外斜肌,对腰直肌和腰方肌也有锻炼作用
	高位拉力器躯干侧屈	主要锻炼屈侧的腹外斜肌和腹内斜肌,对腹直肌、背深肌和腰方肌也有锻炼作用
	低位拉力器躯干侧屈	
	跪膝重锤侧收腹下拉	锻炼腹直肌

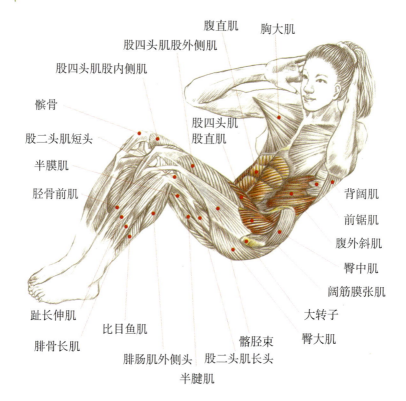

附图 21 仰卧起坐

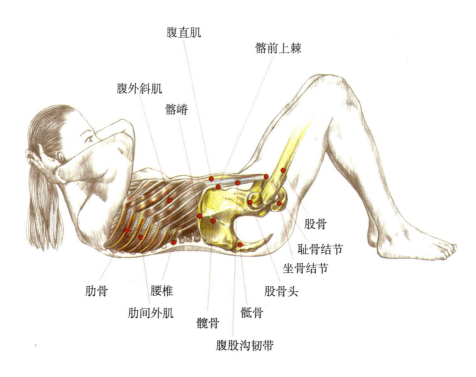

附图 22 仰卧起坐(侧面)

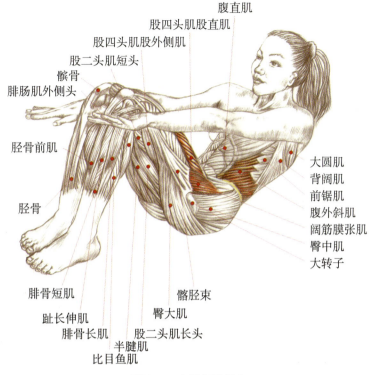

附图 23　直臂仰卧起坐

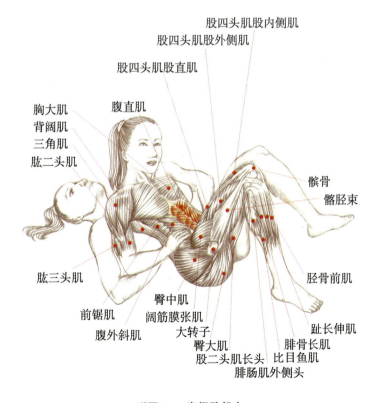

附图 24　半仰卧起坐

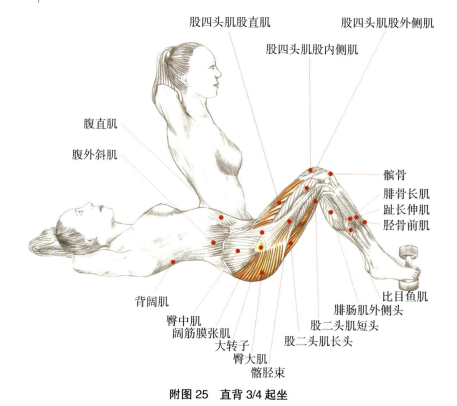

附图 25　直背 3/4 起坐

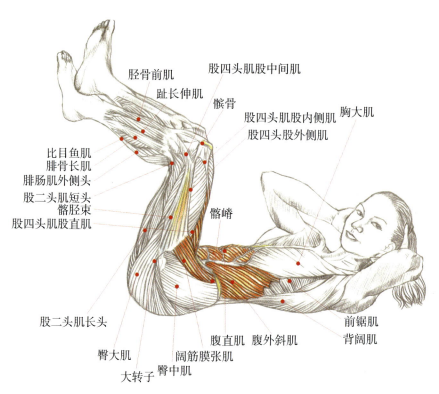

附图 26　屈腿仰卧起坐

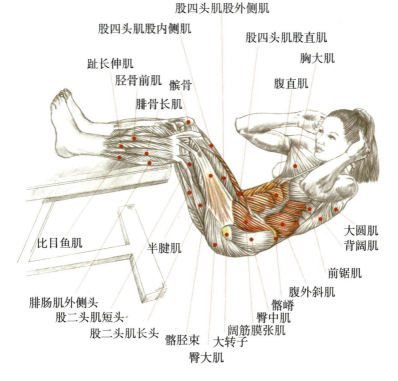

附图27　小腿搁凳仰卧起坐

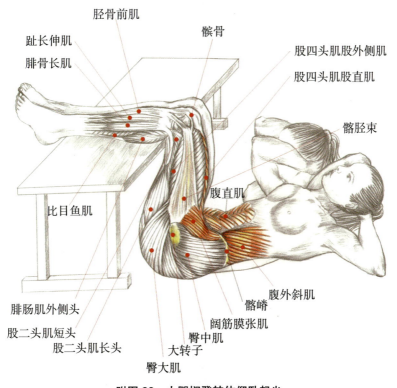

附图28　小腿搁凳转体仰卧起坐

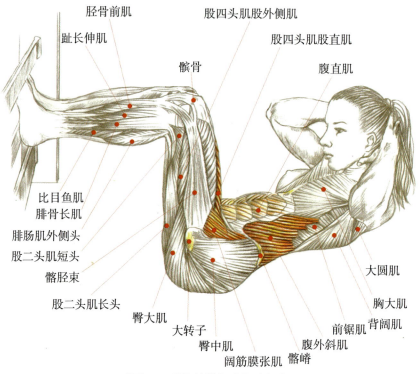

附图 29　脚搁墙横杠式仰卧起坐

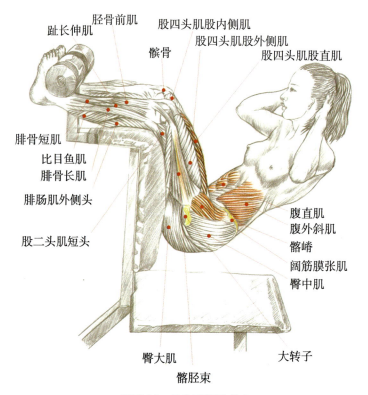

附图 30　悬空凳仰卧起坐

附录 全身主要肌群力量训练动作图谱

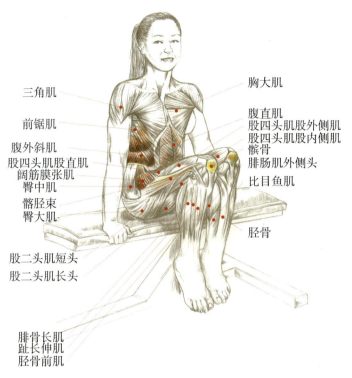

附图 31　长凳仰卧屈腿

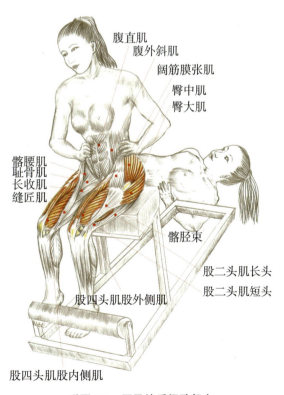

附图 32　罗马椅后仰卧起坐

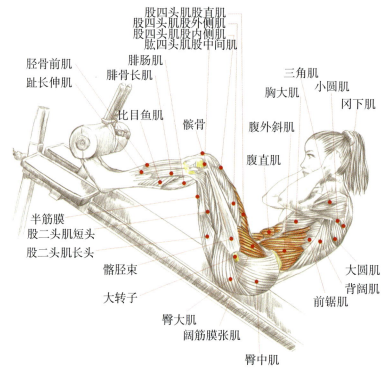

附图 33　斜板仰卧起坐 1

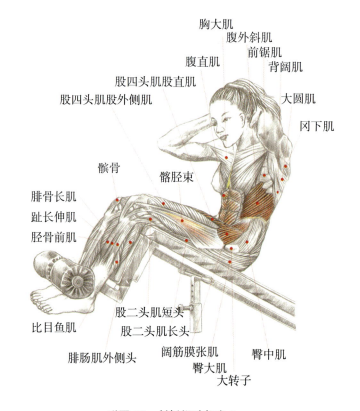

附图 34　斜板仰卧起坐 2

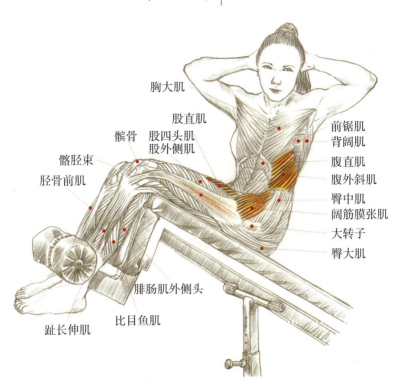

附图 35　斜板仰卧起坐 3

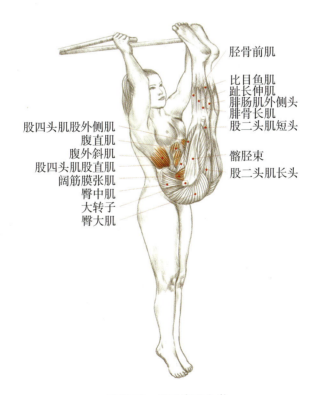

附图 36　悬垂直腿上举

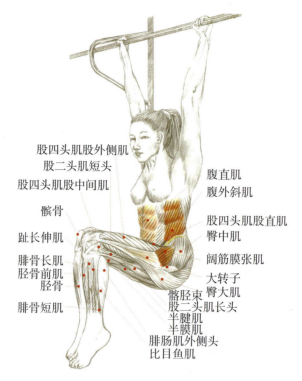

附图 37　悬垂屈腿上举

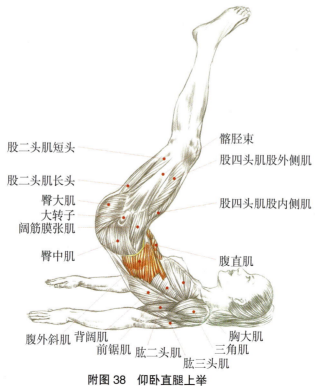

附图 38　仰卧直腿上举

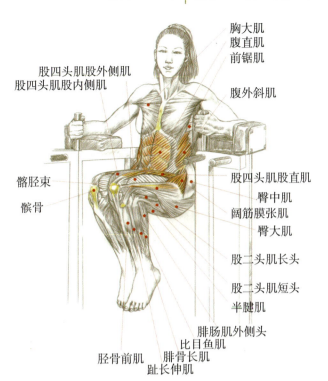

附图39　坐姿屈膝腿上举

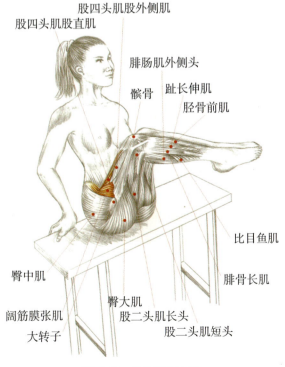

附图40　坐姿屈膝上举

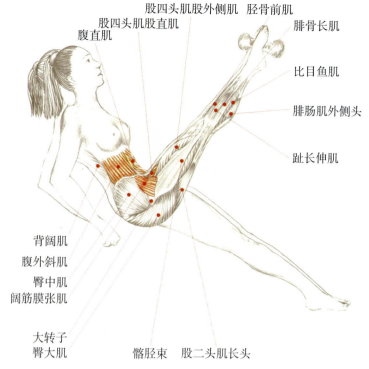

附图 41　仰卧直腿夹铃上举

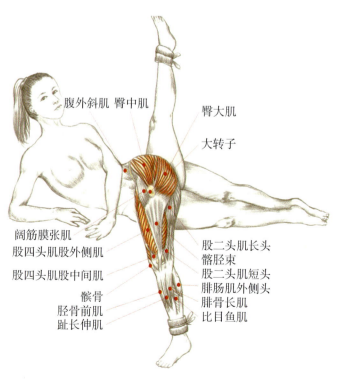

附图 42　直腿侧举

附录　全身主要肌群力量训练动作图谱

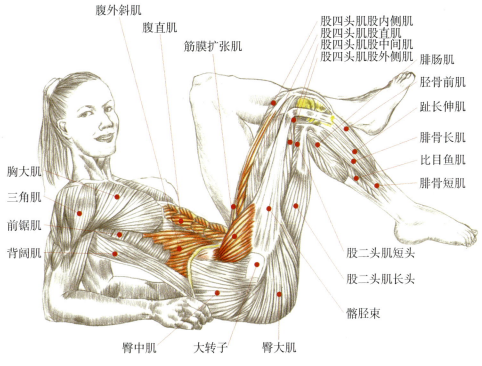

附图 43　仰卧屈腿收腹

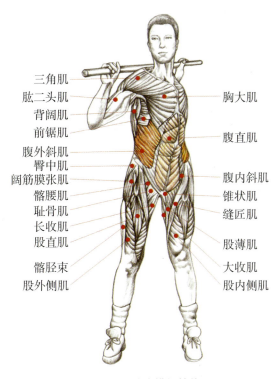

附图 44　站姿横杠转体

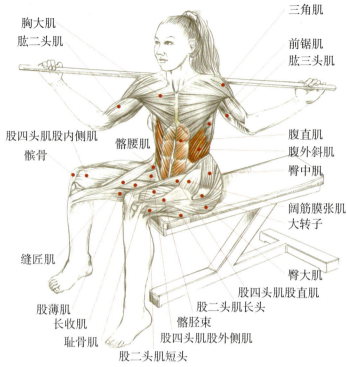

附图 45 坐姿横杠转体

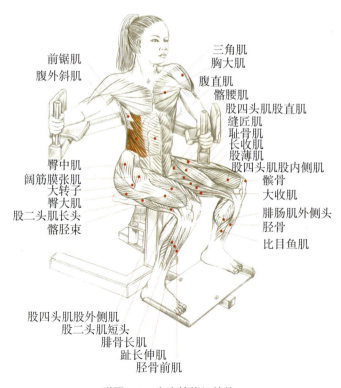

附图 46 坐姿转体机转体

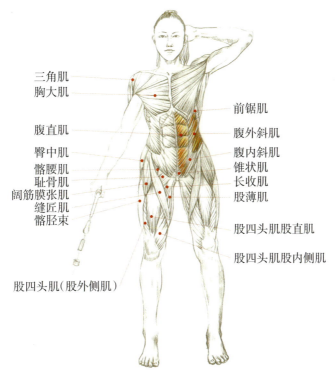

附图47　站姿地位滑轮拉力器躯干侧屈

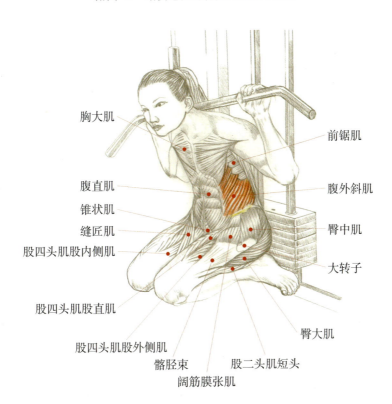

附图48　跪姿高位滑轮卷腹

四、肩部肌肉力量训练动作

肩部肌群训练动作,主要有上举类、侧平举类、前平举类、划船类(提拉)、绕环类。上举与提拉动作的器械选择主要是杠铃、曲柄杠铃,而其他动作则以哑铃为主。

附表4所示为肩部肌群训练主要动作。

附表4 肩部肌群训练主要动作

	动作名称	动作变化	主要发达肌肉部位
上举类	杠铃颈后推举	站姿颈后推举 坐姿颈后推举	三角肌中部、斜方肌上部、肱三头肌和前锯肌,此外菱形肌、冈下肌、小圆肌和冈上肌也得到锻炼
	杠铃颈前推举	站姿颈前推举 坐姿颈前推举	三角肌前部和中部、肱三头肌、胸大肌上部、斜方肌上部、前锯肌
		窄握距颈前推举	三角肌前部、胸大肌上部
		宽握距颈前推举	三角肌前部和中部
	哑铃推举(坐姿)	双臂哑铃推举	三角肌中部、斜方肌上部、前锯肌、肱三头肌
		单臂哑铃推举	三角肌前部、胸大肌上部、斜方肌上部、前锯肌、肱三头肌
	上斜杠铃前上举	上斜哑铃前上举	三角肌前束、中束、斜方肌、胸部肌群、肱二头肌短头和前锯肌。
侧平举类	站姿哑铃侧平举	双臂飞鸟	最有效地发达三角肌中束(展肩肌肉)和腱袖肌(转肩肌肉)
	站姿单臂侧平举	单臂飞鸟	
	俯立哑铃侧平举	俯卧侧平举(屈体)	三角肌后部
	站姿拉力器单臂侧平举	拉力器双臂侧平举	三角肌中部
	屈臂侧平举		三角肌
	俯立拉力器侧平拉		三角肌后部
前平举类	哑铃前平举	站姿双臂哑铃前平举 站姿单臂哑铃前平举 俯卧哑铃单臂前平举 侧卧单臂哑铃前平举	三角肌前部、胸大肌上部、颈侧斜方肌
	杠铃前平举		三角肌前部、胸大肌上部、冈下肌
	拉力器前平拉		三角肌前部、胸大肌上部
	并握哑铃前平举		三角肌前部、胸大肌上部、肱二头肌短头
	坐姿双臂平拉	蝴蝶机双臂平拉	三角肌后部、冈下肌、小圆肌

续表

	动作名称	动作变化	主要发达肌肉部位
划船类	站姿宽握杠铃上提	站姿杠铃划船	三角肌、斜方肌、肱二头肌
	站姿曲柄杠铃划船		三角肌前部、三角肌中后部、斜方肌上部
	站姿哑铃划船		三角肌前部、三角肌中后部、斜方肌上部
	站姿史密斯机划船		三角肌前部、三角肌中后部、斜方肌上部
绕环和旋转类	臂绕环	站姿直臂绕环 仰卧直臂绕环	肩关节周围肌群
	滑轮单臂旋外	站姿滑轮单臂旋外 跪姿滑轮单臂旋外	孤立练习腱袖肌（转肩肌肉）
	滑轮单臂旋内	站姿滑轮单臂旋内 跪姿滑轮单臂旋内	
	哑铃单臂旋外	侧卧哑铃单臂旋外 站姿哑铃单臂旋外	

练习动作详见附图49至附图62。

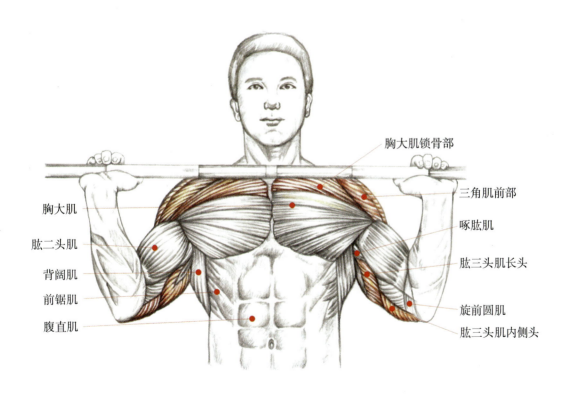

附图49　坐姿杠铃前推举

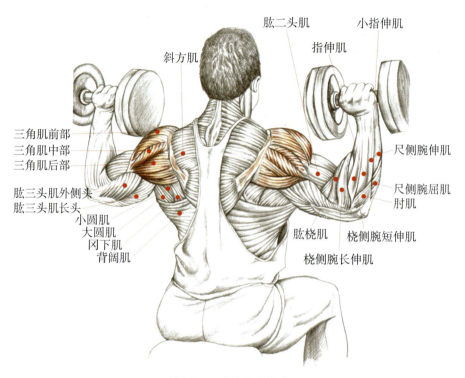

附图 50　坐姿哑铃推举

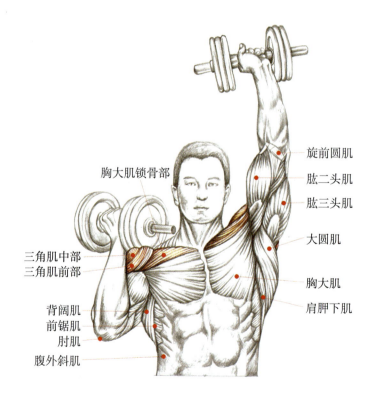

附图 51　坐姿双臂交替哑铃前推举

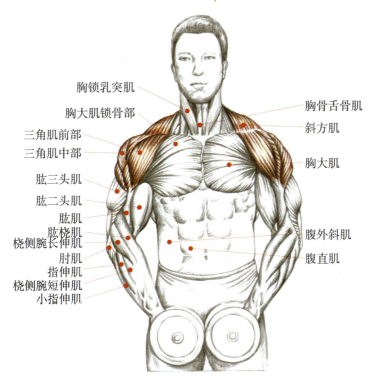

附图 52　站姿哑铃侧平举

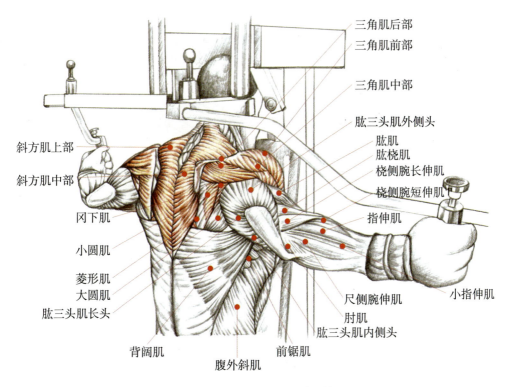

附图 53　坐姿夹胸机双臂平拉

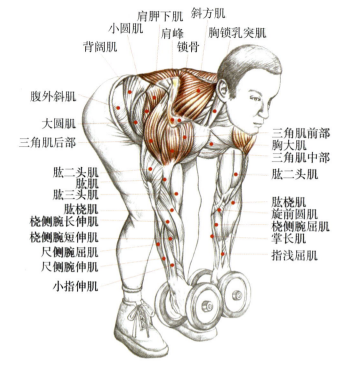

附图54　俯立哑铃侧平举

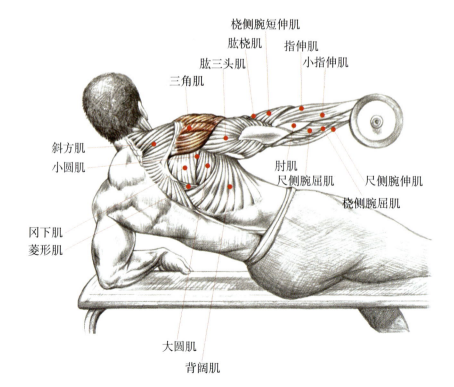

附图55　侧卧哑铃单手侧平举

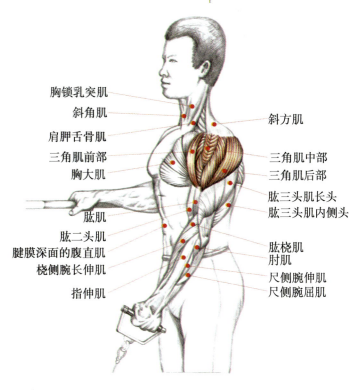

附图 56　站姿地位拉力器侧平举

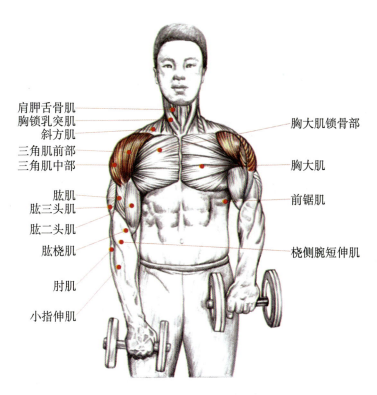

附图 57　站姿双臂交替哑铃前平举

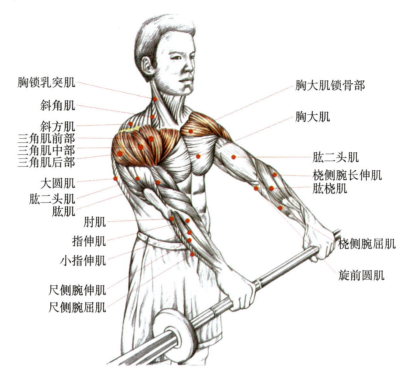

附图 58　站姿杠铃前平举

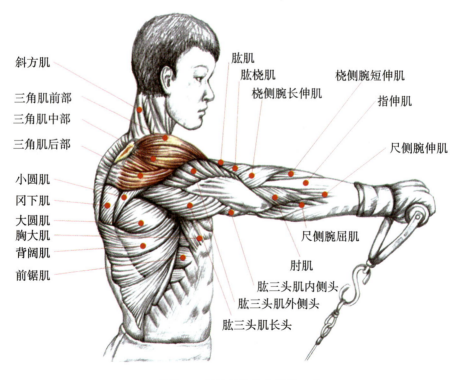

附图 59　站姿低位拉力器前平举

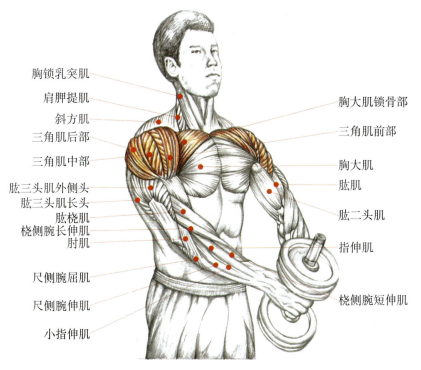

附图 60　站姿并握哑铃直臂前平举

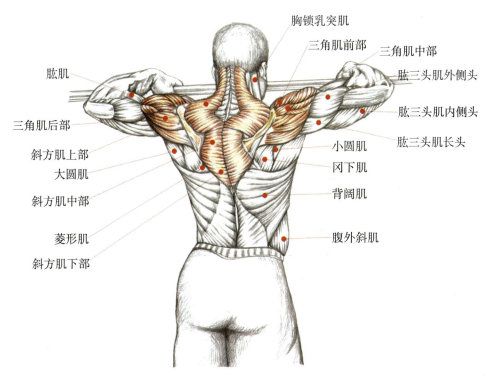

附图 61　站姿杠铃划船

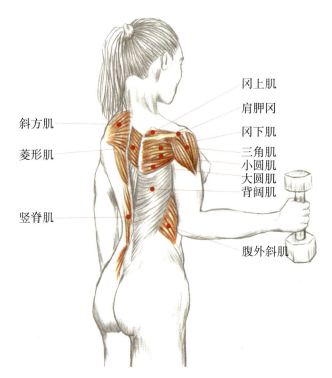

附图 62 站姿哑铃曲臂外旋

五、上臂肌肉力量训练动作

1. 肱二头肌

发达肱二头肌的基本动作是反握胸前弯举,使用的器械有杠铃、曲柄杠铃、哑铃、拉力器、专用训练器械等;体位姿势有站姿、坐姿、俯姿、卧姿、蹲姿与跪姿等;再通过局部动作练习分离肱二头肌,刻画出肌肉线条。

附表 5 所示为肱二头肌练习主要动作。

附表 5 肱二头肌练习主要动作

动作名称	器械选择	身体姿势	主要发达肌肉部位
杠铃胸前弯举	杠铃 曲柄杠铃	坐姿	肱二头肌
		站姿	肱二头肌突起
哑铃交替弯举	哑铃	站姿	肱二头肌
		坐姿	肱桡肌、肱肌、肱二头肌、三角肌前部
坐姿单臂哑铃胸前弯举	哑铃	坐姿	肱二头肌
坐姿斜板弯举	杠铃	坐姿	肱二头肌下部、肱肌
	哑铃		肱二头肌外侧头

续表

动作名称	器械选择	身体姿势	主要发达肌肉部位
俯姿托臂哑铃弯举	哑铃、曲柄杠铃	俯姿	肱二头肌后段和尖峰
锤击式臂弯举	哑铃	站姿	肱桡肌
肘固定斜板弯举	曲柄杠铃　杠铃	坐姿	肱二头肌
仰卧弯举	拉力器	仰卧	肱二头肌中部
俯卧弯举	哑铃	俯卧	肱二头肌
站立侧平弯举	哑铃、杠铃片	坐姿	肱二头肌
低位重锤拉力器弯举	拉力器	低位	肱二头肌
高位重锤拉力器弯举		高位	肱二头肌长头、肱肌
俯身拉力器单手弯举	拉力器	俯身	肱二头肌
前臂绕环	哑铃、杠铃片	站姿	肱二头肌、肱肌、旋前圆肌
反握引体向上			肱二头肌突起

练习动作详见附图 63 至附图 67。

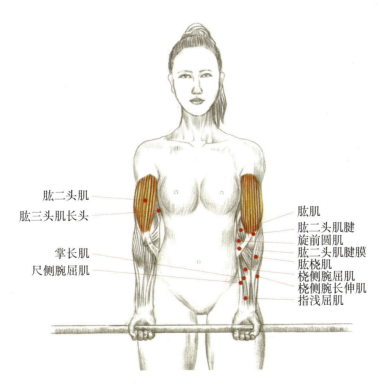

附图 63　站姿杠铃肱二头肌弯举

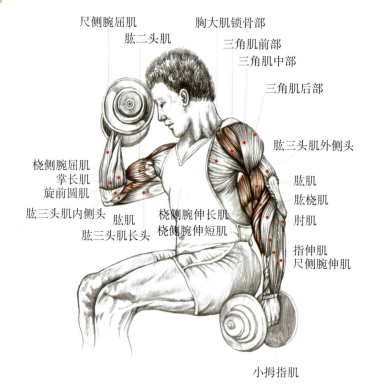

附图 64　坐姿哑铃交替弯举

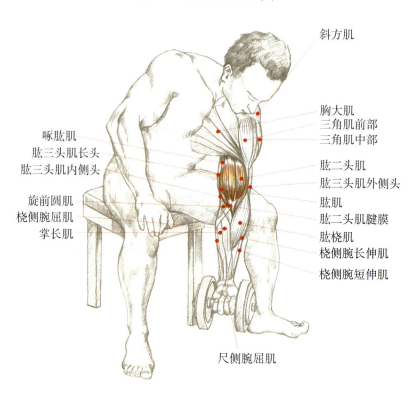

附图 65　俯坐哑铃弯举

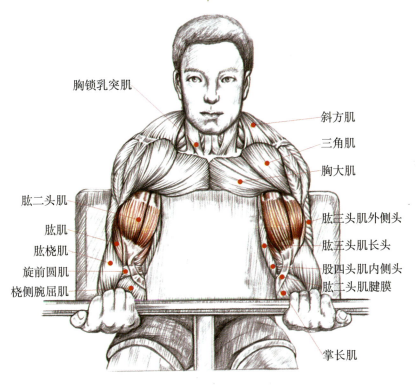

附图 66　坐姿斜托双臂反握弯举

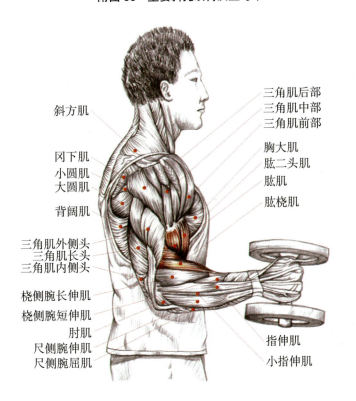

附图 67　站姿哑铃锤式弯举

2. 肱三头肌

肱二头肌和肱三头肌相对，它的主要功能是伸臂。任何抵抗一定阻力的伸臂动作都会刺激这部分肌肉，因此，许多练习胸部、背部等动作都会程度不同地使肱三头肌发达起来，围度增加，但要使肱三头肌进入超级水平，需要用专门的肌肉练习方法来训练，特别是采用专门的练习，使肱三头肌三个头都进行单独的练习，从而使肱三头肌轮廓分明，三个头线条清晰，肱三头肌练习的主要动作。

附表6所示为肱三头肌练习主要动作。

附表6 肱三头肌练习主要动作

练习动作名称	身体姿势	器械选择	主要运动环节	主要发达肌肉部位
颈后臂屈伸	坐姿 站姿	杠铃 曲柄杠铃	伸前臂	肱三头肌上部，外侧部
		哑铃	伸前臂	肱三头肌长头
颈后单臂屈伸	坐姿 单臂	哑铃	伸前臂（单臂）	肱三头肌长头
仰卧臂屈伸	仰卧	杠铃 曲柄杠铃	伸前臂	肱三头肌
		哑铃	伸前臂	肱三头肌三个头
俯身后举	俯身	哑铃	伸前臂	肱三头肌上部肌肉
重锤反握下拉	站姿	重锤	伸前臂	肱三头肌下部肌肉
	站姿单臂		伸前臂（单臂）	肱三头肌下部肌肉
仰姿反屈伸	仰姿		伸前臂	肱三头肌、胸大肌、三角肌前部
窄握距卧推	仰姿	杠铃	屈上臂、肩带外展、伸前臂	肱三头肌外侧后、肘肌、三角肌前部、胸大肌（主要是锁骨部）
双臂屈伸		负重	伸肘关节、躯干向上靠拢	肱三头肌上部肌肉、三角肌、胸大肌、背阔肌
俯卧撑		负重	伸肘关节、外展肩带	肱三头肌、三角肌、前锯肌

练习动作详见附图68至附图73。

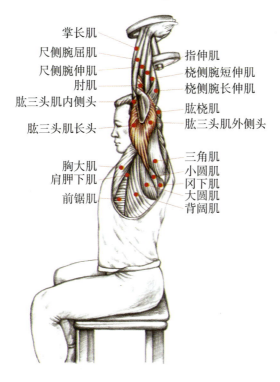

附图 68　坐姿并握哑铃颈后臂屈伸

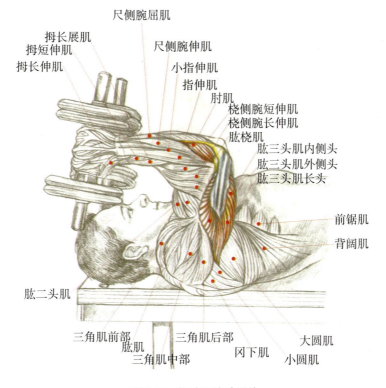

附图 69　仰卧哑铃臂屈伸

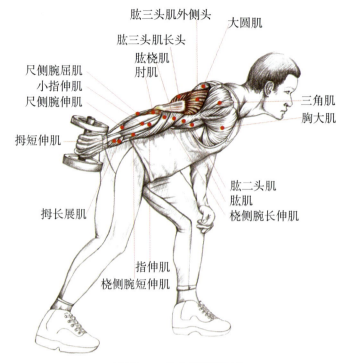

附图 70　俯立哑铃臂屈伸

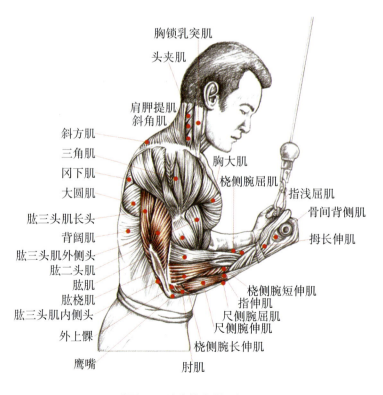

附图 71　站姿拉力器反握下压

附录 全身主要肌群力量训练动作图谱

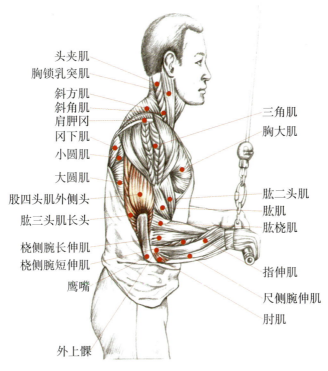

附图 72　站姿拉力器正握下压

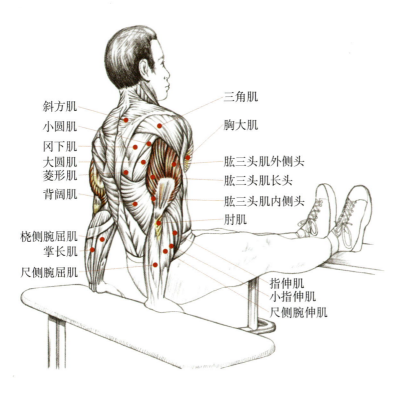

附图 73　仰姿长凳反屈伸

257

六、前臂肌肉力量训练动作

臂弯举、腕弯举是前臂肌群训练的基本动作,使用的器械有杠铃、哑铃、曲柄杠铃、专用训练器械等;体位姿势有站姿、坐姿、俯姿、卧姿、蹲姿与跪姿等;根据练习目的,握法有正握、反握等。

附表7所示为前臂肌肉练习主要动作。

附表7　前臂肌肉练习主要动作

动作名称	身体姿势	器械选择	握法	主要发达肌肉部位
臂弯举	站姿	杠铃 曲柄杠铃 哑铃 专用训练器械	正握	前臂屈肌群
腕弯举	站姿		反握	手腕以及前臂伸肌肌群
			正握	前臂屈肌群
	坐姿		反握	主要发展手腕和指的屈肌肌群
			正握	主要是发展腕伸肌和指伸肌
斜板弯举	坐姿		反握	前臂桡侧肌群
	坐姿		正握	深层屈指肌
击锤式弯举(侧弯举)	站姿	哑铃	对握	屈拇长肌
卷绳	站姿	绳	反握	前臂伸肌
			正握	前臂屈肌
背后腕弯举	站姿	杠铃	反握	前臂屈肌
旋腕练习	站姿	卷力器	正握	屈手肌群
			反握	伸手肌群

练习动作详见附图74。

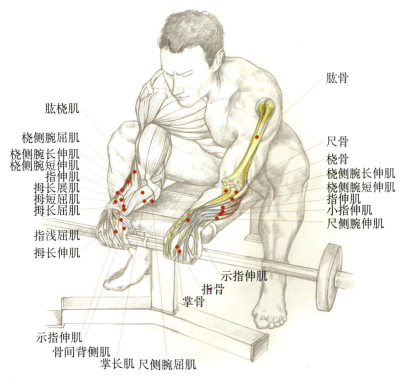

附图 74　坐姿杠铃反握腕弯举

七、臀部肌肉力量训练动作

下肢肌（盆带肌、大腿肌、小腿肌和足肌）的很多训练动作都不同程度地锻炼到臀部肌群，尤其是许多下肢肌练习的复合动作，如深蹲、硬拉、仰卧腿屈伸等，下背部肌群练习也能锻炼到臀部肌群，如杠铃弓身等。针对臀部肌群孤立训练，其专门练习主要是髋关节外展、后伸。

附表 8 所示为臀部肌群训练主要动作。

附表 8　臀部肌群训练主要动作

动作名称		器械	主要发达肌肉部位
弓身	杠铃直腿弓身 杠铃屈腿弓身 坐弓身 山羊挺身 俯卧挺身	杠铃 徒手	主要锻炼臀大肌、竖脊肌，尤其是大腿后群肌（股二头肌短头除外）
前弓步	杠铃前弓步 哑铃前弓步	杠铃 哑铃	锻炼臀大肌和股四头肌

续表

动作名称		器械	主要发达肌肉部位
髋关节外展	站姿髋关节外展	健身机拉力器胶皮带徒手	锻炼臀部三角形肌,主要是臀中肌和臀小肌深层
	侧卧髋关节外展		臀中肌和深层臀小肌
	跪撑屈膝大腿侧上举		臀中肌、臀小肌、阔筋膜张肌和臀部深层旋外
	站姿伸髋	胶皮带拉力器	锻炼臀大肌,其次是大腿后群肌(股二头肌短头除外)
	跪姿伸髋		
	俯卧伸髋		
	长凳伸髋		
抬臀	仰卧双腿抬臀	徒手负重	腘绳肌和臀大肌
	仰卧单腿抬臀		
	仰卧长凳搁脚抬臀 仰卧搁小腿抬臀		
深蹲	窄站距杠铃深蹲 窄站距杠铃半蹲	杠铃	股四头肌、股二头肌 小腿三头肌、屈足肌群、臀大肌
硬拉	直腿硬拉	杠铃哑铃	骶棘肌、臀大肌、股二头肌、半膜肌 半腱肌 大收肌
	垫木直腿硬拉		
体侧屈	山羊侧身起坐	哑铃	同侧腹内斜肌 腹直肌、骶棘肌、臀中肌
体转	单臂上举体前屈	哑铃	同侧腹内斜肌与对侧腹外斜肌、对侧臀大肌

练习动作详见附图 75 至附图 84。

附录　全身主要肌群力量训练动作图谱

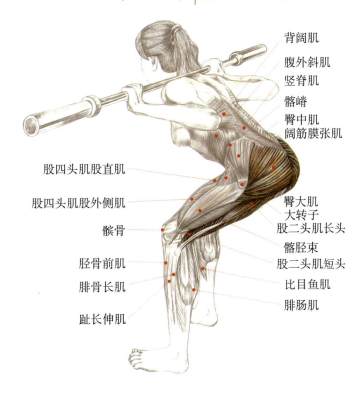

附图 75　负重躬身

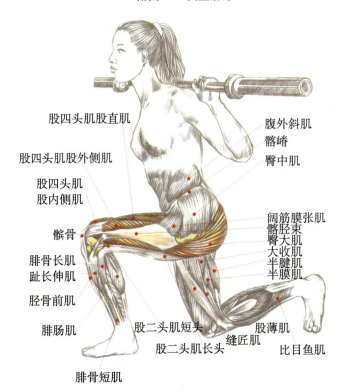

附图 76　杠铃前弓步

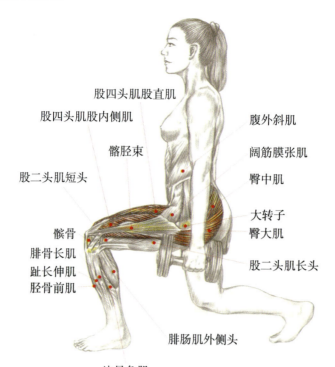

附图 77　哑铃前弓步

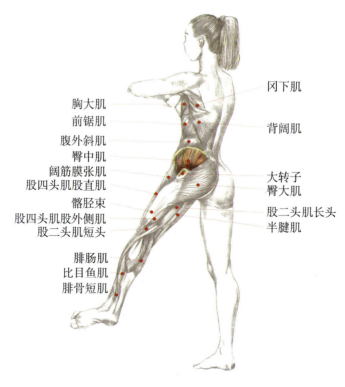

附图 78　站姿徒手髋关节外展

Sport Anatomy 附录 全身主要肌群力量训练动作图谱

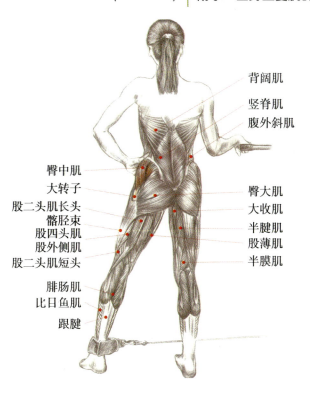

附图 79　站姿拉力器髋关节外展

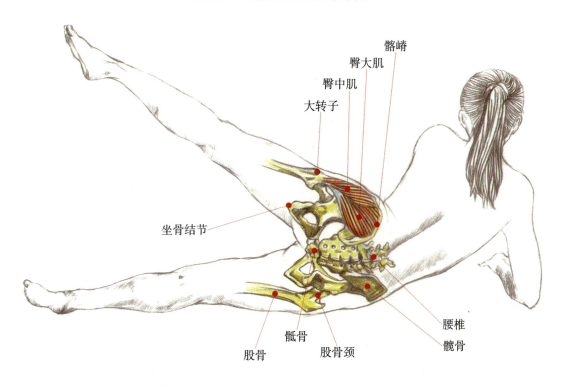

附图 80　侧卧髋关节外展

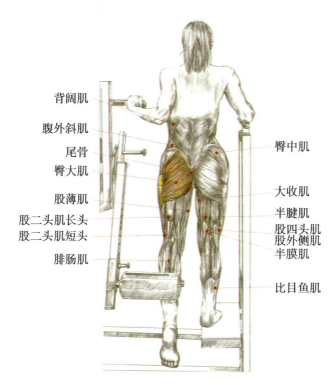

附图 81　站姿腿侧展机伸髋

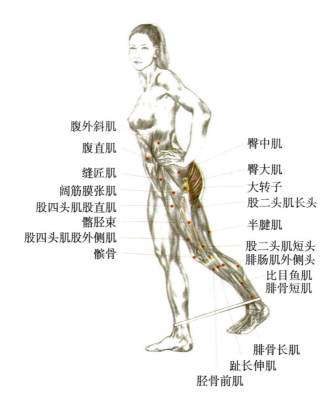

附图 82　站姿胶皮带伸髋

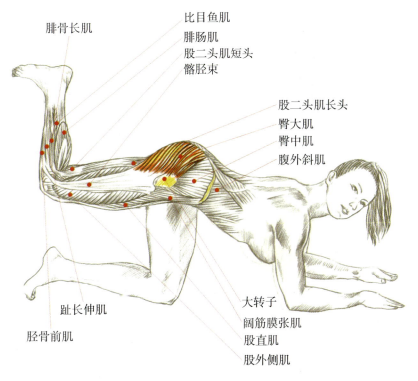

附图 83　跪撑伸髋

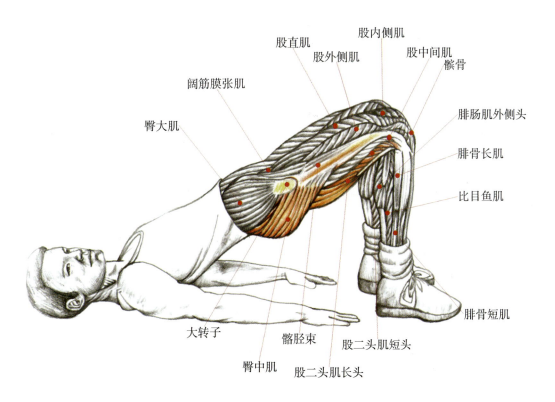

附图 84　仰卧臀上挺

八、大腿肌肉力量训练动作

大腿肌群训练动作主要有多关节运动的深蹲类、腿屈伸类硬拉类复合动作,单关节运动的腿屈伸类、腿内收类孤立动作。

附表 9 所示为大腿部肌群训练主要动作。

附表 9　大腿部肌群训练主要动作

动作名称		主要发达肌肉部位
深蹲类	杠铃颈后深蹲	股四头肌、臀肌、内收肌群、竖脊肌、腹肌、腘绳肌
	宽站距后深蹲	
	杠铃半蹲(坐蹲)	股四头肌、股后肌群
	前深蹲	股四头肌,其次发达臀肌、大腿后肌群、竖脊肌、腹肌
	蹲起架颈后下蹲	股四头肌,另外对臀肌、大腿内收肌群也有锻炼作用
	箭步蹲	股四头肌、股二头肌、小腿三头肌、屈足肌
	弓步蹲	股四头肌、股二头肌
	斜板深蹲	主要强化股四头肌锻炼,另外对臀肌、大腿收肌群也有锻炼作用
	臀后深蹲	主要强化股四头肌锻炼
	腹前深蹲	
	骑铃深蹲(跨蹲)	
	哑铃下蹲起立	股四头肌和臀肌
腿屈伸类	坐式腿屈伸	股四头肌
	仰卧小腿屈伸	股四头肌、臀大肌、股二头肌、半腱肌、大收肌
	斜卧小腿屈伸	(练股四头肌上端的极佳方式)
	俯卧小腿屈伸	大腿后群肌、腓肠肌和深面的腘肌
	单腿俯卧屈小腿	
	负重俯卧屈小腿	
	俯卧长凳屈小腿	
	站姿屈小腿(站姿腿弯举)	大腿后群肌(半腱肌、半膜肌、股二头肌长头和短头)
	坐式腿屈伸	大腿后群肌、腘肌,其次锻炼腓肠肌
内收类	低位拉力器直腿内收	主要锻炼大腿所有收肌(耻骨肌、长收肌、大收肌、股薄肌)
	健身机大腿内收	大腿所有收肌(耻骨肌、长收肌、大收肌、股薄肌)
硬拉类	直腿硬拉	主要锻炼位于脊柱两侧伸躯干的竖脊肌
	垫木硬拉	
	体后硬拉	
	跨拉	
	直体哑铃硬拉	锻炼位于脊柱两侧伸躯干的竖脊肌

练习动作详见附图 85 至附图 94。

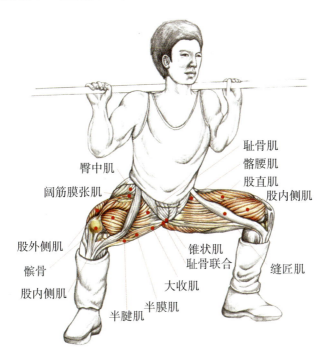

附图 85　杠铃后蹲

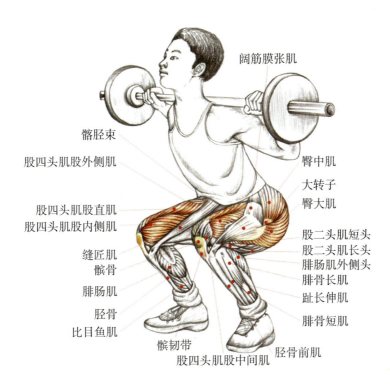

附图 86　杠铃半蹲

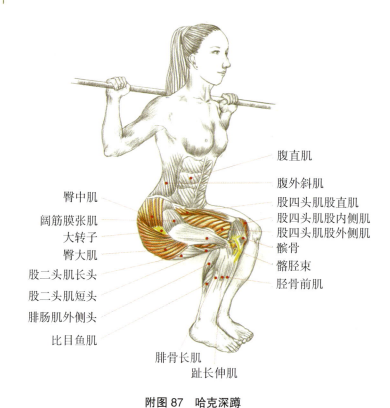

附图 87　哈克深蹲

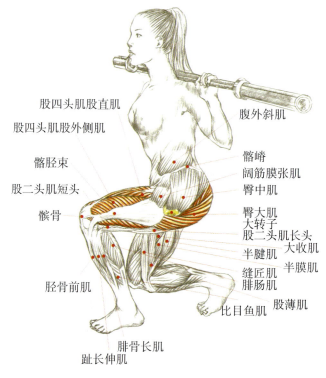

附图 88　杠铃前弓步

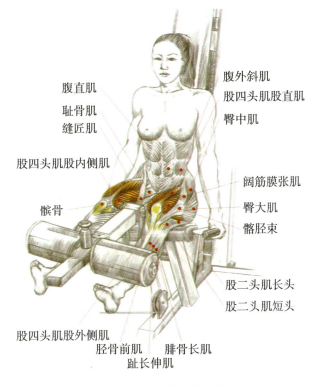

附图 89　坐姿腿屈伸机伸小腿

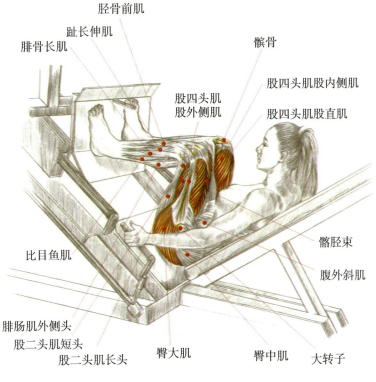

附图 90　斜卧蹬腿机腿伸屈

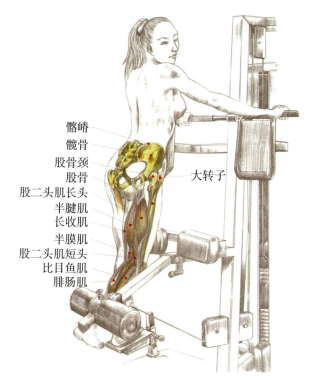

附图 91　站姿腿弯举机弯举

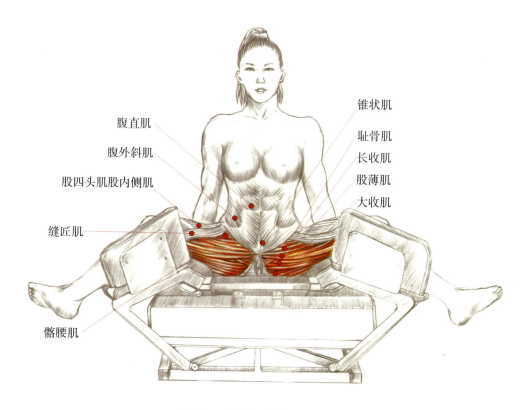

附图 92　坐姿腿内收机大腿内收

附录　全身主要肌群力量训练动作图谱

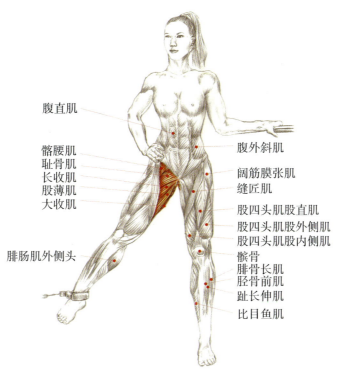

附图 93　站姿拉力器大腿内收

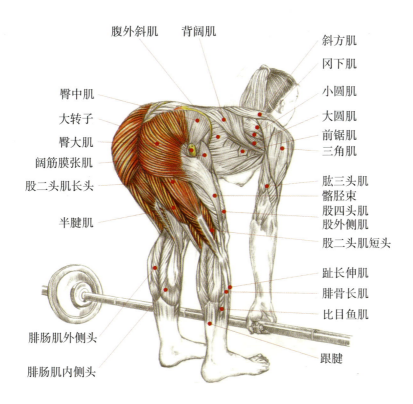

附图 94　直腿杠铃硬拉

271

九、小腿肌肉力量训练动作

小腿肌群肌肉训练动作,主要是提踵动作,简单地说就是抬起后脚跟。提踵是单关节、闭路式训练,主要是踝关节运动,向上跖屈,向下背屈,提踵动作是发达小腿腓肠肌和比目鱼肌的主要手段,它锻炼小腿肌群(腓肠肌、比目鱼肌、胫骨后肌、腓骨长肌),适应于中级到高级阶段训练。提踵使用的器械有杠铃、史密斯机、拉力器等,也可进行简易练习(如利用台阶)。身体姿势主要是站姿和坐姿,其要求身体正直,抬头、挺胸、直腰,动作过程中,最大限度地抬起后脚跟。为增加重量,可进行单腿提踵。在大腿后群训练中,许多多关节动作对小腿肌群也有不同程度的训练效果,仰卧蹬伸小腿肌等。

附表 10 所示为小腿部肌群训练主要动作。

附表 10 小腿部肌群训练主要动作

	动作名称	主要作用
提踵类	站姿杠铃提踵	发展整个小腿肌,主要锻炼小腿比目鱼肌和腓肠肌等
	坐姿杠铃提踵	锻炼小腿肌群,重点锻炼比目鱼肌
	站姿哑铃单腿提踵	主要锻炼腓肠肌、进一步分离小腿肌
	立姿史密斯机提踵(前置、后置)	重点锻炼小腿三头肌(包括比目鱼肌、腓肠肌内侧头和外侧头)
	坐姿史密斯机提踵	主要锻炼腓肠肌、进一步分离小腿肌
	拉力器提踵	主要锻炼小腿内侧肌肉
	驴式提踵(骑人提踵)	使肌肉深层得到发展
	反向提踵	发展小腿前部,主要是胫前伸肌,分离小腿的内侧与外侧,使其更粗壮
小腿屈伸	俯卧小腿屈伸 俯卧单腿屈伸 俯卧长凳负重小腿屈伸 屈伸	主要锻炼大腿后群肌、腓肠肌和深面的腘绳肌
	仰卧蹬伸小腿肌	发展小腿肌,尤其是下部

练习动作详见附图 95 至附图 100。

附录　全身主要肌群力量训练动作图谱

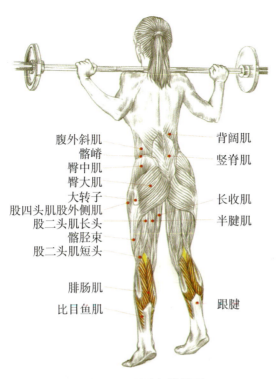

附图 95　站姿杠铃提踵

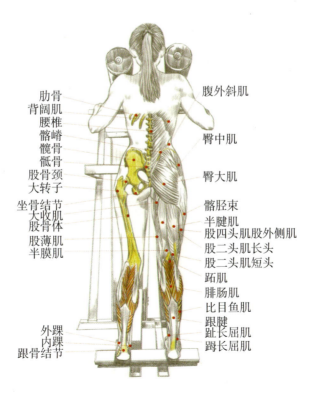

附图 96　站姿提踵

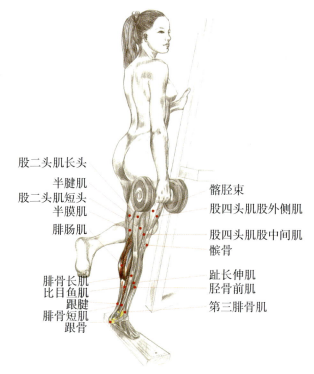

附图 97　站姿哑铃提踵

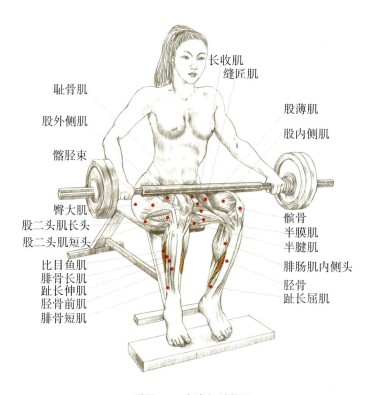

附图 98　坐姿杠铃提踵

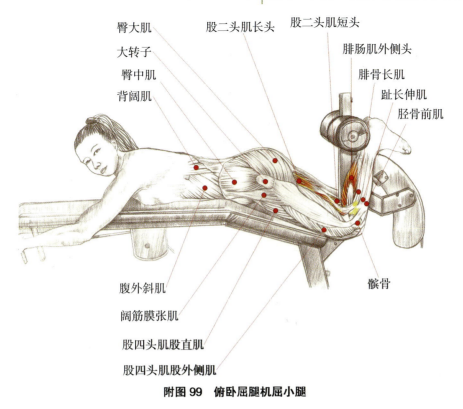

附图 99　俯卧屈腿机屈小腿

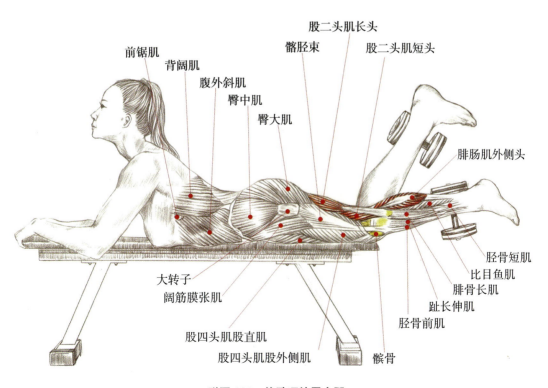

附图 100　俯卧哑铃屈小腿

参考文献

CANKAOWENXIAN

[1] 全国自然科学名词审定委员会.人体解剖学名词[M].北京:科学出版社,1991.
[2] 柏树令.系统解剖学[M].6版.北京:人民卫生出版社,2004.
[3] 于彦铮.局部解剖学[M].上海:复旦大学出版社,2005.
[4] 王云祥.人体解剖学[M].6版.长春:吉林科学技术出版社,2000.
[5] 刘执玉.系统解剖学[M].北京:科学出版社,2007.
[6] 彭裕文.局部解剖学[M].北京:人民卫生出版社,2004.
[7] 顾德明,等.运动解剖学图谱[M].北京:人民体育出版社,1986.
[8] 郭光文,王序.人体解剖学彩色图谱[M].北京:人民卫生出版社,2002.
[9] 胡声宇.运动解剖学[M].北京:人民体育出版社,2000.
[10] 李世昌.运动解剖学[M].北京:高等教育出版社,2006.
[11] 徐国栋,袁琼嘉.运动解剖学[M].北京:人民体育出版社,2012.
[12] 卢义锦,姚士硕.人体解剖学[M].北京:高等教育出版社,2003.
[13] 医学院校统编.组织学与胚胎学[M].北京:人民卫生出版社,2001.
[14] 魏宝生.组织学与胚胎学[M].北京:科学出版社,2004.
[15] 钟世镇.系统解剖学[M].北京:高等教育出版社,2003.
[16] 王瑞元.运动生理学[M].北京:人民体育出版社,2002.
[17] Williams PL. Gray's Anatomy[M]. NewYork:Churchill Living stone, 1995.
[18] Mathers LH. Clinical Anatomy Principles[M]. Louis:Mosby, 1996.
[19] Agur AMR, Lee MJ, Grant JC. Grant's Atlas of Anatomy [M]. Philadelphia:Lippincott Williams and Wilkins, 2005.
[20] Tank P.Grant's Dissector[M]. Bltimore:Lippincott Williams and Wilkins, 2005.
[21] Moore KL, Dalley AF. Clinically Oriented Anatomy [M]. Philadelphia:Lippincott Williams and Wilkins, 2006.